Der Tag, an dem die Götter starben

1. Auflage Juli 2005
2. Auflage Februar 2007

Lektorat: Dr. Renate Oettinger
Umschlaggestaltung: ZERO Werbeagentur, München
Satz und Layout: Agentur Pegasus, Zella-Mehlis
Druck und Bindung: GGP Media GmbH, Pößneck

ISBN 3-938516-11-9

Gerne senden wir Ihnen unser Verlagsverzeichnis
Kopp Verlag
Pfeiferstraße 52
D-72108 Rottenburg
E-Mail: info@kopp-verlag.de
Tel.: (0 74 72) 98 06-0
Fax: (0 74 72) 98 06-11

Unser Buchprogramm finden Sie auch im Internet unter:
www.kopp-verlag.de

Walter Ernsting

Der Tag, an dem die Götter starben

JOCHEN KOPP VERLAG

Ich suche auf diesem Globus ein Zeichen, ein Symbol, etwas wie eine Schrift. Ich werde dieses Zeichen an einer Kugel finden, und dann wieder und wieder und überall, sobald ich es erkannt habe. Irgend etwas auf diesem Planeten ruft, weckt, läßt nicht locker. Jetzt, wo ich diese Zeilen schreibe, weiß ich nicht, wie das Zeichen aussieht, aber ich habe es schon hundertmal »gesehen« und gespürt.

Erich von Däniken

Erich von Däniken

Herrn Walter Ernsting
Prinzingerstr. 16
A-5020 Salzburg

Mein lieber Walter,

soeben lege ich Dein Manuskript aus den Händen. Ich bin begeistert – und betroffen. Denkst Du ernsthaft daran, Deine Erlebnisse zu veröffentlichen?

Eigentlich bestünde Anlaß zu hemmungsloser Heiterkeit. Kein Mensch wird Dir diese Story abnehmen! Dem Himmel sei Dank! Man wird Dich und mich auslachen. Bloß – sind wir das nicht schon gewohnt? Und die wenigen, die verstehen und denken … sag mal, muß ich nicht befürchten, bei meinen zukünftigen Reisen dauernd Spione auf den Fersen zu haben?

Hier mein Vorschlag: Du verwendest das Manuskript nur für den Hausgebrauch. Laß es unter Freunden zirkulieren. Mehr nicht. Und wenn Du tatsächlich denkst, daß ein Verleger die Geschichte drucken will, dann ändere die wichtigen Daten. Mach aus mir irgend etwas anderes, aus Sacsayhuaman werde die Wüste Gobi, aus unserem Freund, Professor +++, zaubere einen »Vandenbergen« – guter Name, haut immer hin! – und insbesondere, ich flehe Dich an: Vertusche den Standort der Station! Versetze sie nach Arabien, meinetwegen zur Königin von Saba oder in den hohen Norden.

Heiliger Strohsack! Stell Dir bloß vor, unsere närrische Welt organisiert Expeditionen und Wallfahrten nach Sacsayhuaman. Oder die Militärs – dort hat's stets genug Verrückte – wollen an die Zeitmaschine … nicht auszudenken! Und eines Tages muß ich dann tatsächlich flüchten: In die Zeit.

Verschone mich! Ich habe auf dieser Ebene noch einiges auf dem Programm, bevor ich mich abmelde.

Tschau! In alter Treue,

Dein Erich

In viertausend Metern Höhe waren sie gezwungen, eine Pause einzulegen. Das schmale Felsband verbreiterte sich zu einem kleinen Plateau, auf dem man sicher stehen und rasten konnte. Die Gipfel der Anden waren in Wolken gehüllt. Vom Plateau aus fiel die Felswand senkrecht zur Hochebene hinab.

Die drei Forscher packten ihre Vorräte aus.

»Und Sie glauben wirklich, Dr. A., daß wir auf dem Gipfel das finden, was wir dort zu finden hoffen?« Der Professor hatte die Frage gestellt. Aus seinem Rucksack kramte er Wurst und Brot hervor. Er saß auf einem flachen Stein, den Rücken gegen die Felsen gelehnt.

Dr. A. nickte.

»Ich hoffe es zuversichtlich. Die Berichte sind vage, und bisher hatte noch niemand den Mut, daraus die Schlüsse zu ziehen. Wenn Ihr Gedankengang dem meinen nicht ähnlich wäre, säßen Sie mir jetzt kaum gegenüber.« Er deutete hinauf zu den Wolken. »Der Gipfel dort muß es sein. Noch zwei- oder dreihundert Meter Höhenunterschied. Es soll kein richtiger Gipfel sein, sondern mehr eine flache Mulde, in der es keine Schwerkraft gibt. Der einzige Ort auf diesem Plateau, an dem die Naturgesetze keine Gültigkeit mehr haben ...«

Der dritte Mann des wissenschaftlichen Teams schwieg. Wortlos beschäftigte er sich mit Brot und Wurst und tat so, als ginge ihn die ganze Sache nichts an. Er war Dr. A.'s bester Freund und hatte es nicht nötig, viel Worte zu verlieren.

Der Professor hingegen bohrte weiter:

»Sie haben recht. Wenn ich Ihnen oder dem Bericht keinen Glauben schenkte, wäre ich nicht hier und versuchte, mit der dünnen Luft fertigzuwerden. Der Bericht ist vage und exakt zugleich; man kann ihn nicht ignorieren. Vielleicht hat sich Dr. Hendircks geirrt, wer weiß? Atemschwierigkeiten, zu wenig Sauerstoff, die Sonne – es gibt hundert Möglichkeiten, die eine Sinnestäuschung hervorzurufen vermögen. Wenn das jedoch nicht der Fall gewesen ist ...«, seine Stimme wurde eindringlicher, überzeugender, »... dann sind wir einem einzigartigen Geheimnis auf der Spur.«

»Eben!« sagte Dr. A. und biß in seine Wurst.

Seit Wochen schon waren sie unterwegs. Mit der sturen Hartnäkkigkeit und dem Eifer des echten Fanatikers hatte Dr. A. den Professor davon überzeugen können, daß er keinem Phantom nachjagte. Und nicht nur das! Ein wissenschaftliches Rätsel, ein Geheimnis, vielleicht sogar eine Sensation wartete auf seinen Entdecker.

Es war später Vormittag. In die wärmenden Sonnenstrahlen mischte sich beißende Kälte, ein Hauch des ewigen Schnees. Eine halbe Stunde Rast, dann ging es weiter.

Das Plateau verengte sich wieder zu dem schmalen Felsband, das zum Gipfel hinaufführen sollte. Bis hierher jedenfalls stimmte der Bericht, aber Hendircks hatte ausdrücklich betont, daß er den Pfad nur vom Flugzeug aus gesehen habe.

Rechts war die senkrecht aufsteigende Wand, links der Abgrund.

B. hatte nun die Führung übernommen. Die Männer hatten sich angeseilt, denn ein einziger Fehltritt konnte zum tödlichen Absturz führen. A. ging in der Mitte, und der Professor bildete den Abschluß.

Nach wenigen hundert Metern blieb B. plötzlich stehen. Er deutete auf die Felswand und drehte sich um.

»Da ist es wieder – ein Vogelkopf mit menschlichem Gesicht! In den Stein gemeißelt. Hier oben! Es ist unglaublich!«

»Eine Art Wegweiser«, vermutete Dr. A. »Wir sind also richtig.«

B. ging weiter, aber dann geschah etwas höchst Merkwürdiges. Es war ihr Glück, daß Dr. A. schnell und richtig reagierte, als B., der vor ihm ging, plötzlich ohne jeden Grund in die Luft sprang. Wenigstens sah es so aus, als springe er in die Höhe, aber er kam nicht sofort wieder herunter. Er blieb oben und schwebte seitwärts auf den Abgrund zu. Mit aller Gewalt stemmte sich Dr. A. mit den Füßen ab und erwartete den unvermeidbaren Ruck. Auch der Professor sicherte sich ab, obwohl er nicht begriff, was sich vor seinen Augen abspielte.

Dr. A. spürte, wie sich das Seil straffte, aber dann erhielt B. auf einmal sein ursprüngliches Gewicht zurück. Wie ein Stein stürzte er in die Tiefe, bis das Seil ihn aufhielt. Der Ruck hätte Dr. A. fast von den Füßen gerissen, aber auch der Professor hielt mit fest, und so schwang B. wie ein Pendel hin und her, bis die beiden Männer ihn hochziehen konnten. Unmittelbar vor der Vogelkopfskulptur kletterte er bleich und am ganzen Körper zitternd auf das Felsband. Er setzte sich.

»Was war das? Etwas hat mich in die Höhe geschleudert ...«

»Nun mal ganz ruhig«, sagte Dr. A. und warf dem Professor einen bezeichnenden Blick zu. »Wie war das? Was spürten Sie, als es geschah?«

»Gespürt? Ich hatte einfach kein Gewicht mehr. Ich war schwerelos und verlor den Boden unter den Füßen. Erst als ich über dem Abgrund schwebte, wurde alles wieder normal, ich stürzte ab.«

Der Professor betrachtete die Skulptur. Ehe ihn jemand daran hindern konnte, machte er einen vorsichtigen Schritt nach vorn und hielt sich dabei mit beiden Händen an dem steinernen Schnabel des Vogelkopfes fest. Seine Beine glitten plötzlich vor und schwebten nach oben. Er zog sie schnell zurück – und landete wieder auf den Füßen. Langsam drehte er sich um.

»Hier beginnt es. Der Vogelkopf ist das Zeichen.«

»Eine tödliche Falle für jeden, der es nicht weiß.« Dr. A. zeigte in Richtung des Gipfels. »Zehn Meter ohne Gravitation, bis zum nächsten Zeichen. Ich kann es nun von hier aus erkennen. Wie haben sie das gemacht?«

»*Wer* hat es gemacht? Die Inkas?«, fragte B.

Dr. A. gab keine Antwort. Er wußte, daß sie auf dem richtigen Weg waren. In einer Stunde konnten sie am Ziel sein. Dann würde die Gipfelmulde vor ihnen liegen, in der Hendircks mit einem Hubschrauber gelandet war. Unter großen Schwierigkeiten war er darin gelandet, denn die Gesetze der irdischen Schwerkraft hatten hier keine Gültigkeit mehr.

Hendircks Bericht schloß mit den Worten:

»Wer war es, der sich hier oben, fast fünftausend Meter über dem Meeresspiegel, eine eigene Welt schuf, die vielleicht den gewohnten Bedingungen seiner verlorenen Heimat entsprach? Die dünne Luft, die stark reduzierte Schwerkraft – das könnte der Mars sein. Aber wir wissen, daß der Mars kein intelligentes Leben hervorbrachte. Ein anderer Planet also? Waren sie gestrandete Raumfahrer, die den Rest ihres Lebens auf der Erde verbringen mußten, unter primitiven Lebewesen, die sie, die vom Himmel kamen, als Götter betrachten mußten ...?«

Als erster betrat diesmal Dr. A. das Felsband.

1

Damit begann es, vor mehr als fünfunddreißig Jahren. Das vorliegende Kapitel, nur sinngemäß wiedergegeben, stammt aus einem Roman von P. A. Müller. Ich war fünfzehn Jahre alt, als ich diesen Roman las, und die Frage, die er am Schluß offenließ, sollte mich mein Leben lang nicht mehr ruhen lassen.

Die Frage nämlich, ob die Götter Astronauten waren.

Im Internat blieb mir nicht viel Zeit, über diese Probleme ernsthaft nachzudenken, wenn ich auch mit Freunden darüber diskutierte. 1935 jedoch stand bei solchen Streitgesprächen immer wieder eine andere Frage im Vordergrund, die Frage nämlich, ob Raumfahrt überhaupt möglich sei. Erst dann, wenn es darauf eine positive Antwort gab, konnte man bereit sein, die Möglichkeit in Betracht zu ziehen, daß vor Tausenden von Jahren vielleicht einmal Besucher aus dem All, aus einem anderen Sonnensystem, auf der Erde gelandet waren.

Es ist immer die Jugend, die neue Wege sucht. Sie ist stets von dem inneren Drang erfüllt, gegen das Bestehende zu opponieren. Damals wäre es unmöglich gewesen, diesem unwiderstehlichen Drang durch Zerschlagen von Stühlen, Protestmärsche oder das Umwerfen von Autos Luft zu machen. Wir fanden andere Wege: Wir versuchten, revolutionär zu *denken*.

Neue Gedanken sind immer revolutionär!

Es war mir schon damals klar, daß es nicht nur die Lektüre des oben zitierten Romans gewesen sein konnte, die mein Leben und meine Einstellung zum Leben so sehr veränderte. Ich hörte die lautlose Stimme stets dann, wenn ich allein war, am deutlichsten; abends im Bett unter der Decke. Es war, als spräche jemand mit mir, stelle mir Fragen und fordere eine klare Antwort. Vielleicht waren es nur Selbstgespräche, die ich führte – dachte ich damals. Aber wie dem auch sei, für mich blieben diese einsamen Stunden die reichsten, die ich erleben konnte.

Und doch war das alles nur ein Vorgeschmack.

In diesem Jahr fiel der Palmsonntag auf den 14. April. Die Osterferien standen vor der Tür, und da meine Eltern ihre eigenen

Reisepläne hatten, holten sie mich etwas früher nach Hause. Noch am gleichen Tag fuhren sie weg. Ich blieb allein mit der Tante und dem Dienstmädchen. Da wir ein großes Haus bewohnten, von einem herrlich verwilderten Garten umgeben, spürte ich niemals das Verlangen, meine Eltern auf ihren Reisen zu begleiten. Für mich hätte das nur wenig mit Erholung zu tun gehabt. Ich liebte unser Haus, den Garten – und ich liebte das bißchen Freiheit, das ich hier ausleben konnte.

An jenem Tag, dem Sonntag vor Ostern, hatte ich ein seltsames Erlebnis, dessen Bedeutung mir damals noch nicht klar sein konnte. Es gelang mir auch erst jetzt, wo alles hinter mir liegt und ich die rätselhafte und fast geisterhafte Episode meines Lebens niederschreibe, das Datum zu rekonstruieren.

Es war nicht schwierig, denn wie hätte ich je jenen Palmsonntag, den Beginn der Osterferien 1935, vergessen können?

Meine Tante war zur Nachbarin gegangen, und unser Mädchen hatte Ausgang. Ich blieb allein im Haus. Im ersten Stock lagen meine beiden Zimmer, angefüllt mit Büchern und alten Spielsachen, von denen ich mich nicht trennen konnte. Ich war müde und hatte mich bereits ausgezogen, obwohl es draußen noch hell war. Wahllos nahm ich eins der Bücher und legte mich aufs Bett. Ich habe den Titel des Buches vergessen, aber ich weiß, daß es ein Roman war. Ein Roman, der in Ägypten spielte. Seltsamerweise hatte mich Ägypten schon immer genauso fasziniert wie Südamerika, Peru und die Anden. Auch dort gab es noch ungelöste Rätsel und geheimnisumwitterte Bauwerke, in erster Linie die Pyramiden. Der Held des Romans hatte den Eingang zu einer noch unerforschten Pyramide entdeckt und war in sie eingedrungen. Er fand außer dem obligatorischen Schatz eine unwahrscheinlich gut erhaltene Mumie und beschloß, diese – à la Frankenstein – wieder zum Leben zu erwecken. Er ging von der Überzeugung aus, daß man sie nur zu diesem Zweck in das Grab gelegt und entsprechend präpariert hatte.

Ich hörte auf zu lesen und legte das Buch beiseite:

Leben nach dem Tod …? Ich war davon überzeugt, daß es ein Leben nach dem Tod geben mußte, aber ich war auch felsenfest davon überzeugt, daß es nichts mit dem Leben der Kirchenlehren gemeinsam hatte. Ich hielt damals schon alle religiösen Überlieferungen für Gleichnisse und vage Beschreibungen tatsächlich einmal stattgefundener Ereignisse. Mir war außerdem aufgefallen, daß sich alle alten Religionen der Welt glichen, als hätten sie alle denselben Ursprung.

Damals war ich zu jung, diesen Gedanken konsequent bis zum Ende durchzudenken. Aber als ich an diesem Abend über das Gelesene nachdachte, war mir plötzlich alles klar. Für den Bruchteil einer Sekunde gab es kein Problem, das ungelöst geblieben wäre, alle Fragen waren beantwortet, und keine blieb übrig.

Es ist schwer, diesen Augenblick vollkommener Erkenntnis zu schildern. Mir war damals, als fiele ich haltlos und mit unvorstellbarer Geschwindigkeit, alles in mich aufnehmend und alles verstehend, durch einen Raum, der mit dem Wissen der Welt angefüllt war.

Aber dieser Augenblick war nur kurz, viel zu kurz. Mein Gehirn vermochte die Eindrücke nicht zu speichern, um sie später zu verarbeiten. Es war wie ein Blitz; noch während das Auge ihn wahrnahm, erlosch er bereits wieder.

Doch eine feste Überzeugung blieb. Die Überzeugung nämlich, daß jemand laut zu mir gesprochen hatte, einen Satz nur, einen kurzen, fordernden Satz: Hilf uns, die Wahrheit zu suchen – es ist notwendig!

So etwa lautete er.

Welche Wahrheit? Was nach dem Tod kommt? Der Ursprung der Religionen, jenes rätselhafte Ereignis, das über Jahrtausende hinweg im Gedächtnis der Menschen haften blieb? Welche Wahrheit sollte ich suchen, zumal in einer Welt, die eine einzige Lüge schien?

Ich begriff nichts, aber das Drängen blieb. Es verfolgte mich bis in meine Träume und ließ mir keine Ruhe. Zu niemandem konnte ich darüber sprechen, denn niemand hätte mich verstanden. Hinzu kam, daß ich zwischen zwei Stühlen saß. Der Nationalsozialismus beherrschte seit zwei Jahren die Bühne, die Kirche leistete passiven Widerstand. Mein Empfinden war gegen die Kirche gerichtet, aber ich mochte auch die Nazis nicht.

Dieser Gewissenskonflikt lähmte meinen Eifer. Ich wußte, daß ich noch zu jung war, etwas Entscheidendes zu tun. Aber eines Tages würde ich nicht mehr zu jung sein. Dann würde ich mit der Suche nach jenen beginnen, die ähnliche Gedanken dachten wie ich.

Ich war nicht allein, diese Gewißheit hatte ich. Aber ich konnte nicht ahnen, daß an diesem Tag, der mir diese Erkenntnis brachte, jener Mann geboren wurde, der dreißig Jahre später einen Schock auslösen würde.

Erich von X. wurde am 14. April 1935 geboren.

Am Palmsonntag.

Ich beendete die Schule, zog höchst unfreiwillig in den Krieg, wurde von den Russen gefangengenommen und kehrte schließlich 1950 nach Deutschland zurück. Doch in den ganzen fünfzehn Jahren Kriegs- und Nachkriegszeit verlor ich den inneren Kontakt mit den Unbekannten, die nach derselben Wahrheit suchten wie ich, nie. Tausende von Kilometern lagen zwischen uns, aber nachts kamen die Gedanken der anderen Suchenden und vertrieben die Einsamkeit. Sie waren es, die mir den Mut des Überlebens gaben und die mir nach meiner Rückkehr den Weg wiesen. Ich stand am Anfang und mußte neu beginnen. Ich hatte fünfzehn Jahre verloren.

Jetzt war ich dreißig.

Am 24. April 1950 wurde ich aus der Gefangenschaft entlassen. Zehn Tage vorher, am 14. April, hatte ich in Ostsibirien den Güterzug bestiegen, der mich in die Freiheit brachte.

Zufall …?

Ich begann allmählich den Glauben an Zufälle zu verlieren.

Inzwischen war der Gedanke an eine bemannte Raumfahrt nicht mehr so absurd wie fünfzehn Jahre zuvor, als man noch herablassend lächeln konnte, wenn von einer Landung auf dem Mond gesprochen wurde. Und damit rückte auch die Idee in den Bereich des Möglichen, daß umgekehrt außerirdische Raumfahrer einst auf der Erde gelandet waren und Spuren hinterlassen hatten. Hinzu kam die leidige Geschichte mit den fliegenden Untertassen, die abermals einen Gewissenskonflikt verursachte. Auf der einen Seite wäre sie die Bestätigung für meine ketzerischen Gedanken gewesen, daß außer dem Menschen fremde Intelligenzen im Universum existierten; auf der anderen Seite gab es offensichtlich zu viele Schwindler und Betrüger, die eine möglicherweise tatsächlich erfolgte Sichtung oder gar Landung für ihre Zwecke mißbrauchten und die ein an sich höchst interessantes Phänomen zum Hokuspokus herabwürdigten.

Der Glaube an die UFOs wurde zur Religion – zu einer neuen Religion, die sich prompt mit Elementen der bestehenden vermischte. Ewig dasselbe Lied der Menschheitsgeschichte: Die »Neugläubigen« wurden fanatisch, machten sich lächerlich und operierten mit Gespenstern. Der Homo sapiens hatte noch immer nichts dazugelernt.

Man durfte also die These, daß wir einst Besuch aus dem All erhielten, auf keinen Fall ernsthaft vertreten, sonst war man wissenschaftlich diskreditiert, wurde belächelt. Es blieb nur eine Möglichkeit, sie der Öffentlichkeit zu offerieren:

Als Roman!

Wenn es mir gelang, einen Verleger zu finden, dann konnte ich ohne jedes Risiko die Wahrheit, so wie ich sie mir vorstellte, in eine utopische Handlung einbauen und nach eigenem Gutdünken und Belieben ausschmücken. Niemand war verpflichtet, eine so erdachte Handlung ernst zu nehmen; aber jene, die ich suchte und die mich suchten, würden die Absicht erkennen. Sie würden sich melden.

Vier Jahre dauerte es, bis mein erster Roman erschien.

Ich erfand die Außerirdischen, ließ sie zur Erde kommen und landen. Sie trafen auf Menschen, die abergläubisch auf die Knie fielen, um die vermeintlichen Götter anzubeten.

Im zweiten Roman dieser Art wurde ich frecher. Roboter waren es, die zur Erde kamen; und sie *schufen* den Menschen mit Hilfe ihrer raffinierten Technik und ihrem hervorragenden Können auf dem Gebiet der Biologie.

Drei oder vier weitere Romane in derselben Richtung folgten, und Hunderte von Leserbriefen erreichten mich. Der Brief aber, den ich erwartete, war nicht dabei.

Sollte ich mich getäuscht haben? Gab es jene, die so dachten wie ich, überhaupt nicht? Existierten sie nur in meiner Phantasie? Warum meldeten sie sich nicht? Oder nahmen sie mich nicht ernst, weil ich Romane schrieb, keine wissenschaftlich fundierten Bücher mit realem Hintergrund?

Ich schrieb weiter und wartete.

Ich wartete weitere neun Jahre, dann begegnete ich Jacques Bergier in Triest. Anlaß war das erste Science-Fiction-Filmfestival im Jahre 1963. Dreiundvierzig Jahre alt war ich geworden, ohne eine Antwort auf meine Fragen erhalten zu haben.

Doch: *Eine* Antwort war da! Das Buch AUFBRUCH INS DRITTE JAHRTAUSEND, und einer der Autoren war Jacques Bergier. Er berichtete mir, daß er meine Romane gelesen habe und sich viele der darin geäußerten Gedanken mit den seinen deckten. Ich kaufte sein Buch und fand in ihm meine eigenen Vermutungen bestätigt. Aber noch fehlte der zündende Funke, der richtige Stil, die mitreißende Diktion, die revolutionäre Behauptung! Louis Pauwels und Jacques Bergier deuteten nur an, verloren sich zu sehr in mystischen Betrachtungen, waren stellenweise etwas zu langatmig, zu ausführlich. Und vor allen Dingen schockierten sie die Leser nicht. Sie waren rücksichtsvoll und vorsichtig.

Es gab später noch mehr Bücher dieser Richtung, ihnen allen blieb der durchschlagende Erfolg versagt.

So wie mir auch.

Doch dann, eines Tages, ereignete sich wieder das, was wir Zufall nennen.

Ich besuchte einen Freund.

Er wohnte in der Schweiz.

Dies geschah 1965, im Frühjahr.

Am 14. April …

2

Ich kannte W. W. schon seit acht Jahren. An Zürichs Stadtrand besaß er ein Fotogeschäft und eine große Wohnung, in der er mich für einige Zeit unterbringen konnte.

Meine drei Urlaubswochen neigten sich dem Ende zu, da schlug W. W. eine Fahrt nach Graubünden vor. Wir setzten uns in den silbergrauen Citroen und fuhren los. Mit W. W. hatte ich mich nur selten über das unterhalten, was mich wirklich bewegte. Er hatte andere Interessen, von denen ich viele mit ihm teilte, Schwimmen, Sporttauchen, Fotografieren – und Urlaub machen.

Aber jetzt, als wir uns Davos näherten, überkam mich erneut dieses merkwürdige Gefühl, das seit dreißig Jahren mein ständiger Begleiter war. Ich wußte plötzlich, daß etwas auf mich zukam und daß sehr bald etwas Entscheidendes passieren würde.

W. W. deutete auf die untergehende Sonne.

»Es wird Zeit, daß wir uns um ein Nachtquartier kümmern.«

»Wieso – ist das schwierig hier?«

Natürlich würden wir eins finden, das war mir klar. Genauso klar wie die unbegreifliche Sicherheit, daß ich am Ende einer Reise angelangt war, die dreißig Jahre gedauert hatte. Ich bekam ein wenig Bauchschmerzen – ein absolut verläßliches Anzeichen dafür, daß ich vor einer Entscheidung stand.

In Davos-Dorf fragten wir den Mann an der ersten Tankstelle.

»Vielleicht im ›Rosenhügel‹«, meinte er. »Alle anderen Hotels sind um diese Zeit besetzt. Sie können es immerhin versuchen …«

Wir versuchten es.

Zwar mußten wir unwillkürlich an unsere Brieftaschen denken, als wir das hell angestrahlte Gebäude am Berghang erblickten, aber die Aussicht, die Nacht im Auto zu verbringen, war auch nicht gerade verlockend.

Wir erhielten ein Doppelzimmer im dritten Stock, erfrischten uns und zogen uns um. An diesem Abend würden wir also mal die großen Herren spielen und am weiß gedeckten Tisch speisen, obwohl uns beiden viel wohler in der Haut war, wenn wir irgendwo am Meer vor unserem Zelt saßen und Konserven löffelten.

Das gediegene Restaurant im Parterre war nicht voll besetzt, einige Tische waren frei geblieben.

Wir steuerten auf den Eckplatz zu und studierten die mehrsprachige Speisekarte. W. W. nickte anerkennend.

»Vielseitige Küche, würde ich sagen. Was trinken wir dazu?«

»Bier!«, forderte ich durstig. »Zum Essen immer Bier!«

»Ich bin für Wein. Herr Ober …«

Wir verzehrten ein hervorragendes *Poulet au Whisky* mit Reis und gemischtem Salat. Zufrieden lehnte ich mich zurück und leerte mein Glas. Draußen vor den Fenstern war es dunkel geworden. Über Davos brach die Nacht herein.

Plötzlich war das Gefühl wieder da, das unerklärliche Drängen aus dem Unterbewußtsein heraus, die Unruhe – und die Bauchschmerzen.

In diesem Augenblick sagte eine Stimme hinter mir:

»Ich hoffe, meine Herren, es hat Ihnen Spaß gemacht …«

Ich drehte mich um und sah auf. Hinter mir stand ein Herr, vielleicht dreißig Jahre alt, nicht sehr groß, schlank, im dunklen Anzug. Aber das alles registrierte ich nur automatisch, nicht bewußt. Seine Augen waren es, die mich sofort in ihren Bann zogen, oder vielmehr der Blick, mit dem er mich ansah. Mir war, als stürzte ich in einen Abgrund. Der Blick war forschend, zwingend und herausfordernd – aber in einer positiven Art herausfordernd.

»Danke«, sagte W. W. »Das Essen war ausgezeichnet.«

Der Mann im dunklen Anzug mußte zum Hotelpersonal gehören. Vielleicht der Oberkellner oder Geschäftsführer. Für ihn war es Routine, sich um das Wohlergehen der Gäste zu kümmern. Wir waren keine Ausnahme.

Er sah mich noch immer an, und ich spürte, wie ich ganz ruhig wurde. Unbefangen hielt ich seinem Blick stand, und dann schien es, als springe ein Funke über. Er lächelte mir unmerklich zu.

»Im Gästebuch haben Sie sich unter Ihrem bürgerlichen Namen eingetragen, nicht wahr? Aber ich kenne Ihre Romane, Mr. Darlton. Ich kenne sie alle.« Er deutete auf den Stuhl neben mir.

»Darf ich mich einen Moment zu Ihnen setzen?«

Welcher Schriftsteller freut sich nicht, einen begeisterten Leser zu treffen? Ich bin da keine Ausnahme.

»Aber bitte, Herr …«

»Von X., Erich von X. Ich bin der Pächter.«

Er setzte sich, nachdem ich ihm W. W. vorgestellt hatte. Er winkte dem Ober.

»Eine Flasche – für mich, Hans!« Er wandte sich wieder mir zu.

»Welch herrlicher Augenblick! Seit Jahren schon wollte ich Ihnen schreiben, kam aber nie dazu. Doch das ist eine lange Geschichte. Wir werden Zeit dazu haben müssen. Eins vorweg: Wie kamen Sie auf die Idee, solche Romane zu schreiben?«

»Utopische?« Ich zuckte die Schultern. »Die Zukunft interessiert mich, der technische Fortschritt, der Mensch in seiner neuen Umgebung. Es macht mir eben Spaß. Da könnte ich Sie auch fragen: Warum lesen Sie utopische Romane?«

»Aus denselben Gründen, aus denen Sie sie schreiben. Wer an die Zukunft glaubt, wird die Vergangenheit verstehen lernen und richtig deuten.«

Ich schwieg verdutzt. Der Ober brachte den Wein. Erich von X. nahm die Flasche und schenkte uns ein. Dann sah er mich forschend an.

»Ja, die Vergangenheit«, wiederholte er etwas ungeduldig. »Sie befassen sich intensiv damit. Ihre Romane spielen oft in der Vergangenheit und in der Zukunft gleichzeitig, so, als suchten Sie in dieser Kombination die Antwort auf die Fragen, die uns von der Gegenwart gestellt werden. Ich will Ihnen ein Geheimnis verraten.« Er beugte sich vor. Seine Stimme wurde so leise, daß ich ihn kaum noch verstehen konnte, aber ich glaube, ich hätte ihn auch verstanden, wenn er nur stumm und ohne ein Wort zu sagen die Lippen bewegt hätte.

»Ich schleppe so etwas wie eine außerirdische Botschaft mit mir herum. Ich bin auf sehr kuriose Weise gebeten worden, einer gewissen Wahrheit nachzugehen und darüber zu schreiben. Mein Buch ist auch *Ihr* Thema. Ich war knapp zwanzig, als mir der Auftrag erteilt wurde.«

1954! Das Jahr, in dem mein erster Roman erschien!

Ich begann plötzlich einiges zu ahnen. Erinnerungssplitter zuckten wie elektrische Entladungen durch mein Gedächtnis. Ich glaubte, die Wahrheit greifen zu können – dann kamen mir Zweifel. Saß neben mir wirklich der Mann, den ich seit dreißig Jahren suchte? Ich wagte nicht, eine direkte Frage an ihn zu richten. Und doch, etwas mußte ich wissen:

»Verzeihen Sie, Herr von X., wann haben Sie Geburtstag?«

Wieder der amüsierte Blick aus seinen wachen Augen.

»Am 14. April – vor drei Wochen. Schade, daß wir uns da noch nicht kannten.«

»Wir kannten uns schon«, sagte ich und fügte hastig hinzu: »Sie vergessen meine Romane, die Sie lasen.«

Ich wußte, daß es der 14. April 1935 gewesen war.

Jener Tag, an dem ich mein aufrüttelndes Jugenderlebnis gehabt hatte.

Er bestellte noch eine zweite Flache, dann wurde W. W. müde. »Ich gehe schlafen. Bleibst du noch?«, fragte er mich.

Ich warf von X. einen schnellen Blick zu. Er nickte fast unmerklich.

»Geh schon, ich komme bald nach.«

Es wurde die denkwürdigste Nacht meines Lebens.

Er geleitete mich durch die inzwischen vom Personal verlassene Küche zu einem Hinterausgang, der ins Freie führte. Nur wenige Schritte entfernt bemerkte ich eine Holzbaracke, auf die der Lichtschein aus den Hotelfenstern fiel. Er schloß die Tür auf und ließ mich eintreten. Eine Neonröhre flammte auf.

Sie beleuchtete eine merkwürdige Szenerie, die so gar nicht zu dem vornehm gekleideten Hotelpächter passen wollte.

Ein ehemaliger Abstellraum – war mein erster Gedanke. Die Wände waren kahl, die Ritzen mit Werg zugestopft. Ein mittelgroßer Schreibtisch nahm den ganzen Platz an der Stirnwand des Raums ein. Rechts und links standen Regale, vollgestopft mit Büchern, Katalogen, Atlanten und farbigen Kartonmäppchen. Es war kalt. Von X. schaltete den elektrischen Heizofen an, der noch irgendwo Platz gefunden hatte.

»Können Sie sich vorstellen, daß man hier einen Bestseller schreiben kann?«, fragte er und deutete auf den einzigen Stuhl. »Setzen Sie sich, bitte.« Er selbst hockte sich auf eine Bücherkiste. »Der einzige Ort hier, an dem ich allein und ungestört bin.« Er sah mich an. »Und ich muß allein sein, wenn ich die Stimmen hören will. Keine richtigen Stimmen, verstehen Sie, eher telepathische Botschaften. Sie haben das in Ihren Romanen oft genug geschildert, und zwar so echt, daß man glauben könnte … Sagen Sie, haben Sie das eigentlich alles *erfunden*?«

Er hatte die Stimmen erwähnt, die telepathischen Stimmen. Dabei wußte ich, daß eine der »Stimmen« jetzt neben mir saß. Erich von X. mußte der Mann sein, mit dem ich seit dreißig Jahren Verbindung hatte, so unglaublich das auch klang. Ich hatte ihn von dem Tag an gesucht, an dem er geboren wurde.

Ich mußte jetzt ganz ehrlich zu ihm sein, auch wenn die Möglichkeit bestand, daß er mich für verrückt hielt und auslachte. Aber waren seine »Stimmen« nicht auch verrückt – zumindest für einen normalen Sterblichen? Würde man ihn nicht auch auslachen, wenn man davon erfuhr?

»Es ist eine lange Geschichte«, warnte ich ihn.

»Wir haben Zeit, die ganze Nacht.« Er zog einige Bücher aus dem Regal und holte eine halbgefüllte Flasche Black Label aus der dahinter sichtbar gewordenen Lücke. »Und wir vertragen ein gutes Stimulans. Berichten Sie.«

Gläser gab's keine, und so tranken wir hin und wieder einen Schluck aus der Flasche, wenn uns kalt wurde. Das Öfchen schaffte es nicht, den zugigen Raum zu wärmen, und die Nächte in Davos waren auch im Mai noch kühl.

Von X. hörte mir zu, ohne mich zu unterbrechen. Erst als ich endlich schwieg und ihn fragend anblickte, nickte er lächelnd. In seinen Augen war ein seltsames Leuchten; nicht nur Freude drückte es aus, sondern auch einen gewissen Triumph, ein Gefühl der Genugtuung.

»Mein Freund«, sagte er langsam, fast dozierend, »ich hätte schon vor zehn Jahren mit Ihnen Verbindung aufnehmen können, aber ich tat es nicht. Ich wollte, daß Sie zu mir kamen, denn nur das konnte der Beweis sein, daß ein telepathischer Kontakt bestand. Sie veröffentlichten Romane, und jeder Leser konnte, wenn er wollte, Ihren Aufenthaltsort erfahren. Was hätten wir gewonnen, wäre ich zu Ihnen gekommen? Gut, wir hätten früher mit der Arbeit beginnen können, aber das ist auch alles. Jetzt aber wissen wir beide, daß die vergangenen dreißig Jahre der Reife dienten. Mein Buch mag die erste Ernte sein.« Er legte die Hand auf einen Stoß Manuskriptpapier. »Der Titel ist: ERINNERUNGEN AN DIE ZUKUNFT. Wie finden Sie das?«

»Schockierend. Hört sich an wie eine Zeitreisegeschichte.«

Wieder waren es seine Augen, die eine neue Überraschung ankündigten. Der Glanz, der plötzlich in ihnen war, wirkte fast hypnotisierend auf mich. Reglos saß ich auf meinem Stuhl, als er erwiderte:

»Sie haben viele Zeitreiseromane geschrieben, der Gedanke ist Ihnen also vertraut. Natürlich nur in der Utopie, ich weiß. Aber nun, da wir uns endlich kennengelernt haben, will ich Ihnen eine Geschichte anvertrauen. Eine Geschichte, von der nur ich weiß und die ich noch niemandem erzählte, nicht einmal meiner Frau. Eine Frage zuvor: Hat Sie noch nie das alte Ägypten gelockt?«

Ich konnte das bestätigen.

»Leider fehlte mir immer das Geld, dorthin zu reisen«, gestand ich dann betrübt. »Aber vielleicht, eines Tages …«

»Warten Sie hier«, unterbrach er mich. »Ich gehe etwas holen. Es liegt im Tresor des Hotels. Blättern Sie ein wenig in meinem Manuskript, und sagen Sie mir dann, wie es Ihnen gefällt.«

Als ich allein war, überkam mich eine eigenartige Stimmung. Da saß ich nun in einer primitiven Bretterbude inmitten von Büchern und Geheimnissen, die mich ein Leben lang verfolgt hatten. Ich spürte, daß ich der Aufklärung nahe sein mußte, aber ich begann mich zu fragen, wie diese Aufklärung aussah. Was holte Erich von X. aus dem Hoteltresor?

Ich nahm eine der Manuskriptseiten und begann zu lesen:

»11 000 Jahre alte Landkarten? – Prähistorische Flugplätze? Landebahnen für die Götter? – Hatten unsere Vorfahren Besuch aus dem Weltall? – Ehe man auf solche Fragen eine probate Antwort gibt, muß man sich darüber klar sein, worin unsere geschichtliche Vergangenheit besteht und begründet ist. Sie setzt sich aus indirektem Wissen zusammen. Ausgrabungen, alte Schriften, Höhlenzeichnungen, Legenden und so fort, wurden in ein Denkmodell eingebaut (das Wort ›hineingepreßt‹ war durchgestrichen worden). Aus einem Puzzlespiel ergab sich ein ansehbares, interessantes Mosaik, aber es entstand nach einem vorher konzipierten Denkmodell, in das sich die Teile – manchmal mit etwas zu deutlich sichtbarem Kitt gefügt – einpassen ließen. So oder so mußte es eben gewesen sein!«

Ich hörte Schritte, dann öffnete sich die Tür. Als er sie wieder hinter sich schloß, lächelte er vielversprechend. In der einen Hand hielt er ein Paket, mit Zeitungspapier umwickelt. In der anderen zwei Gläser und eine Flasche.

»Sie haben geschnüffelt? Fein, dann wissen Sie, was auf mich zukommt, wenn es veröffentlicht wird. Bitte, halten Sie die Gläser. Wir werden anstoßen, bevor ich Ihnen das hier zeige.« Er legte das Paket auf den Tisch und entkorkte die Flasche, um sie mir zu reichen. Ich goß ein und gab ihm ein Glas. Er fuhr fort: »Wir kennen uns schon zu lange, um keine Freunde zu sein. Ich heiße Erich.«

Wir stießen an.

»Ich heiße Walter«, lachte ich.

Dann nahm er das Paket und wog es in der Hand.

»Es ist nicht groß, aber schwer. Vielleicht wirst du das, was du gleich sehen wirst, nicht besonders aufregend finden; ich brachte es vor elf Jahren aus Ägypten mit. Ja, ich war in Ägypten, und ich fuhr aus einem inneren Zwang dorthin. Jemand rief mich damals. Ein Traum war es, eine Stimme, ein telepathischer Befehl – was immer du willst. In Kairo wohnte ich im Hotel ›Semiramis‹. Ich spürte, daß ich hier erwartet wurde, aber ich hatte nicht die geringste Vorstellung davon, was das sein könnte. Ich wartete.«

Ich nickte verstehend.

»Mir erging es genauso, dreißig Jahre lang. Jetzt habe ich dich gefunden. Wie geht es weiter?«

»Es fängt ja erst an«, meinte er und deutete auf das Paket. »Du wirst es gleich verstehen. Laß mich weiter erzählen.«

Und Erich berichtete …

Bericht von Erich von X.

Kairo!

Das Gewimmel der vielen Menschen erinnerte mich an Ameisen. Nichts von der erhabenen Ruhe, die ich hier im Orient zu finden gehofft hatte. Ich war enttäuscht. Erst am anderen Tag, als ich die

Pyramiden besuchte, änderte sich das. Ich spürte den Atem der Jahrtausende, die Zeitlosigkeit des Wissens, einen Hauch der verhüllten Wahrheit – und den geheimnisvollen Ruf, der mich hierher gelockt hatte.

Erst am späten Nachmittag kehrte ich ins Hotel zurück. Ich duschte und zog mich um. Als ich überlegte, was ich an diesem Abend machen sollte, summte das Haustelefon.

Wer sollte mich hier anrufen? Niemand kannte mich, und eigentlich hatte ich noch mit keinem Menschen gesprochen. Ich zögerte, dann hob ich den Hörer von der Gabel und meldete mich.

»Verzeihen Sie, hier der Portier, Vermittlung. Ein Herr möchte Sie sprechen. Warten Sie, ich verbinde ...«

Es knackte in der Leitung, dann sagte eine etwas zittrige, alt klingende Stimme:

»Sie sind Herr von X., Erich von X.?«

Ich bejahte das verblüfft.

»Mit wem habe ich das Vergnügen ...«

Noch während ich das fragte, kam mir zu Bewußtsein, wie dumm meine Frage war. Ich spürte es wieder deutlich, deutlicher als je zuvor: Der Mann, der mich da anrief, kannte mich! Walter, mir ging es damals so ähnlich wie dir heute! Auch ich habe dich nach Davos geholt – unbewußt vielleicht und mit Mitteln, die uns unbekannt sind. Nur mit den Gedanken, den Wünschen.

»Professor Holmès, Aristide Holmès. Ich möchte mit Ihnen reden.«

»Ich bin in zehn Minuten unten in der Bar. Ist Ihnen das recht?«

»Für den Anfang genügt es«, erwiderte die Stimme, dann wurde eingehängt.

Nachdenklich legte ich den Hörer auf die Gabel zurück.

Professor Holmès! Wer war das? Der Name sagte mir wenig, aber ich war sicher, ihn schon einmal irgendwo gehört oder gelesen zu haben.

Holmès? War Holmès nicht der geheimnisvolle Archäologe, dessen Abhandlungen über Südamerika und die Amazonas-Indianer einiges Aufsehen erregt hatten? Ich kannte diese Artikel, hatte aber nicht besonders auf den Namen geachtet. Professor Aristide Holmès!

Er war hier, und er mußte es sein, der jahrelang – mit Unterbrechungen – Kontakt mit mir gehalten hatte.

Warum ausgerechnet mit mir, Walter? Warum nicht mit dir? Du bist älter als ich, und damals, 1954, war dein erster Roman gerade auf dem Markt. Aber Holmès gab mir die Antwort nicht, und heute gilt er als verschollen.

Die Bar war fast leer. Links, am äußersten Rand der lederbezogenen Theke, saß ein junges Paar, eng zusammengerückt. Ich fand einen Tisch in der Nische. Hunger verspürte ich keinen. Ein Cognac würde mir gut tun. Der Boy servierte.

Dann betrat Professor Holmès den Raum. Ich wußte sofort, daß es der Professor war, aber frag mich bloß nicht, warum ich es wußte. Ich fühlte es einfach.

Er sah sich um, entdeckte mich – und steuerte schnurstracks auf mich zu.

»Ich freue mich, daß Sie gekommen sind«, sagte er und schüttelte den Kopf, als sich der Boy näherte. »Aber Sie haben lange gebraucht, sehr lange. Gab es Schwierigkeiten?«

»Womit? Sie meinen die Reise? Oder mit dem Geld ...«

»Ich meine nicht die Reise, Erich«, sagte er merkwürdig ernst. »Sie haben doch meine Botschaften empfangen? Lassen Sie mich gleich vorwegnehmen, daß ich den Empfänger, also Sie, niemals kannte. Ich kannte auch Ihren Namen nicht. Ich hörte ihn vor einer halben Stunde zum erstenmal, als ich mich nach dem jungen Mann erkundigte, der heute aus Europa eingetroffen ist. Denn mein telepathischer Gesprächspartner war unerhört nahe, das hatte ich gespürt ... Sagen wir besser: gefühlt.«

»Ich kenne den Ausdruck«, warf ich ein. Er nickte.

»O ja, ich weiß, daß Sie sehr aufnahmefähig sind. Wir standen lange genug in Verbindung! Sie werden meine Arbeit fortsetzen, nicht wahr?«

Ich muß ihn ziemlich verdattert angestarrt haben, denn ein Lächeln huschte über seine verwitterten Gesichtszüge. Er sah sehr alt aus, aber seine Augen waren jung geblieben. Er trug einen ganz normalen Straßenanzug, etwas zerknittert und unordentlich. Gegen ihn präsentierte ich mich regelrecht vornehm.

»Ihre Arbeit? Ich bin kein Wissenschaftler.«

»Gott sei Dank! Das wäre nur ein Hemmschuh. Wichtiger sind die Überzeugung und das Empfinden, dem auf der Spur zu sein, was

Wahrheit ist und was konstruierter Irrtum. Seit mehr als zwanzig Jahren suche ich nach dieser Wahrheit, und ich glaube, sie gefunden zu haben. Aber ich kann die Sache nicht mehr publik machen, ich bin zu schwach, viel zu schwach dazu. Das werden Sie für uns tun, nicht wahr?«

»Eine Publikation?« Ich blieb skeptisch, obwohl ich innerlich vor Begeisterung beinahe verbrannt wäre. »Kann es einen Beweis dafür geben, daß die Erde einst Besuch aus dem Weltall erhielt? Wurden nicht alle Spuren verwischt und zum Teil so abgefälscht, daß sie keine Beweise mehr darstellen?«

»Einen Beweis für *Sie*, junger Freund – für Sie allein –, den können Sie haben. Er wird Ihnen Kraft geben, die Aufgabe zu Ende zu führen.

Ich verbrachte viele Jahre meines Lebens in Peru. Ein langes Leben, wie Sie noch sehen werden. Und ich brachte etwas mit, das ich dort fand. Es ist der Grund meines Besuchs in Ägypten, denn hier muß auch so etwas existieren. Ich suche danach.« Er sah mich belustigt an. »Nein, ich verrate noch nichts, mein Freund. Bezähmen Sie ihre Neugierde ein wenig und lassen Sie mich erst zu Ende erzählen.«

Automatisch trank ich, während ich vergeblich versuchte, meine Gedanken zu ordnen. Peru! Er war in Peru gewesen! Schon immer war Peru für mich das Land, in dem die Götter einst zu Hause waren. Dort hatten sie die meisten und deutlichsten Spuren hinterlassen – vielleicht nur deshalb, weil sie dort niemand verwischte.

Der Professor nickte, als habe er meine Gedanken gelesen.

»Richtig! In den Hochtälern der Anden haben immer nur sehr wenige Menschen gelebt, und die Spuren im Fels sind ewig. Haben Sie den Namen ›Cuzco‹ schon einmal gehört?«

»Eine Stadt in Peru, etwa vierhundert Kilometer nordwestlich des Titicaca-Sees.«

»Ja, und dreihundert Kilometer nordöstlich der Ebene von Nazca. Eine Landschaft, mit der Sie sich in nächster Zeit näher befassen müssen. Der Titicaca-See, viertausend Meter über dem Meeresspiegel, war für die fremden Astronauten von besonderer Attraktion. Das Hochland bot ihnen die idealen Lebensbedingungen. Hier ließen sie sich nieder. Von hier aus unternahmen sie ihre Expeditionen zu den anderen Kontinenten.«

Er sagte es im Tonfall eines Menschen, der gelassen feststellt, daß es gestern geregnet hat. Obwohl er genau das aussprach, was ich selbst schon immer geglaubt und vielleicht sogar gehofft hatte, erschütterte mich die Selbstverständlichkeit seiner Behauptung. Ich war versucht, dagegen zu protestieren, gegen meine innere Überzeugung, nur um noch mehr und besser überzeugt zu werden, aber dann schwieg ich doch.

»Vor etwa zwanzig Jahren«, fuhr er fort, »unternahm ich von Cuzco aus eine Wanderung in die Berge. Dort oben mußte etwas sein, das noch niemand vor mir entdeckt hatte – und wenn, dann hatte er die Zeichen nicht richtig gedeutet. Oder er hatte sie so gedeutet, daß sie in sein längst überholtes Weltbild paßten.« Er blickte mich an und lächelte, nur mit den Augen, wie ein Zwinkern etwa. »Wissen Sie, was ich fand?«

»Den Beweis?«

Er schüttelte den Kopf.

»Nicht den direkten Beweis, junger Freund, aber den Schlüssel zu diesem Beweis. Richtiger gesagt: die Schlüsselfigur. Doch lassen Sie mich der Reihe nach berichten. Am Fuß des Gipfelplateaus, einer felsigen, kahlen Hochebene, ließ ich meine eingeborenen Begleiter zurück. Sie dankten mir dafür, denn ihrer Meinung nach war es auf dem flachen Berg nicht geheuer. Vielleicht hatten sie sogar recht, aber das bestätigte meine Vermutungen nur. Ich kletterte also allein weiter. Eine beschwerliche Route, obwohl ich damals erst vierzig Jahre alt war.« Er seufzte. »Heute wünschte ich mir, wieder einmal so jung zu sein. Gegen Mittag erreichte ich das Plateau und stand kurz vor einer flachen Pyramide. Nur mein geübtes Auge erkannte sie. Jeder oberflächliche Beobachter hätte den Hügel für eine natürliche Erhebung gehalten, harmlos und in dem Felsgebiet ohne jede Bedeutung. Immerhin dauerte es auch zwei Stunden, ehe ich den richtigen Eingang entdeckte. Mir blieb keine Wahl: Ich machte mich an die Arbeit und kroch hinein.«

»Allein, ohne Hilfe?«

»Es war nicht so schlimm, wie es im ersten Augenblick aussah. Der Oberteil der Pyramide war verwittert, und die kleineren Bausteine hatten Wind und Regen ein Stück mitgenommen. Da der Eingang nicht, wie meist üblich, oberhalb der Stufen lag, sondern unten, hatten sich die herabgestürzten Felsbrocken ausgerechnet dort abgelagert. Ich schaffte sie einzeln beiseite, bis die Dunkelheit mich überraschte. Es war zu spät, zu meinen Begleitern zurückzukehren. Sie würden sich Sorgen machen, aber das kümmerte mich wenig. Der Eingang war freigelegt, und ich brauchte wenigstens nicht im Freien zu übernachten. Ich bereitete mir aus meinen Vorräten ein kärgliches Mahl, schlüpfte in meinen Schlafsack und war bald eingeschlafen. Als ich wieder aufwachte, schien draußen bereits die Sonne. Fast steifgefroren, und ohne jedes Gefühl in den Knochen, suchte ich vertrocknete Grasbüschel und entzündete ein Feuer, um Tee zu kochen. Der brachte mich wieder auf die Beine. Und als ich mir den Eingang zur Pyramidenfestung ansah, fühlte ich mich frisch und unternehmungslustig wie selten. Schlafsack und Vorräte ließ ich liegen. Ich nahm nur den kleinen Rucksack mit meinen Werkzeugen und die starke Lampe mit.

Nach wenigen Metern wurde es stockdunkel und eng. Von der Decke waren einige Felsplatten herabgefallen, über die ich klettern mußte. Es waren rechteckige und gleichmäßig geformte Schichten mit glatten Kanten, etwa fünfzehn Zentimeter dick. Nach dem Hindernis wurde der Gang breiter und höher.

Ich will Sie nicht mit einer zu ausführlichen Schilderung auf die Folter spannen – Sie werden sich das ja bald alles selbst ansehen können. Machen wir es kurz. Gänge zweigten vom Hauptkorridor ab, aber die meisten endeten vor einer glatten, fugenlosen Felswand. Scheinbar sinnlos, so wie die Inkastraßen, die irgendwo beginnen und dann einfach mitten in der Landschaft zu Ende sind. Aber so großartige Baumeister wie die Inkas können nichts Sinnloses geschaffen haben. Die Inka-Straßen waren Imitationen von Landebahnen, und die abschließenden Felswände am Ende eines Gangs konnten nur raffiniert angelegte Sperren sein. Hinter ihnen lag das Geheimnis, und ich mußte es lüften. Bloß das ›Sesam öffne dich!‹ in der richtigen Sprache fehlte noch.

Auch der Hauptkorridor endete vor einer solchen Wand, und diesmal dachte ich nicht daran, aufzugeben. Ich wußte, daß es eine Möglichkeit geben mußte, die Wand zu öffnen – wie auch immer. Ich setzte mich auf einen Stein und studierte die Anlage, stellte Berechnungen an und erwog alle mechanischen Methoden, mit denen sich eine tonnenschwere Felswand durch geringste Kraftanwendung bewegen ließ. Schließlich blieb nur das Hebelsystem in Verbindung mit der natürlichen Schwerkraft übrig. Die Wand mußte in verborgenen Scharnieren hängen und würde, wenn man die Sperre löste, nach unten in einen passenden Schacht sinken.

Ich suchte den Sperrmechanismus und fand ihn. Fünf Meter vor der Wand, auf der rechten Seite, entdeckte ich eine Skulptur, klein und unscheinbar, aus dem Felsen gehauen. Sie war abgebröckelt, aber ich erkannte, was sie darstellen sollte.

Eine Art Sphinx war es, wenn sie auch der bekannten ägyptischen Sphinx nicht gerade glich. Immerhin war eine gewisse Übereinstimmung vorhanden. Als ich die Figur besser ausleuchtete, konnte ich erkennen, daß sie nicht fest mit der Felswand verbunden war. Sie mußte sich bewegen lassen.

Nach einigen mühevollen Versuchen – Zeit und Verwitterung hatten das ihre getan – lockerte sich der Mechanismus, und die Figur glitt in die Wand hinein. Gleichzeitig senkte sich am Ende des Gangs die fugenlose Felsensperre nach unten, wie ich es erhofft hatte.

Das Licht meiner Lampe erhellte die Kammer, die dahinter lag. Wie festgenagelt war ich stehengeblieben und wagte kaum zu atmen. Ich war überzeugt, daß bis hierher noch kein Mensch meiner Generation vorgedrungen sein konnte. Vor mir lag ein Raum, vielleicht zwanzig mal zwanzig Meter groß, nicht sehr hoch, angefüllt mit den seltsamsten Gegenständen.«

Er machte eine Pause und winkte nun doch dem Boy, um ein Glas Wasser zu bestellen. Ich nutzte die Gelegenheit, mir einen zweiten Cognac geben zu lassen. Erwartungsvoll sah ich ihm auf die Lippen. Ich stellte keine Fragen.

Holmès fuhr nach einer Weile fort: »Ich bin keine sehr ängstliche Natur, glauben Sie mir das bitte, aber es gibt doch Dinge, vor denen ich Furcht oder sogar Ehrfurcht empfinde. Wenn Sie eines Tages am Eingang jener Kammer stehen, werden Sie wissen, was ich meine. Ich habe sie oft aufgesucht, aber es ging mir jedesmal gleich. Ich konnte die Scheu vor dem, was ich fand, niemals ganz überwinden, und heute will ich es nicht mehr. Die Verantwortung, die mir das

Schicksal aufgebürdet hat, ist zu groß. Ich kann sie nicht tragen, denn meine Schultern wurden zu schwach.« Er sah mich an. »Sie sind jung, gesund und kräftig – und mit einem fast heiligen Eifer erfüllt. Sie werden das tun, was ich nicht zu tun wagte. Zwanzig Jahre lang wagte ich es nicht, und diese zwanzig Jahre kommen mir heute wie zweihundert vor.«

Wieder schwieg er, und diesmal fragte ich:

»Was fanden Sie, Professor Holmès?«

»Sie hätten lieber fragen sollen, *was* ich zwanzig Jahre lang nicht wagte. Ich will es Ihnen sagen: Ein Buch schreiben! Die Wahrheit berichten! Auch Sie werden es nicht tun können, ohne in ungeahnte Schwierigkeiten zu geraten. Sie können nur einige wenige Tatsachen anführen und am Schluß die große Frage offenlassen. Aber die ganze Wahrheit …?« Er schüttelte überzeugt den Kopf. »Nein, mein Freund, die werden Sie niemandem erzählen können. Sie sind der erste Mensch, dem ich sie mitteile, und auch Sie werden einmal jemanden finden, der zu den Wissenden gehören darf. Alle anderen mögen Vermutungen anstellen, bis diese im Verlauf der Jahrzehnte zur Gewißheit werden. Ein Weltbild kann nicht von heute auf morgen umgestoßen werden.«

Ich ahnte damals schon, daß er recht hatte. Obwohl ich es anders plante, Walter, kam es so, wie er voraussagte. Bis heute habe ich noch nichts getan, gar nichts! Ich habe nur mein Buch angefangen – du hast einige Seiten gelesen. Ich kann es erst vollenden, wenn ich in Südamerika gewesen bin. Doch laß mich erzählen …

Professor Holmès berichtete damals noch folgendes:

»Die Zeit hatte auch vor der geheimen Kammer nicht haltgemacht. Sie hatte ihre zerstörenden Spuren hinterlassen, und doch blieben manche Dinge gut erhalten und befanden sich zumindest in einem Zustand, der ihren ursprünglichen Zweck erahnen ließ. Ich fand eine Waffe, die anscheinend nicht mehr funktionierte, aber zweifellos energetischer Natur war. Eine Laserpistole, wenn Sie so wollen. Später sah ich eine ähnliche Waffe in Funktion – für mich der Beweis. Dann waren einige maschinenähnliche Kuben vorhanden, unbrauchbar und mit zerbröckelten Kanten. Von der Decke baumelten spiralförmige Zapfen in einem wirren Durcheinander, und in einer Ecke bemerkte ich ein eiförmiges, gelb schillerndes Gebilde.

Und dann sah ich die Zeitmaschine!«

Es dauerte einige Sekunden, bis ich begriff, was er gesagt hatte. Eine *Zeitmaschine*?

»Herr Professor ...«

»Ich wußte es nicht sofort, lieber von X. Ein Käfig, dachte ich zuerst, mit dünnen Metallstäben, wie sie niemals von den damaligen Eingeborenen hergestellt werden konnten. Ein Käfig, den man verschließen konnte und in dem ein Sessel stand. Daneben Apparaturen, deren Sinn mir zunächst ein Rätsel sein mußte. Unter dem Käfig eine dicke Platte aus Metall – später fand ich heraus, daß es sich um einen völlig intakten Energiespeicher handelte; eine Batterie, deren Speicherkapazität selbst nach unseren Begriffen unmöglich war. Unsere Vorfahren hatten sie mit Sicherheit nicht erfunden und gebaut.«

Ich konnte meine Ungeduld kaum noch bezähmen. »Woher wollen Sie wissen, daß es sich bei dem Ding um eine Zeitmaschine handelt?« fragte ich ihn. »Die gibt es doch nur bei H. G. Wells!«

»Ich probierte es«, sagte er einfach. »Es ist nicht nur eine Zeitmaschine, sondern gleichzeitig auch ein Materie-Transmitter, zu dem eine Empfangsstation gehört. Sie befindet sich tief in der Vergangenheit, mehr als einundzwanzigtausend Jahre vor unserer Zeitrechnung. Sie wundern sich, daß ich das alles so genau weiß, nicht wahr? Nur Geduld, Sie werden auch das erfahren. Doch für heute soll es genügen, mein Freund. Es ist spät geworden. Wir treffen uns morgen vormittag in meinem Zimmer, hier im Hotel. So gegen elf Uhr, nach dem Frühstück. Einverstanden?«

Ich war über seinen abrupten Aufbruch alles andere als begeistert. Er hatte mir eine Sensation beschert, und nun ließ er mich zappeln. Ich würde nicht schlafen können, das war mir klar. Seine unwahrscheinliche Geschichte würde mich beschäftigen, bis morgen früh.

Er war aufgestanden.

»Gute Nacht, Erich. Bis morgen.«

Er schlurfte aus der Bar, von den mißbilligenden Blicken von Ober und Boy verfolgt. Der Barmixer achtete nicht auf ihn, und das junge Paar hatte sich längst verzogen.

Ich blieb noch sitzen und trank einen dritten Cognac. Später, als ich im Bett lag, da wußte ich plötzlich, daß dieser Junitag des Jahres 1954 die Wende in meinem Leben bedeutete! Schon damals faßte ich den Entschluß, ein Buch zu schreiben. Das war es doch, was der Professor von mir wollte.

Oder wollte er mehr?

Ich dachte an die Zeitmaschine, oder vielmehr – an den Zeit-Materie-Transmitter.

Ein irrsinniger Gedanke schoß durch mein Gehirn. Holmès hatte sie ausprobiert! Deshalb war er seiner Sache so sicher! Er mußte mehr wissen als alle anderen Menschen, oder war er nur verrückt …?

Erich von X. schwieg.

Ich räusperte mich.

»War er *wirklich* verrückt?«, fragte ich ihn. »Hast du es herausgefunden? Oder ist eine Zeitmaschine unmöglich? Ich habe sie oft genug in Romanen beschrieben und mich mit den Problemen eines Paradoxons beschäftigt. Meiner Ansicht nach kann es nur eine Reise in die Zukunft geben, und zwar durch eine bewußte Zeitdilatation in einem nahezu lichtschnellen Raumschiff. Eine Reise ohne Rückkehr in die Gegenwart. Aber zurückreisen in die Vergangenheit, aus der Gegenwart heraus, das ist absolut unmöglich! Wäre es jemals geschehen, hätten wir es bemerken müssen.«

Erich sah mich verwundert an.

»*Hätten* wir das? Ich dachte, gerade du würdest eine solche Entwicklung nicht ausschließen. Warum sollte eine Zeitreise nicht möglich sein? Du wirst auch noch umdenken müssen, Walter, denn Professor Holmès war in der Vergangenheit! Und er kam wohlbehalten zurück!«

Ich stellte das Glas auf den Tisch. Draußen dämmerte schon der Morgen. W. W. würde friedlich in seinem Bett liegen und schlafen. Es war kalt in der Baracke, und ich bemerkte erst jetzt, wie jämmerlich ich fror. Erich schien nichts davon zu bemerken. »Das kann einfach nicht wahr sein!«, sagte ich schließlich. »Es *ist* aber wahr! Und das da brachte er mit!« Er nahm das Paket aus Zeitungspapier und wog es in der Hand. »Er gab es mir an dem bewußten Vormittag in Kairo. Es ist der Schlüssel zur Zeitmaschine und zur Vergangenheit. Ohne ihn ist jeder verloren, dem die Reise trotzdem glückte. Eine Legitimation, Walter! Eine Sphinx – Gleichnis für Ewigkeit und Zeitlosigkeit.«

Er wickelte das Paket auf.

»Holmès hatte sie in einem Metallkoffer, den er in meiner Gegenwart öffnete. Mit zwei Schlössern. Er behauptete, diese kleine Figur sei das Wertvollste, das es auf der Erde gebe. Der Schlüssel zur Vergangenheit und damit auch zur Wahrheit. So … das ist sie! Sieh sie dir genau an!«

Er legte den Gegenstand auf den Tisch, direkt neben mein Whiskyglas.

Ich war nüchtern, stocknüchtern.

Jede Einzelheit konnte ich in mich aufnehmen, auch das, was Erich berichtet hatte. Alles schien so phantastisch und unwirklich zu sein, und doch lag vor mir etwas auf dem Tisch, das unmittelbar aus der Vergangenheit stammte.

Wirklich ein Beweis?

Vorsichtig streckte ich die Hand aus und berührte das Ding aus Stein. Es war schwer und wog mindestens zwei oder drei Kilogramm.

Eine Sphinx …

Im ersten Augenblick erinnerte sie mich an einen auf seinen nach vorn ausgestreckten Pfoten liegenden Hund – diese Haltung war es in erster Linie, die an eine Sphinx denken ließ. Dann erst kamen mir die Unterschiede zu Bewußtsein.

Die Figur war zwischen sechzehn und siebzehn Zentimeter lang und hatte einen Durchmesser von etwa zehn Zentimetern. Sie war aus einem einzigen Stein gehauen, sehr genau und präzise. Die Klauen an den mächtigen Pranken, die mich sofort an einen Panther erinnerten, waren deutlich zu erkennen, ebenso die beiden Zahnreihen im breiten Maul des unbekannten Tiers. Am Kopf war eine leichte Beschädigung, dicht unter dem rechten Auge. Ein kleines Stück war abgesplittert und wieder angeklebt worden. Später erfuhr ich, daß die Figur, als sie sich bereits im Besitz Erichs befand, hinuntergefallen war. Er hatte den Splitter wieder an der ursprünglichen Stelle befestigt – eine Quelle steten Ärgers, wenn er die Beschädigung sah.

Der Kopf saß etwas schräg auf dem Körper, scheinbar ohne jeden Sinn. Aber nur scheinbar, denn gerade diese Schrägstellung mußte dem Künstler, wer immer es auch gewesen sein mag, besondere Schwierigkeiten bereitet haben. Umsonst hatte er diese Mehrarbeit bestimmt nicht auf sich genommen. Erst später sollten wir erfahren, was es mit dieser merkwürdigen Schrägstellung auf sich hatte.

Der Schwanz, kurz und gedrungen, exakt gearbeitet und ein Rechteck bildend, lag flach hinten auf dem Rücken. Er verführte mich dazu, ihn anzufassen, um die Glätte des Materials zu prüfen.

Erich, der schweigend zugesehen hatte, lachte leise.

»Du hast es erraten, Walter. Die Figur steckte in dem Steinloch der Sperre. Nur die Aussparung zwischen den beiden Beinen bietet einen Anhaltspunkt. Darum wurde sie so gearbeitet, wie du sie jetzt siehst. Sie ist der eigentliche Schlüssel zum Schlüssel. Wenn ein Bein abbricht, ist die Sphinx wertlos.«

»Er hat die Figur einfach mitgenommen?«

»Nachdem er die Kammer wieder verschlossen hatte, ja. Ich glaube, er hat eine zweite. Im Gespräch mit mir ließ er sogar durchblicken, daß es sich bei dieser aus Stein gearbeiteten Sphinx lediglich um eine Art Nachschlüssel handelt, der später hergestellt wurde, als das Original nicht mehr auffindbar war. Kein Wunder, die Götter hatten es mitgenommen.«

»Warum?«

»Sie wollten ihre Zeitmaschine unbeschädigt wiederfinden. Sie haben ihre Schüler, die Bewohner unseres Planeten, wahrscheinlich unterschätzt. Als sie verschwanden und nicht mehr wiederkehrten, ließ sich ein Priester einen Nachschlüssel, eben diese Sphinx, anfertigen, um in die geheime Ausrüstungskammer zu gelangen. Das scheint schon die Unordnung zu beweisen, die Holmès vorfand.«

Ich schüttelte den Kopf. In meinen Romanen bin ich immer sehr phantasievoll gewesen, aber das, was mir Erich da erzählte, erschien mir unglaublich und unwahrscheinlich. Zog er seine Beweise nicht an den Haaren herbei?

»Ich kann es einfach noch nicht glauben, Erich!« Mit dem Zeigefinger tippte ich der Sphinx auf den Rücken. »Solche Figuren hat man doch schon zu Hunderten gefunden, überall auf der Erde. Warum sollte gerade dieses Stück hier etwas Besonderes sein?« »Du wirst es bald wissen«, sagte er und blickte auf die Uhr. »Sechs ist es. Wie wäre es, wenn wir Schluß machten? Ihr bleibt noch ein paar Tage hier? Als meine Gäste, selbstverständlich.« »Mein Freund hat ein Geschäft. Sicher, seine Frau führt es, wenn er unterwegs ist, aber …«

»Wir werden sie anrufen«, schlug Erich vor, nahm die Steinfigur und wickelte sie wieder ein. »Sie hat ihren Platz im Safe. Aber darüber reden wir morgen noch – heute, meine ich.«

W. W. war schon wieder wach, als ich ins Zimmer kam. Er sah mich verwundert an und murmelte so etwas wie »Saufbruder!« Dann drehte er sich auf die andere Seite und schlief wieder ein.

Ich hingegen konnte noch lange nicht einschlafen.

Erst als jemand das Frühstück brachte und W. W. munter wurde, kroch ich unter die Bettdecke und schlummerte ein.

Wir blieben drei Tage.

In diesen drei Tagen muß W. W. sich ziemlich einsam gefühlt haben, denn ich war die meiste Zeit mit Erich zusammen, wenn seine Pflichten als Pächter des Rosenhügels ihm das erlaubten. Sein erst halbfertiges Manuskript hatte ich zweimal durchgelesen. Es fehlte noch viel, denn wenn er auch als Kellner oder Steward in der ganzen Welt herumgereist war, so hatte er doch nicht immer Gelegenheit erhalten, gerade die Orte aufzusuchen, an denen er Beweise für seine Theorie zu finden hoffte. Auch war das Hotel verschuldet, wie er mir gestand. Er mußte es hochwirtschaften und konnte jetzt auf keinen Fall verreisen.

Am dritten Tag saßen wir wieder in seinem »Arbeitszimmer« hinter der Hotelküche. Trotz der geheimnisvollen Umstände, die unseren ersten persönlichen Kontakt bewirkt hatten, erwies sich unsere Freundschaft keineswegs als ein schnell aufloderndes und genauso schnell wieder erlöschendes Strohfeuer. Wir hatten uns langsam und vorsichtig aneinander herangetastet. Wenn uns auch die Gemeinsamkeit des Denkens verband, als Menschen mußten wir uns noch kennenlernen.

Noch fehlten die letzten Beweise des gegenseitigen Vertrauens. »Eine ganz persönliche Frage, Walter: Hast du Geld?«

Er hatte von finanziellen Schwierigkeiten gesprochen, erinnerte ich mich. Kam nun das Unvermeidliche? Wollte er mich anpumpen? Ich wußte, daß er Schulden hatte. Er hatte sie mit dem Hotel übernommen. Wäre ich reich gewesen, ich hätte ihm sicher Geld geliehen, wenn es für sein Buch gewesen wäre. Aber für das Hotel …

»Nicht viel, Erich, aber einige kleine Ersparnisse besitze ich schon. Warum?«

»Könntest du damit eine längere Reise unternehmen?«

Ich war erleichtert. Gott sei Dank! Er pumpte mich nicht an. Eine Reise …?

»Eine Reise? Du meinst doch nicht …?«

»Ich kam nie dazu, und es kann Jahre dauern, bis ich hier aus dem Gröbsten heraus bin. Wenn du Zeit und Geld hättest, könntest du für mich nach Peru fahren und dir alles an Ort und Stelle ansehen. Du berichtest mir darüber, und ich schreibe mein Buch fertig.«

»Aber Erich, ich habe keine Ahnung von diesen Dingen, ich bin kein Archäologe, kein Wissenschaftler. Ich würde dir nicht viel nützen. Warum willst du nicht warten, bis du selbst fahren kannst?«

»Die Zeit ist reif, Walter! Ich kann nicht länger warten. Ein oder zwei Jahre vielleicht, aber nicht länger. Und bis dahin schaffe ich es nicht. Du mußt es für mich tun.«

Ich überlegte. Theoretisch war es durchaus möglich, daß ich mal vier oder sechs Wochen Urlaub machte. Die Serie, an der ich mittlerweile zusammen mit anderen Autoren schrieb, lief gut. Jemand konnte für mich einspringen, wenn ich einige Wochen ausfiel. Nein, besondere Schwierigkeiten gab es nicht, aber dafür mehr als genug Bedenken.

»Peru! Ich kenne das Land und die Sprache nicht. Wie soll ich mich verständigen? Wie soll ich überhaupt die Pyramide finden? Du willst doch sicher, daß ich mir das Ding näher ansehe.«

»Ja, das will ich.« Er griff in ein Fach und holte das in Zeitungspapier gewickelte Paket daraus hervor. Ich hatte vorher nicht bemerkt, daß er es mitgebracht hatte. »Und das hier nimmst du mit. Die Sphinx des Professor Holmès! Zeitmaschinen sind ja deine Spezialität!«

Das schwere Paket lag in meinem Schoß, und mir war, als würde seine Last mich nie mehr aufstehen lassen, so drückte sie mich auf den Stuhl. Am liebsten hätte ich es fallenlassen, wäre aufgesprungen und einfach davongerannt.

Aber es war zu spät dazu. Erichs Augen sahen mich zwingend an.

»Wenn mein Buch ein Erfolg wird, bekommst du deine Unkosten zurück, das verspreche ich dir. Und wenn nicht, dann bist du wenigstens einmal in Peru gewesen. Aber ich bin davon überzeugt, daß du die Reise nicht umsonst machen wirst. Holmès hat nicht gelogen, wenn ich auch nie mehr etwas von ihm hörte. Vielleicht kroch er irgendwo in den Ruinen herum und wurde von einer herabfallenden Steinplatte begraben. Da findet ihn niemand mehr.«

Schöne Aussichten für mich, dachte ich und hielt das Paket krampfhaft fest. Erich schien meine Bedenken zu erraten und versuchte wortreich, mich von der Ungefährlichkeit des Unternehmens zu überzeugen. Das Gebirge sei ja nicht weit von der Stadt Cuzco entfernt, und dort würde ich bestimmt jemanden finden, der mich begleitete. Natürlich dürfe ich nur allein in das Labyrinth der Felsengänge eindringen, denn niemand dürfe je von der geheimen Kammer und der Zeitmaschine erfahren. Und dann fügte er, vielleicht mit einer bestimmten Absicht, hinzu:

»Wenn es überhaupt eine gibt!«

Ich sah ihn verwundert an. Er, der mich drei Tage lang von der Existenz einer solchen Maschine zu überzeugen versucht hatte, begann auf einmal daran zu zweifeln! Er konnte doch seine Meinung nicht so schnell geändert haben – oder hatte er nie ernsthaft an sie geglaubt? Das würde erklären, warum er nun elf Jahre gewartet hatte, ehe er sich jemandem anvertraute und ihm das Geheimnis des verschollenen Professors verriet. Es würde aber auch erklären, warum er nicht selbst schon nach Peru gereist war, obwohl er dazu sicherlich eine Gelegenheit gefunden hätte. Mein Widerspruchsgeist erwachte. Jetzt war *ich* es plötzlich, der fest und unerschütterlich an das Unglaubliche zu glauben begann.

»Was heißt: *Wenn* es eine gibt? Warum sollte Professor Holmès gelogen haben? Was hätte er davon gehabt? Und vergiß seine Geschichte nicht, Erich. Er ist doch selbst in der Vergangenheit gewesen – hat er dir das nicht erzählt?«

»Ja, aber keine Einzelheiten. Er sagte damals, keine Schilderung könne das persönliche Erlebnis je ersetzen; sie könne den wahren

Eindruck höchstens verfälschen. Er gab mir den Schlüssel, die Sphinx, damit ich mich selbst überzeugen könne. Ich solle ihm nachreisen ...« Erich stockte mitten im Satz. Er sah ganz so aus wie ein Mensch, dem plötzlich eine erschreckende Wahrheit voll und ganz zu Bewußtsein gekommen ist. Langsam wiederholte er: »*Nachreisen*!«

Ich starrte ihn an; plötzlich begriff auch ich.

»Du glaubst, er meinte: in die Vergangenheit nachreisen ...?«

Erich nickte stumm.

Eigentlich verwunderlich, dachte ich, daß er nicht schon früher auf diese Deutung gekommen war. Im Zusammenhang mit einer Zeitmaschine war der Gedanke ja nur logisch. Aber ich wußte nun auch, daß Erich nicht mehr an die Zeitmaschine glaubte. Er glaubte an die Astronautengötter, und er mußte annehmen, daß mir der Gedanke an eine Zeitmaschine vertrauter war, wenn ich sie auch immer nur im Roman beschrieben und verwendet hatte. Ich legte das Paket mit der Steinfigur auf den Tisch.

»Also gut, Erich, ich werde mit meinem Verleger sprechen. Das Geld kratze ich zusammen. Notfalls fahre ich mit einem Frachter.«

»Da geht zuviel Zeit verloren.«

»Du hast schon elf Jahre verloren.«

»Zugegeben, aber ich war jung.« Er blinzelte mir zu. »Du hast wesentlich mehr verloren, wenn auch nicht ganz durch deine Schuld. Die Hauptsache ist, du hast dich entschlossen. Aber verliere die Sphinx nicht! Sie ist nicht zu ersetzen. Wann fahrt ihr zurück?«

Er meinte meinen Freund W. W. und mich. Wie eilig er es nun plötzlich hatte, mich loszuwerden! Am liebsten hätte er es gesehen, wenn ich noch heute in Zürich die Maschine bestiegen hätte und nach Südamerika geflogen wäre.

Nach dem Essen verabschiedeten wir uns. Als wir davonfuhren, sah ich ihn noch lange oben am Hotel stehen und winken. Dann nahm W. W. die erste Kurve, und Erich von X. war verschwunden.

Aber das Paket auf dem Rücksitz verschwand nicht. Es blieb schwere, geheimnisvolle und rätselhafte Realität.

3

Als ich in Bayern meine wohlbekannten Berge wiedersah, wich der Druck von mir, der während der ganzen Fahrt von Zürich bis Irschenberg auf mir gelastet hatte. Wie im Traum hatte ich mein Auto gesteuert, und manchmal war es nur das Hupen ungeduldiger Zeitgenossen gewesen, das mich in die Wirklichkeit zurückholte.

Mein Hauswirt begrüßte mich mit der üblichen Frage:

»War der Urlaub schön?«

Immer noch geistesabwesend und in Gedanken bereits halb über dem Atlantik, nickte ich und bestätigte, daß es ein schöner Urlaub gewesen sei.

»Deine Frau ist in München bei Prexlers«, informierte er mich. Prexlers waren Freunde von uns. »Sie hat Roby mitgenommen.« Roby war mein anderthalbjähriger Sohn. »Sie kommt heute wieder zurück.«

Na fein! Da hatte ich wenigstens Zeit, mich wieder einzuleben und meinem Verleger den bewußten Brief zu schreiben. Telefonieren wollte ich nicht. Schriftlich konnte ich ihm das alles viel besser erklären, wenn ich ihm auch die volle Wahrheit nicht verraten durfte. Ich schlug die freundliche Einladung meines Hauswirtes, noch ein Flasche Bier mit ihm zu trinken, ebenso freundlich ab und erklärte, ich sei müde.

Ich deponierte den Koffer unausgepackt im Schlafzimmer. Nur die Sphinx nahm ich heraus, wickelte sie aus dem Zeitungspapier und stellte sie auf den Wohnzimmertisch. Dann setzte ich mich davor und betrachtete sie noch einmal gründlich.

Der Stein war grau mit rötlichen Stellen. Oben auf dem Rückenwirbel des merkwürdigen Tiers entdeckte ich eine auffällige Stelle, exakt in der Mitte des Körpers. Es war ein winziges Loch, kaum drei Millimeter groß. Aber seine Form war es, die mich stutzig machte.

Ein Kreuz!

Zufall, ganz klar. Ein Stückchen weicheres Material war herausgebrochen, so mußte das Loch entstanden sein. Das hatte nichts zu bedeuten, auf keinen Fall! Erich schien das Kreuz, kaum einen Millimeter tief, bisher noch nicht aufgefallen zu sein. Wie auch immer – an diesem winzigen Kreuz würde ich die Figur unter tausend gleichen Figuren herausfinden. Und natürlich an der geklebten Stelle unter dem rechten Auge.

Die merkwürdigen Augen fielen mir auch jetzt erst auf. Die Pupille saß in der Mitte, und rundherum hatte der Künstler Kreise eingemeißelt. Jedes Auge sah aus wie die Sonne mit den inneren Planeten, wie man sie oft in Schulatlanten abgebildet findet. Das ließ natürlich keine Rückschlüsse zu, denn wenn es diese Astronauten je gegeben hatte, kamen sie bestimmt nicht aus unserem Sonnensystem.

Ich war zu faul, um Licht zu machen. Vor mir stand die Sphinx im rötlichen Schein der untergehenden Sonne, geheimnisvoller denn je. Mir war, als spräche sie zu mir, aber vielleicht waren es nur wieder Erichs drängende Gedanken, die mich erreichten. Diesmal jedoch waren sie nicht lockend und rufend, sondern eher fordernd, von ihm weg weisend. Er schickte mich nach Peru!

Diesmal wollte er mich nicht zu sich holen.

Peru!

Ich stand auf, ging zum Bücherschrank und holte den großen Weltatlas. Bei der Gelegenheit machte ich Licht.

Südamerika war eine Region, die ich schon immer einmal hatte aufsuchen wollen, insofern kam mir Erichs Initiative sehr gelegen. Peru, der Titicaca-See, die Anden, die Inka-Festungen – das alles war mir von Büchern her vertraut. Über die Zusammenhänge mit ähnlichen Bauwerken in aller Welt gab es mehrere Theorien, aber keine von ihnen konnte sich mit jener messen, der ich seit dreißig Jahren den größten Wahrheitsgehalt zumaß.

Peru – Land der Götter!

Hier waren sie gelandet, hier hatten sie ihre Stützpunkte und Raumhäfen gebaut – und zum Teil vernichtet, bevor sie die Erde wieder verließen. Die Eingeborenen, von ihren »Göttern« geschult, vergaßen diese nie. Sie hofften auf die Rückkehr. Und sie versuchten, die Bauten jener, die sie so verehrten, nachzuahmen. Was wir heute kennen, sind nur die Nachahmungen.

Aber die geheime Kammer war echt!

Und die Zeitmaschine …

Draußen fuhr ein Auto vor. Stimmen ertönten, und ich erkannte das etwas laute und stets fröhliche Organ von Harry, meinem Freund aus München. Sie hatten meine Frau also nach Hause gebracht und sie nicht, wie eigentlich erwartet, einfach in den Zug gesetzt.

Ich packte die Sphinx eilig wieder ein und verschloß sie in meinem Fach im Bücherschrank. Den Schlüssel zog ich ab und steckte ihn in die Tasche. Dann erst ging ich hinaus, um meine Frau und die Gäste zu begrüßen.

Die Monate Juli, August und September flogen nur so dahin. Mein Verleger hatte nach einigen Aussprachen seine Zustimmung zu der geplanten Reise gegeben, verlangte jedoch von mir die Fertigstellung einiger Serienromane im voraus. Dadurch erhielt ich einen finanziellen Zuschuß, der mir natürlich nur recht sein konnte.

Auch meine Frau fand sich damit ab, daß ich diesmal allein verreisen würde. Grund dafür war sicherlich nicht die Einsicht, daß die Sache wichtig für mich sei und das Geld für zwei Personen nicht reichte, sondern vielmehr die Tatsache, daß sie vergeblich bei Nachbarn und Verwandten versuchte, unseren Sohn für »einige Zeit« unterzubringen. Ich hatte ihr von Erich erzählt, dessen Name damals im Gegensatz zu heute völlig unbekannt war. Auch die Sphinx hatte ich ihr gezeigt, ohne ihr jedoch zu verraten, welche Bewandtnis es mit der Steinfigur hatte.

Endlich, im September, war es dann soweit.

Ich will meine Leser nicht mit der Schilderung einer Reise langweilen, die heutzutage jeder machen kann und die keine Schwierigkeiten verursacht. Man geht zum Reisebüro und erhält den fertig ausgearbeiteten Reiseplan, einschließlich der reservierten Hotelnächtigungen, Start- und Landetermine der verschiedenen Fluglinien, Anschlußzeiten für Züge und dergleichen. Jedenfalls erreichte ich Ende September Cuzco, die hochgelegene Stadt in den Anden. Erich hatte mir die Adresse eines Mannes mitgegeben, die er von Professor Holmès erhalten hatte. Bei dem sollte ich mich melden und Grüße vom Kollegen bestellen. Alles weitere würde sich finden.

Die Frage war nur, ob der Mann nach elf Jahren überhaupt noch in Cuzco wohnte oder vielleicht gar verstorben war. Ein etwas verwildert aussehender Junge bot sich an, mir die beiden Koffer zu tragen. Mehrmals nannte ich ihm den Namen des Mannes, den ich suchte. Schließlich begriff und nickte er. Dann lief er voran.

Ich hatte Mühe, ihm zu folgen. Cuzco liegt hoch in den Anden, von vier- bis fünftausend Meter hohen Bergen umgeben. Das Atmen bereitete mir Schwierigkeiten, aber dann dachte ich daran, daß mein eigentliches Ziel, die Inka-Festung Sacsayhuaman, noch ein paar hundert Meter höher lag als Cuzco.

Jacques Ferrant wohnte knapp fünfhundert Meter vom Fußballstadion entfernt in einem alt und baufällig aussehenden Steinhaus, das von einer hohen Mauer umgeben war. Allein das schien mir für diese Gegend nicht ungewöhnlich zu sein. Mein Kofferträger hielt mir gleich beide Hände hin und bekam seine »Soles«. Während er davonrannte, suchte ich nach einer Möglichkeit, in den abgesicherten Bau zu gelangen. Das Tor, in der dicken Mauer eingelassen, war aus Metall. Ich klopfte dagegen, verstauchte mir jedoch nur die Knöchel.

Dann bemerkte ich rechts neben der Tür den Klingelknopf, ungewöhnlich hoch, so daß ich mich strecken mußte, um ihn zu erreichen. Erst als mir das gelungen war und ich wartete, wurde mir klar, was der Stein an der Mauer zu bedeuten hatte. Auf ihn mußte man steigen, wenn man sich bemerkbar machen wollte. Im Tor öffnete sich eine winzige Klappe. Ich erblickte ein rehbraunes Auge, das mich einige Sekunden lang forschend musterte. Dann verschwand das Auge und machte einem Mund, von grauen, wie Filz aussehenden Haaren umgeben, Platz. Es folgten mir unverständliche Worte. Der Mund verschwand ebenfalls, ein Ohr erschien an seiner Stelle.

Das konnte nur bedeuten, daß nun ich dran war. Der reinste Gegensprechverkehr.

Ich wußte, daß Ferrant Franzose war, aber schon immer in Peru lebte. Er sollte ein ausgezeichnetes Deutsch sprechen, ganz abgesehen von einem Dutzend verschiedener anderer Sprachen. »Ein Freund von Professor Holmès schickt mich zu Ihnen, Monsieur Ferrant – Sie sind doch Monsieur Ferrant?«

»Holmès?« Die Klappe schloß sich blitzschnell, und dann bewegte sich die schwere Metalltür, deren Stärke ich erst jetzt richtig erkennen konnte. Mindestens fünf Zentimeter, schätzte ich. Und das in einer so friedlichen Gegend wie Cuzco! Ferrant wurde in Lebensgröße sichtbar, und das war nicht wenig. Er trug einen einfachen weißen Anzug, der nicht mehr ganz sauber war. Ein schwarz-grauer Vollbart und ebensolche Haare auf dem Kopf rahmten sein Gesicht völlig ein. Nur die braunen Augen, die Nase und der Mund blieben sichtbar. »Bitte, treten Sie ein und seien Sie mein Gast.« Er sprach mit lauter, voller Stimme, so daß man es bestimmt bis zum Stadion hinüber hören konnte. Dann sah er meine Koffer vor dem Tor auf der Straße stehen. Mit einer Geschwindigkeit, die ich ihm niemals zugetraut hätte, war er an mir vorbei und klemmte sich die nicht gerade leichten Gepäckstücke rechts und links unter den Arm. Er schloß das Tor wieder. »Herein mit Ihnen, mein Freund!«

Ich nannte ihm meinen Namen, aber er winkte ab.

»So kann jeder heißen!«, dröhnte er. »Aber Aristide Holmès gab es nur einmal!«

Er wußte also auch, daß der Professor verschollen war. Vielleicht wußte er sogar noch mehr. Ich hatte da so meine eigenen Vermutungen.

Eine beleibte ältere Indianerin empfing uns in der Diele. Ferrant gab ihr einige Anweisungen und die Koffer. Damit verschwand sie im oberen Stockwerk. Ich sah ihr nach. So also sahen die Nachkommen jener aus, die der Menschheit die größten Rätsel aufgaben?

Ferrant ließ mir keine Zeit zum Nachdenken.

»War ein heißer Tag heute, selbst hier oben. Sie werden in wenigen Minuten Ihr Zimmer vorbereitet finden. Sie können ein Bad nehmen, sich umziehen und mir dann beim Essen Gesellschaft leisten. Bei der Gelegenheit erzählen Sie mir dann, was Sie zu mir führt. Eins sage ich Ihnen gleich: Wenn Sie ein neugieriger Zeitungsschnüffler sind, fliegen Sie blitzartig wieder hinaus. Dann können Sie auf dem Hof schlafen.« Er grinste breit. »Aber das sind Sie nicht, sonst hätte Aristide Ihnen nicht meine Adresse gegeben.«

Ich nickte. Es hatte wenig Sinn, ihm schon jetzt erklären zu wollen, warum ich eigentlich hier war. Ob ich es ihm erzählte, hing auch noch davon ab, ob er eingeweiht war oder nicht. Das Stichwort müßte ich aber ihm überlassen.

»Danke«, sagte ich, ohne auf den Zeitungsschnüffler einzugehen. »Ein Bad wird mir nicht schaden. Und Hunger habe ich auch.«

Die Indianerin kam die Treppe herunter.

»Bis später dann«, meinte Ferrant und stolzierte davon, als gäbe es mich nicht mehr.

Die alte Indianerin zeigte mir mein Zimmer und das Bad. Dann verschwand auch sie.

Später saß ich Jacques Ferrant am Tisch gegenüber. Wir waren allein. Mir stachen die antiken Möbel in die Augen, mit denen das Zimmer ausgestattet war. Weiß der Teufel, dachte ich, wo er das alles aufgetrieben hat! Ein breites dunkelrotes Sofa, davor ein herrlicher runder Rauchtisch mit Elfenbeineinlage und zwei schöne beige Sessel mit indianisch gemusterten Stoffbezügen. Die Lampe verbreitete ein angenehmes Dämmerlicht, bei dem man allerdings kaum lesen konnte, ohne sich die Augen zu verderben.

»Wundern Sie sich nicht, wenn Sie bei mir europäisch speisen«, sagte Ferrant und deutete auf die Schüsseln, die auf dem Tisch standen. »Ich habe mir aus Lima Kühlschränke und Gefriertruhen kommen lassen. So bin ich in der beneidenswerten Lage, essen und trinken zu können, was mir beliebt. Die einheimische Kost bekommt mir nicht. Noch immer nicht!«

Er mochte sechzig Jahre alt sein, schätzte ich. Wenn er sich bis heute noch nicht an Peru gewöhnt hatte, dann wohl niemals mehr.

Wir tranken einen schweren süßlichen Wein zu einem pikanten Gulasch, das in der Tat außerordentlich gut zubereitet war. Nur wenige Worte wurden gewechselt, belanglose Fragen gestellt. Es war, als bekäme ich eine Galgenfrist, bevor ich auf den Hof gesetzt wurde.

Schließlich zogen wir uns an den runden Rauchtisch zurück, während die Indianerin abräumte. Zuvor hatte sie Gläser und eine Flasche Pisco mit Orangensaft gebracht. Ferrant bot mir eine schwarze Zigarre an.

»Nun erzählen Sie mal«, forderte er mich auf. »Ich hatte eigentlich einen anderen Namen erwartet.«

»Erich von X., nicht wahr?«

Er nickte erwartungsvoll.

Ich zündete meine Zigarre an und überlegte, wo ich am besten beginnen sollte. Aber mir gegenüber saß ein Mann, der von der Geschichte wußte, zumindest einen großen Teil. Ich mußte herausfinden, *wieviel* er wußte. Ich durfte also nicht zuviel verraten, sondern hatte ihn aus der Reserve zu locken. Das war sicherlich nicht so einfach, denn Ferrant schien sehr hellhörig zu sein.

Ich erklärte ihm, warum Erich nicht selbst kommen konnte und warum es so lange gedauert hatte, bis überhaupt jemand auf Professor Holmès' Angebot reagierte. Ich schilderte die ganze Geschichte, lediglich die Zeitmaschine und die Sphinx ließ ich unerwähnt. Wenn er davon wußte, würde er das schon andeuten. Er sah mich nachdenklich an.

»So«, meinte er und nahm einen bedächtigen Schluck aus seinem Glas. »Und das ist alles? Sind Sie sicher, nichts vergessen zu haben?«

Ich mußte unwillkürlich lachen.

»Sie haben recht, Monsieur Ferrant, wenn Sie vorsichtig und mißtrauisch sind. Ich bin es auch. Sagen Sie mir nur ein Stichwort, damit ich einen Beweis erhalte. Ich muß wissen, ob Sie eingeweiht sind.«

Er nickte, weder froh noch verärgert.

»Temporales Wauwauchen«, konstatierte er dann, und diesmal grinste er belustigt. »Genügt Ihnen das, endlich auszupacken?« – »Ich denke schon, aber es wäre mir sehr angenehm, wenn Sie mir zuvor eröffnen könnten, in welcher Beziehung Sie zu Professor Holmès standen. Sie waren doch mehr als nur ein Bekannter von ihm. Waren Sie sein Freund, sein Vertrauter? In seinem Bericht hat er Sie nicht erwähnt.«

»Das ist auch nicht notwendig. An Expeditionen beteilige ich mich nicht mehr, dazu bin ich zu alt und bequem. Aber jeder, der in die Berge geht, muß von Eingeborenen begleitet werden, und es gibt keinen Eingeborenen hier, der mich nicht davon unterrichten würde. Wenn Sie so wollen: Alle Wege führen über Ferrant. Auch der Ihre, nur mit dem Unterschied, daß Sie eine Empfehlung mitbringen. Sie besitzen die Figur?«

»Die Sphinx? Ja, Holmès' Freund von X. gab sie mir. Sie befindet sich oben auf meinem Zimmer. Soll ich sie holen?«

»Das hat Zeit. Ich kenne sie ja. Die Sphinx ist Ihre Legitimation mir gegenüber. Später wird sie noch mehr sein – aber das wissen Sie wiederum.« Er betrachtete mich recht merkwürdig, ehe er sagte: »Sie halten Holmès nicht für verrückt? Ich meine, so eine Geschichte, wie er Sie Ihnen beziehungsweise diesem von X. erzählt hat, ist ja nicht gerade alltäglich.«

»Sie klingt unwahrscheinlich, aber grundsätzlich halte ich die Existenz einer Zeitmaschine nicht für ausgeschlossen. Es gibt zu viele Sagen, die auf eine solche Möglichkeit hinweisen. Man hat niemals so eine Maschine gefunden und noch nie eine konstruiert, also gilt sie allgemein als unmöglich. Sie haben sie gesehen, Monsieur Ferrant?«

Er schüttelte energisch den Kopf.

»Nein, habe ich nicht! Wie gesagt, ich unternehme keine Expeditionen.«

»Aber als Professor Holmès sie entdeckte, müssen Sie noch jung gewesen sein.«

Er grinste wieder.

»Sie meinen, nicht so dick! Richtig, aber trotzdem kletterte ich nicht hoch in die Berge zu den Ruinen. Ja, die Festung Sacsayhuaman habe ich natürlich besucht. Sie liegt ja direkt vor der Tür. Aber nicht mehr die Berge darüber, wo der Professor war. Sie sind auch nicht so bekannt und berühmt.«

»Holmès war damals also ganz allein?«

»Ja, das war er. Seine Begleiter warteten oberhalb der Inka-Festung auf der Straße nach Pisac. Aristide kam Tage später etwas verstört zurück, aber niemand wäre auf die Idee gekommen, ihn für verrückt zu erklären. Als er mir dann die Sache mit der geheimen Kammer auseinandersetzte, glaubte ich ihm zuerst nicht. Zeitreise und so! Aber er brachte mir einen Beweis mit, der mich überzeugte. Er muß in der Tat in der Vergangenheit gewesen sein, oder er hat eine tadellos funktionierende Energiewaffe in den Höhlen gefunden, was ich weniger glaube.«

»Eine Energiewaffe?« Mein Interesse erwachte. Gab es wirklich einen handgreiflichen Beweis?

»Von X. erwähnte sie einmal, aber ich weiß nicht mehr, in welchem Zusammenhang.«

»Können Sie auch nicht. Die Waffe besitze ich. Aristide überließ sie mir vor einem Jahr, als er zu seiner letzten Expedition aufbrach, von der er nicht mehr zurückkehrte. Wollen Sie sie sehen?«

Stumm nickte ich. Er stand auf und ging zum Bücherregal, in

dem ich unter anderen Titeln auch Louis Pauwels und Jacques Betgier entdeckte: LE MATIN DES MAGICIENS.

Ich konnte nicht sehen, in welchem Versteck er den fraglichen Gegenstand untergebracht hatte, aber als er zurückkehrte, hielt er ihn in der Hand, untersuchte ihn noch einmal und legte ihn dann vor mich auf den Tisch. Dann erst setzte er sich wieder. Neugierig und doch zurückhaltend betrachtete ich das, was Ferrant als Waffe bezeichnet hatte. In der Tat war eine gewisse Ähnlichkeit mit einer Pistole vorhanden. Der Kolben war ein wenig klobiger, der Lauf dicker. Überhaupt wirkte der ganze Gegenstand zu unhandlich, um als bequeme und leicht unterzubringende Waffe bezeichnet zu werden. Immerhin …

»Ja, eine Energiewaffe«, murmelte Ferrant und schenkte nach. Der Pisco mit Orangensaft war ausgezeichnet und wirkte anregend und bekömmlich. »Die brachte Aristide vor mehr als dreißig Jahren von seiner ersten Reise mit. Es ist eine Waffe! Ich habe sie ausprobiert. Morgen werde ich es Ihnen zeigen.«

Vorsichtig und behutsam streckte ich die Hand aus, und als Ferrant mich nicht daran zu hindern suchte, ergriff ich die »Pistole« beim Kolben und hob sie hoch. Sie war ungemein schwer und bestand aus einem mattschimmernden Metall, das einen silbergrauen Glanz hatte. Ein Abzug fehlte, dafür war an der linken Seite ein Knopf vorhanden. Im Kolben waren Verzierungen eingraviert, die gleichzeitig auch dazu dienen konnten, den Griff zu sichern. Das Ding lag trotz seiner klobigen Form und des Gewichtes bequem und sicher in der Hand.

Ferrant beugte sich vor.

»Ich habe noch nicht herausgefunden, wie man sie sichern oder entladen könnte, seien Sie also bitte vorsichtig. Drücken Sie nicht auf den Knopf – Ihr Daumen rutschte bereits in bedenkliche Nähe. Haben Sie schon einmal etwas von Lasern gehört?« Als ich verwundert nickte, fuhr er fort: »Das da *ist* ein Laser! Etwa dreiundzwanzigtausend Jahre alt.«

Ich legte die Pistole auf den Tisch zurück.

»Was sagen Sie? Dreiundzwanzigtausend Jahre? Wie könnte man das jemals feststellen? Keine organische Materie, soweit ich sehe. Die C-14-Methode besäße keinen Anhaltspunkt, und außerdem …«

»Aristide brachte sie mit«, unterbrach mich Ferrant energisch. »Er mußte es wissen. Er gab sie mir, denn wie hätte er sie einer Welt geben können, die unvorbereitet ist? Einer Welt, die sich in Nationen, Länder und Ländchen aufgeteilt und ständig bekriegt hat? Einer Menschheit, die sich gegenseitig umbringt und ständig weiter nach neuen und wirksameren Vernichtungswaffen sucht?« Er schüttelte heftig den Kopf und nickte in Richtung der geheimnisvollen Waffe. »Nein, dafür ist noch niemand reif, auch Sie und ich nicht. Wir beide und Ihr Freund Erich sind höchstens reif für den Gedanken, daß die Vergangenheit doch anders gewesen sein könnte, als man es uns bisher lehrte. Aber auch wir wären noch nicht reif für *das* da!« Er deutete noch einmal auf die Pistole, dann faßte er einen plötzlichen Entschluß. »Kommen Sie, ich zeige Ihnen, was man damit machen kann. Ich habe es ausprobiert, schon vor ein paar Jahren. Aristide hat zwar geschimpft, aber dann meinte er, ich hätte ihn damit auf eine Idee gebracht. Vielleicht kann ich Sie auch auf eine Idee bringen.« Er führte mich durch verschiedene Räume, bis wir durch eine Hintertür auf den von der Mauer umgebenen Hof gelangten. Eine Taschenlampe gab genügend Licht, denn inzwischen war es draußen stockfinster geworden. Über uns funkelten Tausende von Sternen, so klar, wie ich sie nie zuvor gesehen hatte. Erich hatte recht: In Peru war man den Sternen näher als sonst wo auf der Erde.

Mitten im Hinterhof befand sich ein Brunnenloch. Gewaltige Steinquader bildeten die Einrahmung des Schachtes, aus dem uns eine eisige Kälte entgegenschlug. Ferrant war stehengeblieben. Nur undeutlich konnte ich sein Gesicht erkennen, aber seine Stimme verriet, wie gespannt er war. Er richtete den Schein der Lampe auf die Steine.

»Nun, fällt Ihnen daran etwas auf?«

Ich bückte mich, um besser sehen zu können. Der Brocken war rauh und unregelmäßig. Mit primitiven Werkzeugen mußte er einst bearbeitet und in seine heutige Form gebracht worden sein. Das war es sicher nicht, was Ferrant mir zeigen wollte. Dafür würde er kaum mitten in der Nacht sein Haus verlassen haben. Also sah ich genauer hin – bis ich es fand.

Ein hauchdünner, messerscharfer Spalt, wie mit dem Lineal gezogen, erstreckte sich diagonal von links oben nach rechts unten. Er war so schmal, daß nicht einmal eine Rasierklinge darin Platz gefunden hätte.

Langsam richtete ich mich auf und sah Ferrant fragend an.

Er nickte.

»Ja, Sie vermuten richtig, mein Lieber. Der Energiestrahl ist so fein, aber auch so stark, daß er den Klotz in zwei Teile schnitt, ohne grobe Spuren zu hinterlassen. Ich ließ ihn so, aber wenn man ihn auseinander nähme, würden Sie eine überraschende Tatsache feststellen können. Etwas, worüber sich die Gelehrten den Kopf seit Jahrzehnten zerbrechen, obwohl die Lösung bei mir im Wohnzimmer auf dem Tisch liegt. Sie wissen, was ich meine?«

»Die Felsmauer von Sacsayhuaman?«

»Ja, die auch, aber da bin ich mir nicht ganz so sicher. Sie scheint mir eher eine Nachahmung zu sein, aber möglicherweise noch mit den technischen Mitteln der verschollenen Götter. Nein, ich meine die Felskammern oberhalb der Festung. Sie kennen sie noch nicht. Sie wurden zwar entdeckt, aber kaum beachtet. Dicht daneben steht die verschüttete Pyramide mit der geheimen Kammer, die Holmès entdeckte. Die unterirdischen Gänge wurden mit Werkzeugen, der Laserpistole ähnlich, in den Fels geschnitten. In Würfeln, so erklärte Aristide es mir, konnte so das abgebaute Material nach draußen transportiert und abgeladen werden. Dort fanden es später die Eingeborenen, die Vorfahren der Inkas, und bauten ihre Festungen daraus. Damit haben wir die Lösung, wie sie an die regelmäßig geformten Bausteine kamen.«

»Wenn man die im Vergleich primitiven Festungen und Pyramiden fand, warum dann keine echten Hinweise auf die eigentlichen Baumeister? Warum fand man niemals technisches Material, das als Beweis dienen könnte?«

»Die Erklärung ist einfach: Die fremden Raumfahrer – nennen wir sie doch ruhig beim Namen – ließen nicht viel zurück. Sie nahmen alles mit, und jene Kammer, in der die Zeitmaschine steht, muß eine Ausnahme sein. Dafür können wir tausend Hypothesen konstruieren, angefangen von einem leichtsinnigen Kommandanten bis zur Meuterei. Außerdem wurde stets nur aus dem Blickwinkel der überholten Annahmen geforscht. Man fand nichtssagende Dinge und wertete sie auf. Wer weiß, was noch alles in den Felsen der

Anden verborgen auf seine Entdeckung wartet? Immerhin wissen Sie nun, wie man die Blöcke herstellte. Abfallmaterial, das ist alles.«

Wir kehrten ins Haus zurück. Als ich mich setzte, fiel mein Blick auf die Pistole.

»Sie war also nicht nur Waffe, sondern auch Werkzeug.«

»Der Strahl hat eine mir noch unbekannte Reichweite, ich weiß auch nicht, wie tief er in einen Felsen eindringen und ihn so zerschneiden kann. Vielleicht gab es noch größere Pistolen, vielleicht genügten solche wie diese.« Er schob mir das Glas zu, in dem noch ein Rest von dem säuerlichen Pisco schwappte. »Sie werden müde sein. Morgen ist auch noch ein Tag.«

Wir tranken einander zu.

Ich fühlte mich in der Tat müde und abgespannt. Es war trotz allem, was die moderne Zivilisation zu bieten hatte, eine anstrengende Reise gewesen. Und schon am ersten Tag in Cuzco wurde mir eine Überraschung präsentiert, die alle Zweifel schwinden ließ. Es gab nur eine einzige Frage, die mich beschäftigte, und sie würde mir auch in der kommenden Nacht keine Ruhe lassen: Wie konnte es möglich sein, daß eine solche Entdeckung wie die Laserpistole geheimgeblieben war? War es denn möglich, daß sich die Entwicklung nach mehr als zwanzigtausend Jahren wiederholte? Wie konnte etwas vor mir liegen, dreiundzwanzigtausend Jahre alt, das gerade von der supermodernen Technik des 20. Jahrhunderts erfunden wurde …?

Nicht eine, sondern gleich drei Fragen.

Gab es darauf nur *eine* Antwort oder auch drei?

»Werden Sie mich zu der Pyramide begleiten?«, fragte ich.

»Nur bis Sacsayhuaman«, erwiderte er. »Von da an werden Sie den Weg leicht finden. Ich werde ihn genau beschreiben.« Er schüttelte den Kopf. »Nein, mein Lieber, keine zehn Pferde bringen mich auf den Teufelsberg, wie ich ihn nenne. Vielleicht wurde ich deshalb Aristides Freund, weil ich mich nie in seine Angelegenheiten mischte, obwohl sie mich brennend interessierten. Außerdem bin ich abergläubisch.«

»Sie leben schon zu lange in diesem Land.«

»Meine Eltern waren auch abergläubisch, und sie wohnten in Frankreich. Das hat nichts damit zu tun. Aber Holmès ist nicht der einzige, der da oben in den Bergen für immer verschwand. Es würde mich überraschen, wenn Sie jemals zurückkehrten.«

Ein Gefühl des Unbehagens überkam mich. Ich hatte durchaus nicht die Absicht, für immer zu verschwinden. Es wäre wohl auch kaum im Sinne Erichs gewesen, der sein Buch schreiben wollte. Und das konnte er nur dann erfolgreich tun, wenn er an seine Sache glaubte und ich Beweise für seine Theorie erhielt. »Ich werde zurückkommen«, sagte ich fest und stand auf. »Bleiben Sie, Monsieur Ferrant. Ich finde allein hoch. Ihre Indianerin hat mir alles gezeigt, danke.«

Er nickte mir zu und blieb sitzen.

»Die alte Indianerin, mein Freund, ist eine Ururenkelin von Atahualpa, dem Inka-Herrscher, der im 16. Jahrhundert von Pizarro ermordet wurde. Wenigstens behauptet sie das. Warum sollte ich ihr das nicht glauben?« Er lächelte. »Gute Nacht. Schlafen Sie gut.«

»Gute Nacht.«

Kurze Zeit später stand ich am weit geöffneten Fenster meines Zimmers und sah hinauf zu den Sternen.

Ich hatte Heimweh – Heimweh nach den Sternen!

Durch Ferrants Warnung gewitzt, trug ich trotz des tiefblauen Himmels und der herabstechenden Sonne warme Kleidung: Blue Jeans, kurze Stiefel, Socken, Unterhemd und Rollkragenpullover. Die Ausrüstung – bestehend aus Schlafsack, Fotoapparat, Farbfilmen, einigen Lebensmitteln, Wasser und einer flachen Flasche Scotch – lag wohlverstaut im Rucksack, als ginge es auf ein alltägliches Picknick. Eine leichte Bergsteigerhacke diente als Stock.

Bis zum Festungsplateau chauffierte mich Ferrant mit seinem altersschwachen Buick. Er nahm die steile, kurvenreiche und staubige Straße unter ständigem Gehupe, ließ die ebene Grasfläche vor der Inka-Festung rechts liegen und steuerte zielstrebig auf eine langgezogene Scheune zu. Dort parkte er den Wagen und ließ mich aussteigen.

»Sehen Sie die abgebröckelten Felsen dort oben, die wie gesprengt aussehen?«, fragte er und wies mit dem Arm zum Abhang hinauf, der etwa achthundert Meter über uns lag. »Dort hinauf müssen wir, dann lasse ich Sie allein.«

Tatsächlich kam ich mir vor wie in einem riesigen Steinbruch. Überall, bis hinunter nach Cuzco, lagen mächtige Blöcke kreuz und quer verstreut, als wäre dort oben ein Berg explodiert. Wir machten uns an den Aufstieg.

Das Gelände wurde steiler und unwegsamer. Sacsayhuaman lag schon weit unter uns, aber Ferrant machte noch keine Anstalten, mich allein weiterzuschicken. Wahrscheinlich traute er seiner eigenen Lagebeschreibung nicht, oder er wollte mir unnützes Herumsuchen in der mir unbekannten Umgebung nicht zumuten. Jedenfalls blieb er bei mir.

»Dort oben die Felsen, das ist der eigentliche Gipfel. Aber so weit haben wir es nicht mehr. Davor liegt das kleine Plateau mit der unscheinbaren Pyramide. Die Felsen dahinter sind bearbeitet worden. Sie stehen unterirdisch mit dem Labyrinth der Pyramide in Verbindung. Aristide nahm an, es handle sich um eine Verteidigungsanlage gigantischen Ausmaßes, wie man sie heute nur gegen einen Atomangriff bauen würde. Sie ist total unerforscht. Übrigens kann ich Ihnen bei der Gelegenheit einige interessante Dinge zeigen.«

Einmal machten wir eine kurze Pause. Ich konnte den Rand des Plateaus bereits erkennen. Wir waren so dicht darunter, daß die Gipfelfelsen aus unserem Gesichtskreis verschwunden waren. Sacsayhuaman war weit entfernt und lag unter uns in der Hochebene – so wenigstens sah es aus. In Wirklichkeit lag die Festung auf einem Hügel, aber der Blick aus dieser Höhe ließ ihn flach erscheinen.

Trotz der nun wärmenden Sonne fror ich. Ich begann Erich zu beneiden, der daheim in Davos saß und auf meinen Bericht wartete. Im Vergleich zu hier war es in seiner Bretterbude warm gewesen. »Haben Sie keine Angst?«, fragte Ferrant plötzlich. »Schließlich liegt ein Abenteuer vor Ihnen, das man nicht gerade alltäglich nennen kann. Sind Sie eigentlich allen Ernstes entschlossen, die Zeitmaschine auszuprobieren?«

»Der Professor hat es auch getan.«

»Aber er kehrte von seiner letzten Reise nicht mehr zurück.« Ferrant sah an mir vorbei, hinab in die Ebene, wo Cuzco und Sacsayhuaman lagen. »Bei der Gelegenheit fällt mir noch etwas ein, das er mir einmal anvertraute. Sehen Sie, ich bin kein Fachmann auf diesem Gebiet – ich meine auf dem Gebiet der Zeitreise und so.

Aristide erwähnte etwas von Zeitparadoxa, die man vermeiden müsse. Ich weiß nicht recht, wie er das meinte. Er sagte, wenn man in die Zeit reise, in der es den Empfänger nicht gäbe, könne man dort auch nicht eintreffen. Er nannte auch Daten, beharrte dann aber darauf, daß ich mir nicht darüber den Kopf zerbrechen sollte, denn die Maschine sei so eingestellt, daß nichts derartiges passieren könne. Die Zeitspanne, in der sie funktioniere, sei groß genug, um Fehler auszuschließen.« Ich schüttelte den Kopf.

»So ganz verstehe ich nicht, wie er das gemeint haben könnte«, sagte ich. Mir fiel plötzlich ein, daß Erich versichert hatte, es handle sich nicht um eine echte Zeitmaschine, sondern mehr um einen Materie-Transmitter, der den menschlichen Körper und alles, was dieser bei sich führe, in eine andere Zeitepoche transportiere. Ein Sender und ein Empfänger, letzterer in der Vergangenheit. Der Sender stand in der Gegenwart, er blieb. Aber der Empfänger mußte ja einmal irgendwann aufgestellt worden sein. Wenn man also *noch* weiter zurückging, gab es keinen Empfänger. So einfach war das! »Doch, nun verstehe ich, Monsieur Ferrant. Ich weiß nur nicht, ob es auch eine Grenze nach oben gibt, ich meine, von der Vergangenheit in Richtung Zukunft. Eigentlich müßte der Empfänger, der zugleich auch Sender sein muß, heute noch existieren. Oder gibt es *dieselbe* Zeitmaschine zweimal?«

Ferrant zuckte die Schultern.

»Da fragen Sie mich Unmögliches. Das Ganze ist viel zu kompliziert, als daß ich mich damit beschäftigen möchte. Ich bin ein einfacher Mensch, der seinen Frieden haben will und einen ruhigen Lebensabend. Aristide Holmès war mein Freund, darum konnte ich alle Aufregung ertragen, die er mir ins Haus brachte. Er verlangte aber nie, daß ich auch noch über seine Probleme nachdenken sollte. Tun Sie das bitte auch nicht.«

»Schon gut, Monsieur Ferrant, ich werde allein mit den Problemen fertig. Sie haben mir einen wertvollen Tip gegeben, und dafür bin ich Ihnen dankbar. Ich glaube zu wissen, was Holmès gemeint hat, und werde mich danach richten. Aber, um ehrlich zu sein, ich habe mich bisher noch nicht fest entschlossen, die Reise in die Vergangenheit anzutreten. Ich will mir die Zeitmaschine ansehen, das ist alles. Sicher, ich habe drei Monate Zeit gehabt, mich mit dem

Gedanken vertraut zu machen, daß eine Utopie Wirklichkeit geworden ist, aber so ganz überzeugt bin ich noch immer nicht.«

Ferrant warf mir einen strafenden Blick zu.

»Sie sind nicht überzeugt? Glauben Sie, Aristide könnte gelogen haben? Das ist doch wohl nicht Ihr Ernst …?«

»Nicht gelogen, Monsieur Ferrant, aber er könnte einer Sinnestäuschung zum Opfer gefallen sein. Hypnose vielleicht …«

»Und die Energiepistole, haben Sie die vergessen?«

Allerdings, das hatte ich. Aber ist es heute, im Zeitalter des technischen Fortschritts, nicht möglich, eine solche Pistole herzustellen? Immer wieder gab es in dieser Hinsicht die erstaunlichsten Überraschungen. Gerade als Schriftsteller utopischer Romane erlebte ich das täglich. Da »erfand« man im stillen Kämmerlein die phantastischsten Dinge, und blätterte man Wochen später in Fachzeitschriften herum, waren die Wissenschaftler gerade dabei, die theoretische Möglichkeit »meiner Erfindung« nachzuweisen.

Laser gab es schon. Warum nicht auch eine Laserpistole?

»Sie ist kein hundertprozentiger Beweis«, sagte ich. »Vielleicht sollte man das Material prüfen lassen, aus dem sie hergestellt wurde. Das könnte interessante Hinweise geben …«

Ferrant erhob sich. Er war offensichtlich verstimmt über meine ungehörigen Zweifel an der Geschichte »seines« Professors. »Wir müssen weiter. Eigentlich sollten Sie von hier aus den Weg allein finden, aber ich will Ihnen Ihre Worte nicht weiter übelnehmen. Kommen Sie, noch eine halbe Stunde, dann werden Sie wissen, ob Holmes gelogen hat oder nicht.«

Ohne sich nach mir umzusehen, marschierte er los. Mir blieb keine andere Wahl, als den Rucksack aufzunehmen und ihm zu folgen.

Dort, wo der Boden nicht gerade nackter Fels war, wuchs Gras, die genügsamste Pflanze der Erde. Dazwischen ragten aus dem vertrockneten Boden immer wieder kantige Felsbrocken hervor, als wären sie im Verlauf der Jahrtausende eingesunken und warteten darauf, wieder ausgegraben zu werden. Die glatten, fast polierten Flächen fielen mir auf. So ähnlich mochte auch die Fläche des Steins aussehen, den Ferrant in seinem Hof mit dem Laserstrahl zerschnitten hatte.

Wir erreichten das unter dem Gipfel liegende Plateau. Ferrant war stehengeblieben und deutete nach vorn.

»Die kleine Fläche in den Felsen dort – das ist es. Darunter liegt die Pyramide. Sieht so aus, als wäre sie vor einigen hundert oder tausend Jahren einfach mit Erde und Fels zugeschüttet worden. Versuchen Sie nicht, in das Labyrinth der geschliffenen Gänge einzudringen, es ist sehr gefährlich.«

»Kommen Sie doch mit, Monsieur Ferrant. Nun haben Sie mich schon bis hierher begleitet, da kommt es auf weitere zehn Minuten auch nicht mehr an.«

Heftig wehrte er ab.

»Niemals! Ich kehre um!«

»So sehe ich mir die Gänge eben allein an«, sagte ich ärgerlich und ging an ihm vorbei. Dann blieb ich aber doch stehen und streckte ihm die Hand hin. »Entschuldigen Sie, Monsieur Ferrant, ich war unhöflich. Aber verstehen Sie: Sie wohnen hier, für Sie ist das alles nichts Besonderes. Ich bin viele tausend Kilometer gereist, um das hier zu sehen. Ich habe einen Auftrag, und ich bin gewillt, ihn auszuführen. Schließlich und endlich ist es ein Auftrag, den Professor Holmès erteilte.«

»Das Labyrinth gehört nicht dazu!« Ferrant blieb hart und unerbittlich.

Gerade das aber interessierte mich. Poliert, hatte Ferrant behauptet. Wer hätte sich vor vielen tausend Jahren die Mühe machen sollen, die Felswände unterirdischer Gänge zu polieren? Das wäre eine absolut unnötige und überflüssige Arbeit gewesen. Es konnte nur so gewesen sein, daß die glattpolierten Flächen eine Folge der normalen Bearbeitung waren – und in diesem Augenblick dachte ich abermals an die seltsame Energiewaffe Ferrants.

Er winkte mir ungeduldig zu.

»Nun gehen Sie schon, ehe es Nacht wird.«

»Wir haben noch nicht einmal Mittag«, gab ich zur Antwort und strebte der bezeichneten kleinen Fläche zu.

Man konnte das Bauwerk in der Tat kaum als eine Pyramide bezeichnen, da hatte Professor Holmès erheblich übertrieben. Eigentlich war es nur ein flacher, mit Gras bewachsener Hügel, aus dem da und dort bearbeitete Felsblöcke herausragten. Immerhin waren ja auch seit dem ersten Besuch des Gelehrten hier mehr als dreißig Jahre vergangen. Aber was bedeuteten schon dreißig Jahre gegen zwanzig Jahrtausende?

Ich erreichte den gleichmäßig geformten Hügel. Was ich sah, ähnelte in keiner Weise dem Pyramideneingang, wie Erich ihn mir nach Holmès Bericht beschrieben hatte. Schwere Felsbrocken bildeten eine regelrechte Blockade, über die man hinwegklettern mußte, um die Öffnung zu erreichen, die schräg in den Boden hinabführte. Kleinere Steine waren vom Hügel herabgerollt und hatten den Eingang halb verschüttet. Zum Glück war keiner so groß, daß man ihn nicht hätte beiseite schaffen können. Jetzt, da es ernst wurde, überkam mich ein vages Gefühl der Furcht. Es war keine eigentliche Angst, die mich befiel, sondern mehr ein Bedauern darüber, die allmählich warm werdende Sonne nicht mehr auskosten zu können. Im Innern der Felsengänge gab es keine Sonne mehr. Auch störte mich die auffallende Hast, mit der Ferrant das Weite gesucht hatte. Ich sah ihn zweihundert Meter unter mir, und er schien froh zu sein, daß er mich endlich losgeworden war. Ob er nun erleichtert war, sich meiner Person entledigt zu haben, oder ob ihn die unmittelbare Nähe der geheimen Kammer störte, das konnte ich nicht entscheiden. Wahrscheinlich beides.

»Vielleicht sehen wir uns schneller wieder, als Sie glauben«, schrie ich zuversichtlich hinunter. »Ich weiß jetzt, wie Ihre Hausklingel funktioniert. Vielleicht bringe ich Ihnen noch so einen Strahler mit, falls ich die Zeitmaschine finde.«

»Lieber nicht! Der eine genügt mir«, tönte es zurück. Er winkte mir noch einmal zu, ehe er sich endgültig abwandte und langsam auf den abschüssigen Hang zuschritt. Dort angekommen, drehte er sich noch einmal um. »Und vergessen Sie ja nicht, Aristide von mir zu grüßen, wenn Sie ihm begegnen«, rief er.

Dann war er verschwunden.

Ich stand noch eine ganze Weile bewegungslos da, den Rucksack auf dem Rücken, auf den Eispickel gestützt. Langsam kam mir zu Bewußtsein, daß ich nun allein war. Manchmal konnte ich noch Ferrants Schritte hören, wenn er über das Geröll rutschte. Die klare und dünne Luft trug den Schall überraschend weit.

Der eigentliche Gipfel des Berges war etwa viertausendzweihundert Meter hoch. Ich nahm den Rucksack ab und stellte ihn ins Gras. Dann verschnaufte ich ausgiebig und betrachtete sinnend den dreiek-kigen Spalt zwischen zwei Felsflächen direkt vor mir. Das mußte der Haupteingang sein. Noch zögerte ich, ins Innere des zerstörten Bauwerks einzudringen.

Es schien tatsächlich die Sonne zu sein, die mich davon abhielt. Aus dem finsteren Gang wehte mir ein kalter Hauch entgegen, wie aus einer Tropfsteinhöhle. Mit dem Pickel stocherte ich hinter dem Eingang herum und fand Widerstand.

Dann kehrte ich zu meinem Rucksack zurück. Auf einem flachen Stein sitzend öffnete ich eine Büchse Thunfisch und verzehrte das kalte Fleisch zu einem Stück Brot. Dazu trank ich einen Becher Wasser.

Längst waren alle Geräusche verstummt, die noch mit Ferrant zusammenhingen. Es herrschte eine beängstigende Stille in dieser hochalpinen Einsamkeit. Selbst das Summen der Insekten fehlte.

Ich packte die Reste meiner Mahlzeit ein und überzeugte mich durch einen tiefen Griff in den Rucksack davon, daß die Sphinx noch vorhanden war. Ich hatte sie in den Schlafsack gewickelt, um sie vor Beschädigungen zu schützen.

Den Rucksack in der linken und den Pickel in der rechten Hand stieg ich, mit beiden Beinen voran, in die Felsöffnung ein.

Schon nach wenigen Metern mußte ich die Lampe einschalten. Die glatten – aber keineswegs polierten – Felswände waren kalt und trocken. Ich war froh, den Pullover angezogen zu haben. Für den Notfall hatte ich noch eine leichte, aber gut isolierende Windjacke bei mir. Sie nahm nicht viel Platz ein und steckte ebenfalls im Rucksack.

Ich richtete den Schein der Lampe nach vorn, konnte aber das Ende des Gangs nicht erkennen. Der Professor hatte Erich keine genaue Beschreibung gegeben, nur betont, daß die geheime Kammer am Ende des Hauptkorridors lag. Damit schieden alle eventuellen Nebengänge aus.

Der erste zweigte nach knapp zwanzig Metern rechts ab.

So ungeduldig ich zu Beginn meiner Reise gewesen war, jetzt nahm ich mir auf einmal Zeit, viel Zeit. Ich hatte es gar nicht mehr so eilig, die Zeitmaschine zu finden. Die konnte nach zwanzigtausend

Jahren auch noch eine Stunde länger warten. Heute weiß ich natürlich, daß es die Angst vor der Entscheidung war, die mich zaudern ließ und jede denkbare Verzögerung willkommen machte.

Ich bog in den rechten Nebengang ein.

Vielleicht war es jener Gang, den auch Professor Holmès untersucht hatte. Jedenfalls endete auch er vor einer glatten, fugenlosen Felswand, die allerdings nichts mehr mit den Felsblöcken der Festung Sacsayhuaman zu tun hatte.

Die Felswand war glatt, wie poliert, wie geschliffener Marmor, fast wie Glas.

Ja natürlich, wie Glas!

Ich stellte Rucksack und Pickel auf den Boden und untersuchte die Wand. Sie begann überall so, als wüchse sie wie Kristall aus dem Naturfelsen heraus und sei fest mit ihm verbunden. Ich konnte nicht den geringsten Spalt, die kleinste Fuge entdecken. Aber das hatte wahrscheinlich wenig zu besagen. Vielleicht handelte es sich hier wirklich um einen Abschluß, und dann lag hinter der polierten Wand nichts mehr als der Berg.

Gänge zur Irreführung? Wen sollten sie irreführen? Ich glaubte eher an eine Verschiebung der Gänge durch Zerstörung. Unwillkürlich fröstelte mich. Ich ergriff mein Gepäck und kehrte zum Hauptkorridor zurück. Es war inzwischen zwei Uhr geworden.

Von nun an ignorierte ich die abzweigenden Gänge und schritt schneller voran. Weit konnte es nicht mehr sein, wenn Erich richtig zugehört hatte – und wie ich ihn kannte, hatte er das. Meine Schritte wurden von den Wänden dutzendfach zurückgeworfen und verstärkten sich so zu einem unheimlichen, akustischen Stakkato, das nur langsam in der dunklen Ferne verebbte.

Das trug nicht gerade zu meiner Beruhigung bei. Nach links zweigten nur wenige Gänge ab. Einen untersuchte ich. Er endete nicht, wie ich eigentlich erwartet hatte, vor einer Felswand, sondern verbreiterte sich zu einer rechteckigen Höhle mit roh behauenen Wänden. Einen zweiten Ausgang oder eine Fortsetzung des Gangs gab es nicht.

In der Hoffnung, eine Skulptur oder gar eine Waffe zu finden, ließ ich den Schein meiner Lampe in dem Gewölbe hin und her wandern, aber zu meiner Enttäuschung war der Raum absolut leer. Wenn hier jemals etwas gelegen hatte, war es mitgenommen worden. Vor Jahrzehnten – oder Jahrtausenden?

Ich kehrte in den Hauptkorridor zurück und stand wenige Minuten später vor der Sperrwand zur geheimen Kammer.

Es fällt mir schwer, die Gefühle und Empfindungen zu beschreiben, die mich in diesem Augenblick erfüllten. Sicher, ich hatte mein eigentliches Ziel nicht erreicht, aber nur noch wenige Meter trennten mich davon: wenige Meter – und die Mauer.

Ich stellte den Rucksack auf den Boden und betastete die Wand, die mich von der geheimen Kammer trennte. Sie war genau so, wie Erich sie mir beschrieben hatte: glatt, fugenlos, aus einem Stück. Vorsichtig klopfte ich mit dem Eispickel dagegen. Sie war dick und massiv.

Ich versuchte festzustellen, ob ein unbefangener Beobachter, der zufällig hierher geriet, die Wand für das Ende des Hauptkorridors halten mußte oder für mehr. Ich mußte an die Gänge denken, die nach rechts abzweigten. Es war die Richtung, in der das »geschliffene Labyrinth« lag, wie ich es getauft hatte.

Plötzlich kam mir ein Gedanke. Ferrant hatte behauptet, es bestünde ein Zusammenhang zwischen den Gängen der Pyramide und dem geschliffenen Labyrinth. Gut, das mochte stimmen, und wenn dieser Zusammenhang nur darin bestand, daß alle Gänge, die zum Labyrinth führten, an dessen Grenze durch polierte Felsplatten versperrt wurden. Die Frage blieb: Was war hinter den Sperren? Das Labyrinth, oder mehr …?

Ich beschloß, mich später damit zu beschäftigen. Jetzt hatte ich Wichtigeres zu tun. Außerdem wurde es bald Zeit, die Batterien meiner Lampe auszutauschen. Das Licht war bereits merklich schwächer geworden. Zum Glück hatte ich einen ausreichenden Vorrat mitgenommen.

Fünf Meter vor der Sperrwand, an der rechten Seite, fand ich das von Holmès und Erich bezeichnete Loch im Felsen, wie der Professor es beschrieben hatte.

Nur die Sphinx fehlte.

Ich erinnerte mich, daß Holmès Beschreibungen an dieser Stelle etwas ungenau gewesen war. Er hatte von der Figur gesprochen, die er in das kleine, rechteckige Loch geschoben hatte. Etwa so, wie man einen Schlüssel in das passende Schlüsselloch einführte, sagte ich mir.

Und noch etwas anderes wurde mir jetzt bewußt: Es mußte noch eine Menge Einzelheiten geben, von denen der Professor nichts erwähnt hatte. Wie eigentlich funktionierte der Mechanismus der Trennwand, die sich in den Boden hinabsenken sollte? Blieb sie dort? Und wenn sie sich schloß, während ich in der dahinterliegenden Kammer weilte, was dann? Gab es auch innen einen Öffnungsmechanismus?

Trotz der Kälte begann ich zu schwitzen. Erst jetzt kam mir so recht zu Bewußtsein, auf welches Abenteuer ich mich da eingelassen hatte. Zeitmaschine, einfach einsteigen, auf einen Knopf drücken – und ab in die Vergangenheit. So simpel hörte sich das nur in Romanen an – in Romanen, wie auch ich sie geschrieben hatte. Aber nun war ich selbst zu einer der handelnden Personen geworden. Die lebenswichtigen Fragen tauchten auf, noch bevor das Abenteuer richtig begann.

Professor Holmès hatte die Kammer betreten und heil wieder verlassen können. Ich besaß die gleiche Chance.

Ich kramte meine Sphinx aus dem Rucksack und wickelte sie aus der Umhüllung. Dann begab ich mich zu dem Loch in der rechten Wand und hielt die Sphinx davor. Erst jetzt konnte ich feststellen, daß beides exakt zueinander paßte. Und ich begriff auch, warum der Kopf der Sphinx schräg gestellt war. Eine Art Sicherung, nahm ich an. Wenn man die Sphinx in das Loch stecken wollte, mußte man sie ein wenig schräg halten, sonst ging sie nicht hinein. Vorsichtig schob ich weiter, bis der Kopf der Figur verschwunden war. Ich spürte ein leichtes Hindernis und drehte die Sphinx ein wenig. Es ging wieder leichter. Die Sperre war überwunden. Ganz langsam verschwand der Rumpf im Felsen. Darauf spürte ich keinen Widerstand mehr, bis die angewinkelten Hinterpfoten etwa halb eingeschoben waren. Es wurde nun schwerer, die Sphinx zu halten. Natürlich hätte ich sie einfach weiterschieben können, aber ich zögerte unwillkürlich. Erich hatte mir mehrmals eingeschärft, die Figur unter keinen Umständen zurückzulassen. Ich mußte sie mitnehmen und stets bei mir führen.

Der rechteckige, fest am Hinterteil anliegende Schweif! Mit Daumen und Zeigefinger der rechten Hand hielt ich ihn fest, während ich sachte gegen die Sphinx drückte. Deutlich war nun der letzte Widerstand zu spüren, den es zu überwinden galt. Mit einem kleinen Ruck glitt die Figur so weit in das »Schlüsselloch« hinein, bis nur noch der Schwanz daraus hervorschaute. Der Körper selbst schloß so dicht mit der Wand ab, daß er auch für geschickteste Finger keinen Angriffspunkt mehr bot.

Ich hörte ein leises Klicken. Irgendwo unter meinen Füßen lief der geheimnisvolle Mechanismus an, der das Öffnen der Wand bewirkte. Wahrscheinlich war es so, daß die eingeschobene Sphinx einen Stromkreis schloß. Das winzige, kreuzförmige Loch im Rükken der Figur fiel mir wieder ein. Vielleicht nahm es den Kontaktpol auf, der federnd im Fels gelagert wartete. Seine Spitze mochte so geformt sein, daß sie nur in das winzige Kreuz paßte.

Ein Geräusch unterbrach meinen Gedankengang.

Erst jetzt ließ ich die Sphinx los. Die Trennwand bewegte sich, unendlich langsam, von oben nach unten. Das Geräusch kam nicht von ihr, sondern von unten. Auch wurde das Vibrieren unter meinen Füßen stärker. Es erinnerte mich an die schwachen Ausläufer eines fernen Erdbebens.

Immer breiter wurde der Spalt unter der Korridordecke. Die Wand sank mit einer Geschwindigkeit von einem halben Zentimeter pro Sekunde in den scheinbar festen Boden hinab. Auf keinen Fall konnte die Bewegung lediglich durch ein raffiniert ausgeklügeltes Hebelsystem zustande kommen. Schließlich mußte im umgekehrten Fall die Wand auch wieder emporgehoben werden, und das war ohne zusätzlichen Energieaufwand unmöglich. Aber Lebewesen, die eine Zeitmaschine konstruiert hatten, wurden auch mit solchen Kleinigkeiten fertig.

Der obere Rand der versinkenden Wand war nun in Augenhöhe. Ich richtete den Schein meiner Lampe in den dahinterliegenden Raum. Als erstes entdeckte ich zwei mannshohe Figuren, offensichtlich aus Stein, die wie Wächter rechts und links neben der nun bald verschwundenen Trennwand standen. Sie trugen seltsame Helme, mit merkwürdigen Verzierungen und unsinnig erscheinenden Auswüchsen. Die Arme waren vor der Brust verschränkt, die von einem angedeuteten Panzer geschützt wurde, die fein gemeißelten Gesichter waren menschlich.

Es gab noch weitere Figuren und Gegenstände in der Kammer, aber mir blieb keine Zeit, sie jetzt in Ruhe zu betrachten, denn ich entdeckte die Zeitmaschine.

Mit einem schnarrenden Geräusch rastete die obere Kante der Wand im Fußboden ein. Das Vibrieren hörte auf. Vorsichtig bückte ich mich und ließ den Schein meiner Lampe über die Schwelle wandern. Zwei haarfeine Striche markierten die Grenze zwischen Korridor und Geheimkammer.

Ich nahm Rucksack und Pickel auf, aber dann änderte ich meine Meinung. Mir fiel Erichs Rat wieder ein, die Sphinx niemals im Stich zu lassen. Sie war der Schlüssel, der zu allen Rätseln führte. Nur mit der Sphinx konnte ich die geheime Kammer betreten – und wahrscheinlich konnte ich die Kammer auch nur wieder verlassen, wenn ich die Figur bei mir hatte.

Mit einem leichten Ruck zog ich sie aus der Wand. Es ging überraschend leicht. Ich legte sie in den offenen Rucksack, den ich mit der linken Hand umklammerte. In der rechten hielt ich den Pickel und die Lampe. Ohne auch nur einen weiteren Augenblick zu verlieren, überschritt ich die Schwelle und stand vor der Zeitmaschine.

Kein Zweifel, sie war es!

Als Sockel die dicke, quadratische Platte, in der sich der Energiespeicher befand. Und sicher noch mehr als nur der Energiespeicher. Denn der Käfig selbst war bis auf den Sessel und einige Kontrollgeräte leer. Die Gitterstäbe waren gleichmäßig rund geformt, von starken Metallrahmen gehalten, mit denen sie nahtlos verbunden zu sein schienen. Der Käfig selbst wirkte schmucklos und nüchtern, wie die ausrangierte Kabine eines Aufzuges, die jemand hier abgestellt und vergessen hatte.

Ich stellte den Rucksack auf den Boden und ging näher an den Käfig heran. Die Stäbe glänzten, als seien sie erst vor Stunden aus der Fabrik gekommen. Sie hatten nicht einmal Staub angesetzt. Mir kam der Gedanke, daß möglicherweise eine leichte und ständig vorhandene elektrische Ladung die Staubpartikel abstieß.

Die Tür, die in den Käfig führte, war geschlossen. Im Augenblick war ich mir gar nicht so sicher, ob ich sie überhaupt öffnen und in den Käfig hineingehen sollte.

Ein Geräusch schreckte mich auf. Ich kannte es bereits, denn ich hatte es schon einmal gehört.

Die Trennwand kam langsam aus der Bodenschwelle hervor und glitt mit der gleichen Geschwindigkeit, mit der sie vorher abgesunken war, wieder nach oben.

Mit einem Satz war ich im Korridor, in Sicherheit. Aber dann fiel mein Blick auf den zurückgelassenen Rucksack.

Die Sphinx!

Die Mauer war bereits zwanzig Zentimeter hoch, als ich in die Kammer zurückspurtete, den Rucksack an mich riß und erneut die Flucht ergriff. In dem Moment entdeckte ich – noch innerhalb der Kammer –, rechts neben der langsam weitersteigenden Wand, das innere »Schlüsselloch«.

Mit einem Ruck blieb ich stehen. Viel Zeit zum Überlegen blieb mir nicht, aber ich glaube, in solchen Momenten der Entscheidung vermag das menschliche Gehirn tausendmal schneller zu denken. Es war fast wie damals am 14. April 1935, als ich abends im Bett lag und für den Bruchteil einer Sekunde die Geheimnisse des Universums entschleiert vor mir sah.

Wenn man in der Kammer stand und sich die Wand schloß, war das absolut ungefährlich, solange man die Sphinx bei sich trug. Rechts neben der weitersteigenden Mauer, deren Dicke ich auf zehn Zentimeter schätzte, befand sich die Öffnung für die Sphinx. Und ich hatte sie bei mir.

Eine nie gekannte Ruhe durchflutete mich, als ich das Gewicht der Steinfigur im Rucksack spürte. Ich trat ein paar Schritte zurück und sah zu, wie die Wand immer höher stieg, bis sie oben in der Decke verschwand. Das Vibrieren in den verborgenen Gewölben erstarb.

Ich stand in der wieder von der Außenwelt abgeschlossenen Kammer.

Damit war die erste Entscheidung gefallen. Ich hatte mich einem unbekannten Mechanismus anvertraut und wußte, daß ich hier elendiglich verhungern und verdursten würde, wenn etwas schiefging. Wenn Holmès recht hatte, mußte die ganze Anlage älter als zwanzigtausend Jahre sein. War es da nicht durchaus normal, wenn ein Defekt eintrat?

Es war zu spät, meinen plötzlichen Entschluß zu bereuen. Erneut setzte ich den Rucksack ab und untersuchte die Zeitmaschine.

Ich zweifelte mit keinem Gedanken daran, daß ich eine Zeitmaschine vor mir hatte, wenn sie auch ganz anders aussah, als man sich ein derartiges Gerät überhaupt vorstellen konnte. Der Sessel, rechteckig und nüchtern, erinnerte mich ein wenig an einen elektrischen Stuhl. Stark isolierte knallblaue Leitungen in Form starrer Metallstäbe verbanden den Sessel mit den Kontrollen und der darunter befindlichen dicken Platte.

Ich trat näher, um die Kontrollen zu studieren.

Es gab nicht viel zu studieren. In der rechten Seite, vom Sessel aus gesehen, steckte ein Hebel. Man mußte kein Zauberkünstler sein, um seinen Zweck zu erraten. Wer ihn nach unten drückte, aktivierte die Zeitmaschine.

Aber wie konnte man sie steuern? Wie mußte ein Mechanismus in der Praxis aussehen, den ich als Autor utopischer Romane schon oft beschrieben hatte? Wie ließen sich die Zeitdifferenzen, die man in Richtung Vergangenheit oder Zukunft zurückzulegen wünschte, nach Belieben verändern? Dazu war doch – wie ich stets angenommen hatte – eine deutlich sichtbare Skala notwendig, auf der Zahlen angebracht waren. Hundert Jahre, tausend Jahre, zehntausend Jahre und so fort.

Ich vermochte aber weder eine Skala noch Zahlen zu entdecken. Nur den Hebel. Links daneben zwei Glashalbkugeln, möglicherweise Kontrollampen. Das war alles.

Vielleicht hatte Erich vergessen, mir darüber etwas mitzuteilen, was er von Professor Holmès erfahren hatte. Schließlich setzt sich ja kein normaler Mensch in einen Metallkäfig, um über unbekannte Zeiträume hinweg in die Vergangenheit transportiert zu werden.

Oder gab es überhaupt keine diesbezügliche Einstellung?

Arbeitete der Zeit-Materie-Transmitter nur über einen festgelegten Zeitabschnitt hinweg, der unveränderlich blieb? Kam man, wann immer man auch mit ihm reiste, zur gleichen Zeit heraus? Oder legte man zumindest immer die gleiche Anzahl von Jahren zurück?

Es gab nur *eine* Möglichkeit, darauf eine Antwort zu finden: Ich mußte es ausprobieren.

Ich setzte mich auf die umgestürzte Steinfigur, neben der ich den Rucksack abgestellt hatte. Die Lampe legte ich so hin, daß ihr Schein gegen die Decke fiel und reflektiert wurde, damit sie den ganzen Raum in ein ausreichendes Dämmerlicht tauchte.

Es war absolut still im Raum. Noch nie in meinem Leben hatte ich eine solche Lautlosigkeit erfahren. Es kam mir vor, als seien Menschen und Städte Ewigkeiten von mir entfernt, als wäre ich allein auf der Welt.

Vielleicht war ich das in diesem Augenblick wirklich.

Ich verspürte keinen Hunger, obwohl seit meiner letzten Mahlzeit Stunden vergangen waren. Ein Blick auf die Uhr belehrte mich, daß draußen jetzt die Sonne unterging.

Ich trank einen Schluck Whisky. Das scharfe Getränk belebte mich wieder, aber gleichzeitig kam mir auch zu Bewußtsein, wie kalt es war. Ich schätzte die Temperatur in der Kammer auf höchstens fünf Grad Celsius. Mehr waren es auf keinen Fall. Trotzdem fror ich nicht. Aber ich würde mir eine schöne Erkältung holen, wenn ich nichts Prophylaktisches tat.

Ich nahm also einen zweiten Schluck und packte die Flasche wieder weg. Die Sphinx wickelte ich wieder in den Schlafsack und verstaute sie, zusammen mit dem Whisky, im Rucksack. Bevor ich das Experiment wagte, wollte ich mich noch ein wenig in der Kammer umsehen. Das war natürlich nicht der einzige Grund, gestand ich mir selbst ein. In Wirklichkeit war ich einfach innerlich noch nicht entschlossen, den großen Sprung zu wagen.

Plötzlich – und heute scheint es mir verwunderlich, daß es erst zu dem Zeitpunkt geschah – entdeckte ich den zweiten Ausgang. Der Professor hatte ihn Erich gegenüber mit keinem Wort erwähnt. Möglich, daß er ihn in der Tat übersehen hatte, denn er lag hinter einigen Felsplatten verborgen, die sich aus der Decke gelöst hatten und herabgestürzt waren. Keine Trennwand bildete ein Hindernis.

Ich kletterte über die kreuz und quer liegenden Felsplatten und leuchtete in den schmalen Gang hinein, der sich vor mir auftat. Schon nach einem Meter wurde er breiter und höher, so daß man bequem stehen konnte. Boden, Wände und Decke waren glatt und eben, wie aus Glas.

Führte der Gang zum geschliffenen Labyrinth? Hatte ich den

unterirdischen Eingang dazu entdeckt? Ich wußte, daß man von der Oberfläche her nur wenige Meter eindringen konnte.

Indem ich mich bückte und den Boden sorgfältig untersuchte, überzeugte ich mich davon, daß auf keinen Fall eine mechanische Trennmauer im Fels verborgen darauf wartete, einen unbefugten Besucher für immer einzusperren. Leichtsinnigerweise ließ ich den Rucksack mit der Sphinx zurück, als ich mit vorgestreckter Taschenlampe weiter in den Gang eindrang. Der Schein wurde von den polierten Wänden farbig reflektiert, ein Prismaeffekt, wie ich gleich herausfand. Es war, als tastete ich mich durch einen bunten Regenbogentunnel.

Zwanzig Meter – und dann war Schluß.

Fassungslos und überwältigt stand ich vor dem Chaos, das Professor Holmès im Zusammenhang mit dem geschliffenen Labyrinth erwähnt hatte. Nun sah ich mit eigenen Augen, was er meinte. Und ich begriff, daß Erichs Schlußfolgerung richtig gewesen sein mußte.

Die gläsernen Wände und Decken mußten von einer unvorstellbaren Gewalt regelrecht ineinandergeschoben worden sein. Diese Kraft, was immer es auch gewesen sein mochte, hatte sich den Weg nicht durch den Fels gesucht, sondern den leichteren genommen. Sie mußte durch die Gänge gekommen sein, urplötzlich und mit grauenhafter Wucht.

Erst jetzt konnte ich bemerken, daß die gläserne Schicht auf dem Fels nur hauchdünn war, gerade als sei der Fels geschmolzen und gleich wieder erstarrt. Die dazu notwendigen Hitzegrade mußten unvorstellbar gewesen sein.

Auf dem Boden, in einer Mulde, sah ich etwas glitzern. Ich bückte mich, denn ich vermutete, daß es sich um Wasser handelte. Aber es war kein Wasser. Es war ein kleiner Tümpel aus geschmolzenem und wieder erstarrtem Glas.

Mich fröstelte, und ich ahnte, was hier geschehen sein mußte, aber ich scheute mich, den Gedanken folgerichtig und konsequent zu Ende zu denken. Ich entsann mich der Theorie von Pauwels und Bergier. Beide behaupteten, daß es vor Jahrzehntausenden auf der Erde eine hochstehende Zivilisation gegeben haben müsse, die sich selbst durch einen Atomkrieg ausgelöscht hätte.

Ich ahnte jedoch, daß es anders gewesen sein mußte, ganz anders.

Noch einmal versuchte ich, das Hindernis zu überwinden, gab es dann aber auf. Die Felsen waren zum Teil miteinander verschmolzen und bildeten eine Sperre, die selbst modernster Technik getrotzt hätte. Vielleicht ließen sich die glasartigen Felsen sprengen, aber ich bezweifelte es.

Entmutigt kehrte ich in die Kammer zurück. Meine insgeheim gehegte Hoffnung, in dem Gang einen Notausgang zu finden, hatte sich nicht erfüllt. Ich war auf den Hauptkorridor angewiesen. Mit einem Blick auf die wartende Zeitmaschine setzte ich mich wieder zu meinem Rucksack.

Nun war es wohl soweit. Es gab keinen Grund, noch länger zu warten. Wenn der Käfig wirklich die sagenhafte Zeitmaschine war – so langsam wurde mir der Gedanke an sie vertraut –, blieb keine Ausrede, keine Entschuldigung mehr für mich.

Ich stand auf und ging zur Gittertür. Vergeblich suchte ich nach einem Schloß, aber nur ein faustgroßer Knauf aus blankem Metall war zu sehen, der darauf schließen ließ, daß die Konstrukteure der Zeitmaschine menschenähnliche Hände besaßen. Der Türrahmen schloß dicht mit dem Rahmen des Käfigs ab. Von einem eventuell vorhandenen Kontakt, welcher Natur auch immer, bemerkte ich nichts.

Vorsichtig und immer noch mißtrauisch streckte ich die rechte Hand aus und berührte den Knauf. Er fühlte sich so kalt an wie seine Umgebung, und mir war, als ströme die Kälte über zu mir. Ich zog, und die Tür öffnete sich.

Gleichzeitig leuchteten im Innern des Käfigs die beiden Halbkugeln auf, die eine orange, die andere blau. Ein Gedanke durchzuckte mich: War es möglich, daß das Öffnen der Tür den Mechanismus der Maschine aktivierte? Wurde dadurch der Sperrkontakt unterbrochen und die Energiezufuhr hergestellt? Gut und schön, aber was geschah, wenn ich den Käfig betrat und die Tür wieder schloß? Mußte dann die Sperre nicht wieder vorhanden sein?

Es kam auf einen Versuch an, auf andere Weise würde ich ohnehin keine Antwort erhalten. Immerhin wußte ich nun, daß Energie vorhanden war. Und meiner Meinung nach konnte auch eine Zeitmaschine nur dann funktionieren, wenn ihr genügend Energie zur Verfügung stand.

Ich ging zurück zur umgestürzten Steinfigur, um meinen Rucksack zu holen. Unter keinen Umständen durfte ich den zurücklassen – und natürlich auch nicht die Sphinx. Denn wenn das Ding wirklich arbeitete und mich in die Vergangenheit transportierte, konnte ich nicht wissen, wann ich herauskam. Ich benötigte also Lebensmittel und Trinkwasser – und ganz sicher einen Schluck Whisky.

Behutsam schob ich den Rucksack in den Käfig, in die vordere Ecke, damit er mir nicht im Weg war. Einen Augenblick lang überlegte ich, ob ich den Pickel auch mitnehmen sollte, aber dann entschied ich mich dagegen. Er würde mich nur behindern, und wenn ich wirklich Menschen begegnete, so war es durchaus möglich, daß sie den harmlosen Gegenstand für eine Waffe hielten, und gerade das wollte ich vermeiden.

Ich trat in den Käfig und zog die Tür hinter mir zu. Diesmal ließ sich ein leises Klicken vernehmen, als der Rahmen einschnappte. Aber die beiden Lämpchen erloschen nicht, sondern leuchteten – wie mir schien – intensiver. Die Energiezufuhr war demnach gesichert.

Ich setzte mich behutsam, unternahm jedoch noch nichts. Warum, so fragte ich mich, war es diesmal anders? Ich war davon überzeugt, daß die Sperre wieder in Aktion getreten wäre, hätte ich die Tür von außen geschlossen. *Was* war nun anders?

Die Antwort lag unter mir: Jetzt, da ich mich im Käfig befand, lastete mein Gewicht auf der Bodenplatte, und dieser Druck meldete irgendeinem Computer die Sendebereitschaft. So und nicht anders mußte es sein!

Fasziniert betrachtete ich den Hebel. Meine Hand war nur zehn Zentimeter von ihm entfernt, und ich brauchte mich bloß ein wenig vorzubeugen, um ihn berühren zu können. Er ragte aus einem zwei Zentimeter breiten Spalt im »Armaturenbrett« hervor, wenn man die nüchterne Tafel so nennen wollte. Der Spalt war zwanzig Zentimeter lang, und an einer Seite leuchteten mir unverständliche Symbole.

Zahlen? Buchstaben?

Vielleicht Zeitangaben?

Damit tauchte eine neue Frage auf: Sollte ich den Hebel nur ein bestimmtes Stück herabziehen oder bis zum Anschlag? Wurde durch ihn die Zeitspanne bestimmt, die zurückgelegt werden sollte?

Ich verfluchte die Tatsache, daß Holmès sich nicht deutlicher ausgedrückt hatte. Erich hätte es bestimmt nicht unterlassen, mir diese wichtigen Details mitzuteilen. Für ihn hing vom Erfolg des Unternehmens genauso viel ab wie für mich.

Es war wie ein Zwang, als ich die rechte Hand auf den Hebel legte. Ich spürte, daß nicht *ich* es war, der nun die Entscheidung herbeiführte, sondern irgend etwas in mir. Aristide Holmès? Erich von X.? Ein mir Unbekannter, jetzt oder vor ... zigtausend Jahren ...?

Meine Hand drückte den Hebel nieder, und zu meinem Erstaunen spürte ich keinen Widerstand. Er passierte alle Markierungen und kam erst zum Stillstand, als er das untere Ende des Spaltes erreichte.

Schnell zog ich die Hand zurück, als ich ein schwaches Vibrieren unter mir fühlte. Einem Lift nicht unähnlich, dachte ich noch, dann kam mir zu Bewußtsein, daß ich wirklich in einer Art Lift hockte, der mich den Zeitstrom hinaufbefördern sollte, zurück in die Vergangenheit, die alle Erinnerungen an die Zukunft in sich barg.

Dann verschwamm alles vor meinen Augen, die geheime Kammer, die beiden stummen Steinwächter, der Käfig mit den noch brennenden Kontrollämpchen, der Hebel, mein Rucksack – ich selbst.

Ich stürzte ins Nichts ...

4

Ich werde wohl niemals erfahren, wie viel subjektive Zeit verging.

Soweit mir bewußt wurde, entmaterialisierte ich mich nicht während meiner seltsamen Reise, von der ich in diesem Augenblick noch gar nicht wußte, ob es überhaupt eine war. Ein Materie-Transmitter löst den zu transportierenden Körper in Atome auf, um ihn erst im Empfänger nach der gleichen Ordnung wieder zusammenzusetzen. Bei dieser Prozedur wurde eine beliebige Strecke zurückgelegt, und zwar ohne Zeitverlust.

Vielleicht war das hier anders. Der Transmitter war mit einer Zeitmaschine gekoppelt. Es war somit möglich, daß keine Entfernung überwunden werden mußte, also räumlich kein Transport stattfand. Vielleicht konnte deshalb auf eine Entmaterialisation verzichtet werden.

Immerhin verlor ich jedes Zeitgefühl. Ich stürzte, obwohl ich fest in meinem Sessel saß und mich an dessen Lehne klammerte. Es war ein Gefühl, das mich abermals an einen Lift erinnerte, allerdings an einen, dessen Seil gerissen ist. Auf dem Boden lag mein Rucksack und rührte sich nicht. Auch als ich ihn mit dem Fuß anstieß, blieb er liegen. Das Gefühl, schwerelos zu sein, war demnach eine Täuschung.

Das orangefarbene Kontrollicht begann allmählich zu verblassen, während das grüne intensiver und heller leuchtete. Ein geisterhafter Schein erfüllte die Kabine. Ich versuchte, einen Blick in den Raum jenseits der Gitterstäbe zu werfen, aber die geheime Kammer, in der die Zeitmaschine stand, hatte einem weißlichen, wallenden Nebel Platz gemacht. Ich vermochte ihn nicht mit den Augen zu durchdringen. Der Eindruck verstärkte sich: Meine Kabine fiel durch das Nichts.

Als das orangefarbene Licht endlich erlosch, hörte auch das Vibrieren auf. Das grüne Lämpchen brannte hell und strahlend. Der weißliche Nebel hob sich und verschwand irgendwo in der Decke. Die Sicht wurde klarer, und dann erkannte ich, daß sich meine Umgebung erheblich verändert hatte. War das noch die verstaubte, halb eingefallene und nur mit Bruchstücken längst vergangener

Technik ausgestattete Räumlichkeit, die ich als die »Geheime Kammer« kennengelernt hatte?

Der Raum war nahezu quadratisch und mit einem milden, gelblichen Licht erfüllt. Er schien mir etwas größer als die ursprüngliche Kammer zu sein, auch konnte ich keinerlei Ähnlichkeit zwischen beiden Räumen entdecken. Die Trennwand fehlte ganz. Die Kabine der Zeitmaschine – und das war wohl der Beweis für meine Vermutung – stand in der Mitte des Raums auf einem Podest.

Und dann erst fiel mir das Erstaunlichste auf: Ich war nicht mehr in derselben Kabine, wie zu Beginn meiner Reise, und ich saß auch nicht mehr in demselben Sessel. Die geringfügigen Unterschiede waren mir nur nicht sofort aufgefallen. Die kleine Kerbe neben dem Hebelschlitz – sie fehlte. Das Polster, auf dem ich saß, sah geradezu fabrikneu aus, nicht mehr matt und abgenützt. Der blanke Metallboden, auf dem meine Füße standen, war ohne einen Kratzer.

Aber mein Rucksack stand noch in der Ecke.

Wie war ich von der einen in die andere Kabine gekommen? Durch eine Materie-Transmission, von der ich nur nichts hatte bemerken können?

Noch ehe ich mich verwundert erhob, durchzuckte mich die Erkenntnis. Natürlich befand ich mich noch in derselben Kabine, aber sie mußte viel jünger sein, fast noch neu. In meiner Gegenwart hatte ich eine uralte Zeitmaschine betreten, die von häufiger Benutzung gekennzeichnet war. Jetzt aber saß ich in der unverbrauchten, nagelneuen Zeitmaschine von damals …

Von *wann*?

Doch dann – ich saß noch immer in meinem Sessel – stellte ich mir eine andere Frage, deren Beantwortung mich schockierte: Wenn ich wirklich in *derselben* Zeitmaschine saß, dann mußte dieser Gegenstand *zweimal* existieren! Es gab ihn »jetzt«, und es gab ihn in meiner Gegenwart. Oder gab es einfach nur das »Jetzt«, und meine Gegenwart existierte »jetzt« nicht?

Vorsichtig beugte ich mich vor und drückte die Tür auf. Das grüne Licht erlosch, kaum daß ich die Kabine verließ. Das Gewicht des Rucksacks reichte offenbar nicht aus, den Kontakt herzustellen. Ein weiterer Hinweis auf den Verwendungszweck der Maschine: Sie war für den Transport von Personen konstruiert.

Ich schloß die Tür wieder und setzte den Rucksack ab. Vielleicht hatte ich im Unterbewußtsein gehofft, von farbenprächtig gekleideten Inka-Herrschern erwartet zu werden, die mich freudig als einen Besucher aus der Zukunft empfingen, die sie selbst nicht aufzusuchen wagten. Jedenfalls war ich ein wenig enttäuscht, abermals allein in einem verlassenen Raum zu stehen, wenn sich dieser auch erheblich von jenem unterschied, in dem ich mich vor kurzem noch befunden hatte.

Der Raum war kahl und ohne jede Einrichtung. Die Wände erinnerten mich an die Wände des geschliffenen Labyrinths: Glattpoliert und wie Glas waren sie, in allen Farben schimmernd. Der Boden zeigte regelmäßige Fugen: Es sah aus, als bestünde er aus eingelegten Fliesen. Am verblüffendsten aber war die Decke! Aus ihr stachen in einem konfusen Durcheinander eigenartige Gebilde wie Zapfen, Stäbe, Spiralen und Prismen. Ich konnte mir keinen Reim auf den Zweck dieses Wirrwarrs machen.

Und dann entdeckte ich den Gang.

Relativ zu dem Platz, an dem die Zeitmaschine ursprünglich gestanden hatte, befand er sich an der richtigen Stelle. Ein weiterer Beweis, daß die Reise in die Vergangenheit geglückt war. Jetzt galt es nur noch festzustellen, wie weit in die Vergangenheit. Ich wunderte mich, daß die Zeitmaschine, sicher auch hier und jetzt keine alltägliche Erscheinung, so unbewacht und ungeschützt herumstand. War das Absicht? Rechnete man mit Besuchern aus der Zukunft und wollte sie bei der Ankunft nicht unnötig erschrecken? Wurde sie so selten benutzt? Gab es hier überhaupt jemanden, der sie benutzen würde?

Ich untersuchte den Raum. Immer mehr kam ich zu der Überzeugung, doch in der späteren geheimen Kammer zu stehen, von der aus ein Durchbruch zur Außenwelt geschaffen werden sollte – zur späteren Pyramide. Da die Trennwand noch nicht existierte, würden diese Veränderungen dazu beitragen, den Raum kleiner erscheinen zu lassen.

Ich nahm den Rucksack, hängte ihn über die Schulter und betrat den Gang, der meiner Berechnung nach mitten ins geschliffene Labyrinth führen mußte …

Hier war der Unterschied nicht mehr so kraß. Einige Meter des

Labyrinths kannte ich ja von der Gegenwart her. Glatte, polierte Wände, die jetzt allerdings von innen her beleuchtet zu sein schienen. Ich benötigte meine Taschenlampe nicht mehr. Obwohl ich mich tief unter dem eigentlichen Berggipfel aufhielt, war die Atemluft nicht abgestanden, ich vermeinte sogar, einen leichten Windhauch zu spüren.

Eine Klimaanlage?

Mehrmals teilte sich der Gang, aber ich blieb auf dem Hauptkorridor, der direkt zur Zeitmaschine zurückführte. In der anderen Richtung mußte ich früher oder später logischerweise zum Ausgang gelangen.

Einmal hörte ich entfernte Geräusche. Ich blieb stehen, um zu lauschen. Sie kamen aus einem Seitengang, der im rechten Winkel vom Hauptkorridor abzweigte. Zuerst dachte ich an das Heulen des Windes und nahm an, der Seitengang führe ins Freie, aber dann stellte ich die unnatürliche Regelmäßigkeit des Geräusches fest. Vielleicht doch eine Klimaanlage? Aber dann veränderte sich das Geräusch. Das Heulen wurde heller, fast schrill, ging allmählich in ein scharfes Zischen über.

Gleichzeitig kam aus dem Seitengang ein heißer Strom Luft und hüllte mich regelrecht ein. Sofort traten irgendwo Ventilatoren in Aktion – so wenigstens hörte es sich an –, und die Hitze wurde abgesaugt.

Geschah das alles ohne Menschen? War das geschliffene Labyrinth eine automatisch funktionierende Anlage, deren Zweck ich noch nicht erkennen konnte? Ich wußte es nicht, aber ich war nun fest entschlossen, es herauszufinden.

Ich ging weiter.

Der Korridor endete ganz plötzlich in einem Saal, der im Gegensatz zu den von mir bis dahin kennengelernten Formen gerundet, genauer gesagt: oval angelegt war. Weitere Gänge mündeten in ihn. Er schien eine Art Verteiler zu sein.

Ich stand vor der schwierigen Frage: Wo ging es weiter?

In der Mitte des Raums lag eine Kiste aus Metall – wenigstens war das mein erster Eindruck. Sie erinnerte mich an einen Sarg, war aber wesentlich größer und höher. Die Seiten glatt und eben; die Oberfläche, etwa in Augenhöhe, trug Ornamente und Verzierungen.

Oder konnte es sich dabei um unbekannte Instrumente und Kontrollskalen handeln? Mich würde jedenfalls nichts mehr wundern.

Ich erhielt diesmal keine Antwort auf meine Frage, weil mir keine Zeit gelassen wurde, darüber nachzudenken oder mir den Metallsarg näher anzusehen.

Hinter mir wurde ein Geräusch laut; es hörte sich an wie das Summen eines Bienenschwarms.

Seltsam! Bis jetzt war ich keinem Menschen begegnet, obwohl doch die Zeitmaschine und dieses unterirdische Labyrinth zweifellos von menschlichen Wesen erdacht und erbaut worden sein mußten. Das Heulen und Pfeifen aus dem Nebengang hatte mich kaum erschrecken können, nicht einmal das reibungslose Funktionieren der Zeitmaschine hatte Erschütterung in mir ausgelöst.

Wohl aber das beunruhigende Summen hinter mir, das sich unerbittlich näherte.

Ich drehte mich um – und ich vermag heute nicht mehr zu sagen, was ich eigentlich zu erblicken hoffte oder befürchtete. Ich hatte nicht die geringste Ahnung, wie weit ich in die Vergangenheit vorgedrungen war, denn auch Erich hatte nicht mit Sicherheit gewußt, welche Zeiträume mit der Maschine bewältigt werden konnten. Ich vermutete, daß es auch Professor Holmès damals nicht genau gewußt hatte.

Jedenfalls wurde mir eines klar: Wenn das Labyrinth in der Tat durch einen atomaren Angriff zerstört worden war, so hielt ich mich jetzt in der Zeit vor diesem Angriff auf. Nach Erichs Vermutung lag dieser Angriff aber mindestens zwanzigtausend Jahre zuruck.

Das Summen wurde lauter. Es drang aus einem der Gänge und klang seltsam mechanisch und gleichmäßig. Irgend etwas mußte jeden Augenblick in die ovale Kammer hereinkommen. Plötzlich hörte ich ein scharrendes Geräusch, als kratze jemand mit einem Messer über Metall.

Und dann sah ich sie …

Sie rollten aus dem Gang mir gegenüber – zwei silberne Kugeln von etwa einem Meter Durchmesser! Ihr Anblick verblüffte mich derart, daß ich zu keiner Bewegung fähig war, bis die Dinger rechts und links von mir zum Stillstand kamen. Das Summen hatte aufgehört, dafür vernahm ich jetzt ein schmatzendes Geräusch und fühlte mich plötzlich angefaßt. Das Gebilde links von mir hatte einen Tentakel ausgefahren, und dieses Instrument tastete an mir herum. Die Kugel rechts begann wieder zu summen und rollte dann rings um den Rucksack, wobei sie etwas wie ein silbernes Netz – ich dachte unwillkürlich an Spinnweben – um den Rucksack legte.

Roboter! Technisch ausgeklügelte Apparate in höchster Vollendung!

Ich wagte kaum zu atmen, stand reglos da und ließ mich abtasten. Jede falsche Bewegung meinerseits konnte von den Maschinen als Angriff aufgefaßt werden, und ich hatte keine Ahnung, welche Waffensysteme den unheimlichen Kugeln zur Verfügung standen. Offenbar bestand ich die Inspektion, denn der Tentakel ließ von mir ab und schnellte in den Kugelkörper zurück. Mein Rucksack erhob sich geisterhaft und ohne daß ihn irgend etwas berührte vom Boden und schwebte nun zehn Zentimeter über der rechten Silberkugel. Hier mußten Kraftfelder am Werk sein, von denen ich keine Ahnung hatte. Die eine Kugel rollte einige Meter durch die ovale Kammer auf den Gang zu, aus dem sie gekommen war, wobei mein Rucksack wie ein plumper Heiligenschein stets über dem Ding schwebte; die andere begann nun auch zu summen und placierte sich hinter mir.

Irgendwie sahen sie mich, daran konnte kein Zweifel bestehen. Jetzt sollte ich wohl der ersten Kugel folgen! Tatsächlich rollte diese Kugel weiter in den Gang hinein, sowie ich einige Schritte tat, und die andere Kugel hinter mir rollte gehorsam wie ein Hündchen nach.

Ich dachte nicht an Flucht, war ich doch hierher gereist, um mit den Menschen dieser Epoche Kontakt aufzunehmen. Zudem zweifelte ich keinen Moment lang, daß die Kugeln viel schneller sein würden als ich. So marschierte ich denn widerstandslos hinter einer Kugel und meinem fliegenden Rucksack her, verfolgt von einer zweiten Kugel, von der ich zumindest wußte, daß sie Tentakeln in ihrem Leib verbarg.

Sie führten mich in den Gang, aus dem sie gekommen waren. Meine Schritte hallten von den Wänden zurück, das Summen der Kugeln begleitete mich. Ich bin nie in meinem Leben ein Held gewesen, und tapfer war ich nur dann, wenn die Verzweiflung mich dazu trieb, wenn es keinen Ausweg mehr gab. Und genau das war jetzt der Fall. Mir blieb einfach keine andere Wahl, als mich gelassen und zuversichtlich zu geben, zumindest mir gegenüber. Den Robotern war meine seelische Verfassung sicherlich egal.

Das Verhalten der beiden Kugeln zeigte mir nur zu deutlich, daß sie entweder selbständig denken und handeln konnten oder daß sie von jemandem ferngesteuert wurden, der uns ständig beobachtete. Dieser Jemand war intelligent und mußte wissen, daß ich freiwillig mitging. Er mußte weiter wissen, daß ich zumindest zivilisiert und kein Wilder war. Er würde wissen wollen, woher ich kam – und *von wann* ich kam, so wie auch ich ihm einige Fragen zu stellen hatte: immer vorausgesetzt, er konnte mich verstehen und ich ihn.

Nach einer leichten Biegung des Korridors sah ich weiter vorn Tageslicht schimmern.

Draußen schien die Sonne. Ihr Schein zwang mich, die Augen zu schließen, als ich ins Freie trat. Die Kugeln glänzten jetzt wie poliertes Platin. Sie flankierten mich, während wir weitergingen. Ich blinzelte, und dann hatten sich meine Augen an den grellen Glanz des Tagesgestirns gewöhnt.

Unwillkürlich blieb ich wie erstarrt stehen, als ich den Palast erblickte.

Er erhob sich auf einem zweifellos künstlich geschaffenen Hügel in der Form einer extrem stumpfen Pyramide. Er strahlte Nüchternheit und Zweckmäßigkeit aus. Ein von glatten Mauern umgebenes Quadrat, fast dreißig Meter hoch, mit langen Reihen gleichmäßig eingelassener, trapezoider Fenster, zinnenähnlichen Unterbrechungen und massigen Ecktürmen.

Trotzdem: ein Palast!

An der Frontseite führte eine breite Steintreppe zum Portal empor.

Die Ähnlichkeit mit den Sonnenpyramiden der Mayas war unverkennbar. Kein Zweifel, die Inkas hatten von ihren verschollenen Vorfahren gelernt – und dieses Wissen war von den Inkas auf die Mayas übergegangen.

Ich ging weiter, als die eine Kugel wieder voranrollte. Quer über das Plateau schritt ich auf die Portaltreppen zu.

Mit einem Blick zurück überzeugte ich mich davon, daß die Reise in die Vergangenheit mir keine geographische Ortsveränderung eingebracht hatte. Der Berg bei Sacsayhuaman war unverkennbar, wenn er mir auch etwas höher erschien. Außerdem befand ich mich nun auf der anderen Seite der Festung und der Pyramide. Die Gipfel der Anden waren mir daher unbekannt, und sie boten keinen Anhaltspunkt.

Bei der ersten Stufe hielten die Roboter an. Ich konnte das allerdings nicht als Vertrauensbeweis werten, denn an der obersten Stufe warteten bereits zwei andere, um mich in Empfang zu nehmen. Ich schätzte die Treppe auf mindestens fünfzig Stufen; so hoch war der Palastunterbau. Zeit genug also, einen Blick auf das geschliffene Labyrinth zu werfen, von dem ich ja nach der Beschreibung nur die halbzerstörten Eingänge auf der anderen Seite kannte.

Jetzt erst bemerkte ich das geschäftige Treiben auf dem unteren Plateau, dicht unter den Gipfelfelsen des eigentlichen »Falkenhügels«. Maschinen standen dort, deren Natur ich auf die große Entfernung hin nicht identifizieren konnte. Sie wurden von Menschen bedient, die auch Roboter dirigierten und deren Arbeit überwachten. Es war mir unmöglich, die Gesichter der Menschen zu erkennen. Sie trugen einheitliche Kleidung, weite Hosen, enge Jacken, Gürtel und kurze Stiefel. Die Roboter glitzerten wie Perlen im Schein der Nachmittagssonne.

Meine neuen Wächter unterschieden sich in keiner Hinsicht von jenen, die mich entdeckt und hierher geführt hatten. Stumm erwarteten sie mich und nahmen mich in ihre Mitte. An mächtigen Säulen vorbei betrat ich den Innenhof des Palastes.

Wenn ich heute darüber nachdenke, dürfte die Bezeichnung »Palast« nicht richtig, zumindest aber irreführend sein. Mir fiel kein anderer Ausdruck ein, wenigstens nicht, bis ich auf dem Innenhof stand. Die vier Mauerfronten bildeten ein Bollwerk gegen die Außenwelt, und man fühlte sich plötzlich von allem, was draußen war, isoliert. Fensterreihen und Balustraden lockerten ein wenig den strengen Eindruck, den man im ersten Augenblick haben mußte, besonders dann, wenn man vorher die Außenfronten gesehen hatte. In der Mitte des Hofs stand ein riesiger Würfel, fast so groß wie ein Einfamilienhaus. Ohne Fenster. Und auf dem Dach war etwas, das ich kannte:

Eine rotierende Radarantenne!

Das bedeutete, daß es Flugverkehr gab, zumindest aber bedeutete es, daß intensive Himmelsbeobachtungen oder gar eine Überwachung des Weltraums stattfanden.

Mir blieb keine Zeit, mich von meiner Überraschung zu erholen. Aus einem der zahlreichen Eingänge kamen einige Personen auf den Hof. Sie waren wie die Arbeiter gekleidet, die ich vorher auf Distanz gesehen hatte. Die scharfgeschnittenen, von der Sonne gebräunten Gesichter erinnerten mich an die klassischen Bilder der Inka-Herrscher, die ich in Büchern und wissenschaftlichen Zeitschriften abgedruckt gesehen hatte. Die in meiner Gegenwart lebenden Inkas, die direkten Nachkommen des geheimnisvollen Bergvolkes, hatten kaum noch Ähnlichkeit mit ihren stolzen Vorfahren.

Einer von ihnen sagte etwas in einer mir unbekannten Sprache. Dabei hielt er einen goldblitzenden Ring direkt vor seinen Mund. Der Erfolg war im ersten Augenblick für mich verblüffend. Die beiden Roboter machten kehrt und rollten zum Portal zurück. Im selben Moment sauste mein Rucksack von alleine die Treppe herauf und landete sachte vor meinen Füßen!

Eine Art Befehlssender, auf die Empfänger der Roboter eingestellt, wurde mir klar. Sie dirigierten die Maschinen also über Funk.

Der Mann, der die Robots fortgeschickt hatte, winkte mir. Ich ging zu ihm, hielt es aber für sinnlos, ihn anzusprechen. Der Ausdruck seiner Augen war unverkennbar: forschend und fragend. Mich beschlich das Gefühl, als erwarte er eine Erklärung von mir. Seine Begleiter hatten einen Halbkreis um mich gebildet, aber sicherlich nicht deshalb, um einen eventuellen Fluchtversuch zu vereiteln. Sie wußten, daß ich schon früher einen solchen versucht hätte, wäre mir daran gelegen gewesen.

Plötzlich kam mir ein Gedanke. Vorsichtig, um keinen unnötigen Verdacht zu erregen, hob ich den Rucksack auf und begann behutsam die Verschnürung zu lösen. Als ich mit den Händen hineinfuhr, wichen die Zuschauer ein wenig zurück. Einer griff an seinen Gürtel.

Jäh hielt ich in meiner Bewegung inne und rührte mich nicht mehr. Ich erkannte den Gegenstand an seinem Gürtel.

Es war die gleiche Energiepistole, die ich bei Jacques Ferrant gesehen und in der Hand gehalten hatte. Ihr Zweck war nun eindeutig!

Ich versuchte zu lächeln und schüttelte den Kopf. Vielleicht verstanden sie das. Wenn sie wußten, daß ich aus der fernen Zukunft kam, war ihr Mißtrauen durchaus verständlich. Auf der anderen Seite sah es aber ganz so aus, als warteten sie auf einen solchen Besucher.

Der Mann ließ die Waffe los. Er lächelte nicht. Aber er schien wenigstens sein Mißtrauen überwunden zu haben.

Ich griff nach dem Schlafsack mit der Sphinx und förderte das Paket zutage. Vorsichtig legte ich es neben den Rucksack auf den gefliesten Steinboden und wickelte es auseinander.

Dann lag die Sphinx auf dem Sack, von den Strahlen der Sonne beschienen und zurückgekehrt in ihre eigene Zeit. Ich fühlte, daß sie hierher paßte; wenn ich auch fand, daß eine Steinfigur, selbst wenn sie erstaunlich präzise aus *einem* Felsstück gearbeitet worden war, doch einen Anachronismus darstellte.

Aber Anachronismus oder nicht, die Sphinx tat ihre Wirkung. Das Benehmen der Männer mir gegenüber änderte sich schlagartig. Waren sie auch schon vorher nicht gerade unfreundlich zu mir gewesen, so wurden sie jetzt höflich und zuvorkommend. Der Mann mit dem Befehlssender gab mir durch Zeichen zu verstehen, daß ich die Steinfigur wieder einpacken und in den Rucksack stecken sollte. Dann sprach er wieder einige Worte in sein Instrument. Er bekam eine Antwort in der gleichen mir unverständlichen Sprache.

Vorbei an der Radarantenne begleiteten sie mich dann durch einen hohen Türbogen in das Innere des Gebäudes, das mir nun nicht mehr als Palast, sondern mehr wie ein Kontrollzentrum vorkam. Vielleicht auch eine Art Bauleitung, der die Aufgabe übertragen worden war, das geschliffene Labyrinth in den Berg vorzutreiben und bewohnbar zu machen. Mir fiel eine von Erichs Bemerkungen wieder ein. Er hatte vermutet, das Labyrinth sei nichts anderes als eine riesige Festung gewesen, in deren Innerem man sogar einen Atomangriff überleben könne.

Erwarteten die jetzt hier Lebenden einen solchen Angriff?

Und wenn ja, von wem?

Wer sollte in diesem Zeitalter stärker und mächtiger sein als jene, die eine Zeitmaschine konstruiert hatten?

Boden, Wände und Decken im Innern des Gebäudes bestanden aus absolut gleichen – hatte man sie gegossen? – Fliesenplatten, jede etwa einen Viertelquadratmeter groß. Ihre schimmernde Glasur erinnerte an die glatten Wände des Labyrinths.

Nur noch der Mann mit dem Befehlssender begleitete mich, die anderen waren zurückgeblieben. Einmal stellte ich eine Frage. Ich sprach langsam und deutlich, in der wahnwitzigen Hoffnung, er könne mich verstehen.

Aber er schüttelte den Kopf und schnitt eine Grimasse, die wohl Bedauern ausdrücken sollte.

Immerhin: Er *schüttelte* den Kopf!

Er kannte die Geste!

Als wir den Korridor entlanggingen, öffnete sich rechts von uns eine Tür. Ein Mann kam auf den Gang, sah uns – und schloß die Tür auffallend rasch wieder.

Aber nicht schnell genug. Es war mir gelungen, einen kurzen Blick in den Raum dahinter zu werfen. Und was ich erhascht hatte, verschlug mir fast den Atem, obwohl ich inzwischen auf Überraschungen aller Art geeicht war. Die eine Sekunde hatte genügt, mir einen Saal mit langen Reihen von Tischen zu zeigen, auf denen Fernsehmonitore standen. Davor saßen im Halbdunkel Operateure, die Hände auf Schaltpulten und Kontrollinstrumenten. Die gegenüberliegende Wand schien ein riesiger ovaler Bildschirm zu sein, der jedoch nicht eingeschaltet war. Ich hätte schwören mögen, daß es ein Bildschirm war. Oft genug hatte ich Fernsehübertragungen aus dem Raumfahrtkontrollzentrum in Housten gesehen!

Nun wußte ich auch, was die Radarantenne im Hof zu bedeuten hatte.

Mein Begleiter schien die Verwirrung zu bemerken, in die mich der ungewollte Einblick gestürzt hatte. Ich hoffte nur, daß er keine Schwierigkeiten bekam, denn die kleine Indiskretion war bestimmt nicht beabsichtigt gewesen. Ich hätte mich aber nicht gewundert, wenn sein Vorgesetzter, zu dem wir offenbar unterwegs waren, bereits von dem Vorfall wußte.

Es war reine Vermutung von mir, daß er einen Vorgesetzten hatte und mich zu ihm bringen sollte. Sein ganzes Benehmen deutete darauf hin, daß er keine Entscheidungsgewalt besaß, wenn auch einen gewissen Einfluß. In meine Gegenwart übertragen ließ sich somit seine Dienststellung ziemlich genau definieren. Die Ereignisse später gaben mir recht. Da ich seinen Namen nie erfuhr, möchte ich ihn von nun an »Adjutant« nennen. Vor einem Liftschacht hielten wir an. Ich hatte Zeit, mir das Beförderungsmittel kurz anzusehen, bevor ich mich ihm anvertraute.

Im Schacht, in Höhe des Fußbodens, schwebte eine Metallplatte. Das war alles. Sie schwebte völlig frei und wurde weder durch ein Seil gehalten noch von unten durch eine sichtbare Stütze getragen. Es gab auch keine Kabine, wie wir sie gewöhnt waren. Nur die freischwebende Platte, die glatten Wände des Schachts – und den Adjutanten, der mir einen freundlichen Wink gab, ihm zu folgen.

Ohne jeden Übergang glitten wir Sekunden später nach oben. Ich zählte zwölf Etagen, dann waren wir am Ziel.

Erneut mußte ich geblendet die Augen schließen, als wir den Lift verließen und auf den Korridor traten. Die Sonne schien mir direkt ins Gesicht, denn die Decke war transparent. Sie bestand aus dikkem, absolut brechungsfrei geschliffenem Glas. Die Wände selbst waren nicht so hoch wie zu ebener Erde, so daß auch die durchsichtige Decke tiefer hing. Ich konnte die Andengipfel erkennen, nicht aber das Plateau selbst und den Eingang zum Labyrinth.

Die Wärme tat mir gut. Am liebsten hätte ich den Pullover ausgezogen, aber wie wollte ich dem Adjutanten meinen Wunsch verständlich machen? Außerdem schienen wir bald am Ziel zu sein.

Vor einer Tür am Ende des Korridors blieben wir stehen. Der Adjutant hob den Arm und sagte etwas in sein Gerät, das mich an einen klobigen Siegelring erinnerte. Eine Stimme antwortete. Dem Tonfall nach zu urteilen gab sie Anweisungen. Die Reaktion des Adjutanten bestätigte meine Vermutungen. Er nickte mir zu, ließ mich einfach stehen und ging davon.

Noch während ich ihm verdutzt nachsah, öffnete sich vor mir die Tür und gab den Weg in den dahinterliegenden Raum frei.

Der Mann, mit dem ich es bei dieser zweiten Begegnung zu tun hatte, war allem Anschein nach der Kopf des Unternehmens »geschliffenes Labyrinth«; nennen wir ihn deshalb »Kommandant«. Auch diese Vermutung bestätigte sich im Verlauf der Ereignisse. Die Tür öffnete sich, ohne daß jemand sie berührte. Ich mußte sogar ein wenig zurückweichen, um ihr Platz zu machen. Der Blick in den dahinterliegenden Raum wurde freigegeben, und ich sah einen Mann hinter einem halbrunden, wuchtigen Tisch sitzen, der mit Geräten aller Art überladen war. Er trug die gleiche Uniform wie die anderen, einfach und schmucklos, ohne jedes Anzeichen einer hervorgehobenen Stellung. Rangabzeichen schienen unbekannt zu sein, oder sie wurden nicht getragen. Er winkte mir zu.

Ich betrat den Raum, und hinter mir schloß sich die Tür.

Da stand ich nun, ziemlich hilflos und ein wenig verloren, vor dem Repräsentanten einer Zivilisation, die der unseren zumindest ebenbürtig, wenn nicht weit überlegen war. Sie kannten nicht nur Radar und Funk, sondern auch perfekte Roboter und die Zeitreise; wahrscheinlich verfügten sie auch über Raketen und entsprechende Waffen. Hinzu kam, daß sie mächtige Feinde zu besitzen schienen, die ihnen ernsthaft Sorge bereiteten.

Er deutete auf einen Sessel, der vor dem Tisch stand. Es war ein ganz normaler Sessel mit vier Beinen, einer gepolsterten Sitzfläche und einer gebogenen Lehne.

Ich nahm den Rucksack von der Schulter und stellte ihn auf den Boden, der mit einem dicken und weichen Material bedeckt war. Eine Art rosa Kunststoffteppich.

Der Kommandant schüttelte den Kopf – wieder eine bekannte Geste – und zeigte mit der Hand auf den Rucksack. Ich wußte sofort, was er wollte.

Meinen Paß!

Also öffnete ich mein lästiges Gepäckstück wieder, wickelte die Steinfigur aus dem Schlafsack und stellte sie vor den Kommandanten auf den Tisch. Dann erst setzte ich mich. Ich wartete, was weiter geschah.

Der Kommandant untersuchte die Sphinx mit großer Sorgfalt, was ich nicht ganz verstand. Auch wenn die Figur ein Erkennungszeichen war, so vermochte sie doch keine Auskunft über ihren jeweiligen Besitzer zu geben, denn *jeder* konnte sie besitzen. Wie wollte der Kommandant somit, trotz Vorweisens der Sphinx, sicher sein, ob ich ein Betrüger war oder nicht?

Er nahm sie in die Hand und musterte sie. Ich glaubte, eine gewisse Mißbilligung in seinem Blick zu bemerken, als er die beschädigte Stelle am Auge entdeckte. Dann stellte er die Sphinx auf den Tisch zurück und sah mich an, sehr lange und sehr genau. Nun würde sich entscheiden, ob und wie wir uns verständigten. Doch nun geschah etwas, das ich bei Gott nicht erwartet hatte. Ich hatte mit Fragen gerechnet, die man mir auf alle mögliche Art und Weise stellte, auf langwierige Versuche der Verständigung, sogar ein Übersetzergerät kalkulierte ich ein, einen Translator, wie er in utopischen Romanen immer wieder auftauchte. Nichts von alledem.

Der Kommandant griff in ein Fach unter dem Schreibtisch und zog eine Mappe daraus hervor. Er legte sie vor sich auf den Tisch, schlug sie auf und nahm etwas heraus, das wie eine Fotografie aussah.

Es *war* eine Fotografie!

Er reichte sie mir über den Tisch. Dabei beobachtete er gespannt meine Reaktion.

Erich hatte mir Professor Holmès nur vage beschrieben, aber nach dem ersten Blick, den ich auf das Foto warf, war ich ziemlich sicher, den alten Herrn vor mir zu haben. Doch es war weniger der Anblick des Professors, der mich etwas aus der Fassung brachte, sondern die Tatsache, daß ich ein dreidimensionales Bild in der Hand hielt. Es war farbig und so lupenrein plastisch, daß ich nur staunen konnte. Sicher, auch in der Gegenwart gab es Versuche in dieser Hinsicht, aber die Ergebnisse konnte man nur als pseudoplastische Drucke bezeichnen. Die Aufnahme von Holmès hingegen war echt dreidimensional und von solcher Ausdruckskraft, daß ich vermeinte, ihm unmittelbar gegenüberzusitzen.

Ich nickte und gab das Bild zurück.

Dem Kommandanten schien es zu genügen, daß ich keine Fragen stellte. Er wußte nun, daß ich den Professor erkannt hatte, jenen Mann also, der die Sphinx mit in die Zukunft genommen hatte. Ich war mit ihr zurückgekehrt, kam also in seinem Auftrag. Damit war diese Hürde genommen.

Was dann geschah, schien nicht ins vorgesehene Programm zu gehören. Eins der vielen Geräte auf dem Tisch gab einen summenden Ton von sich. Der Kommandant drückte einen mir verborgenen Knopf, ich sah es an der Bewegung seines Armes. Das Summen hörte auf, dafür wurde an der Wand ein quadratischer Bildschirm hell. Der Bildschirm, nahm ich an, war auch der Grund dafür, daß Decke und Wände des Raums aus lichtundurchlässigem Material bestanden.

Eine Stimme sprach, während ich fasziniert auf die farbig schimmernde Bildfläche blickte. Allmählich erkannte ich, was sich auf ihr abzuzeichnen begann, in schwachen, undeutlichen Farben zuerst, dann schärfer und deutlicher und natürlich ebenfalls dreidimensional: den Haupteingang zum Labyrinth, von dieser Seite aus. Transportfahrzeuge, die ich bei meiner Ankunft nicht bemerkt hatte, standen aufgereiht nebeneinander und wurden mit quadratischen Felsblökken beladen, die in endloser Kolonne aus dem Innern des Berges gebracht wurden. Ich vermutete sofort, daß es sich um Material handelte, das beim Bau der unterirdischen Gänge und Räume abfiel.

Aber das war es nicht, was mich so bestürzte. Es war die Art und Weise, wie die tonnenschweren Felswürfel bewegt wurden. Der Mann, der den Kraftfelderzeuger bediente, kam nicht recht ins Bild, ich sah nur einen kleinen Teil der Maschine. Eine Gitterantenne, einem Radar nicht unähnlich, war auf den Labyrintheingang gerichtet. Roboter, die eine besondere Schutzvorrichtung besitzen mußten, die dem Antigrav entgegenwirkte, bewegten die tonnenschweren Felsbrocken sozusagen mit dem kleinen Finger. Sie gaben ihnen nur die gewünschte Richtung und sorgten dafür, daß die dicht über dem Boden schwebenden Würfel nicht aus dem Bereich der schwerelos machenden Strahlen gerieten. Einer der Roboter war offenbar defekt. Ich sah es, als die Kamera ein wenig herumschwenkte. Der Kraftfelderzeuger glitt aus dem Bild. Ein starkes Zoom-Objektiv vergrößerte den Ausschnitt, um den es ging. Unter einem Steinblock begraben, und von dessen Gewicht zerquetscht, lag ein Mann, zweifellos tot. Es war mir sofort klar, was geschehen war: Einer der Blöcke mußte aus dem Kraftfeld geraten und abgestürzt sein.

Der Kommandant unterbrach den Bericht und stellte, wie ich am Tonfall zu erkennen glaubte, einige Fragen. Sie wurden prompt beantwortet. Dann kamen zwei kurze, scharfe Anweisungen, und schließlich erlosch der Bildschirm.

Der Kommandant sah mich an und machte eine Handbewegung, mit der er vielleicht ausdrücken wollte: Ja, so etwas kann leider vorkommen.

Er nahm die Sphinx noch einmal vom Tisch, betrachtete sie noch einmal gründlich und gab sie mir dann. Er deutete auf den Rucksack. Die Geste war klar und eindeutig. Ich blieb sitzen, während ich die

Figur wieder einwickelte und verstaute. Als der Kommandant aufstand, erhob ich mich ebenfalls. Er drückte diesmal auf eine sichtbare Taste auf der Tischplatte. Wenige Augenblicke später öffnete sich die Tür. Draußen stand der Adjutant, um mich abzuholen.

Ich hatte nicht die geringste Ahnung, was sie mit mir vorhatten. Jedenfalls wußte ich nun, daß sie den Professor kannten. Wo war er geblieben? Hatte er bei seiner zweiten Reise in die Vergangenheit die Zeitdifferenz so geändert, daß er in einem anderen Zeitalter herausgekommen war? Meine heimliche Hoffnung, ihm vielleicht hier zu begegnen, schien sich nicht zu erfüllen. Er hätte mir eine große Hilfe bedeutet, denn wie sollte ich mit den … ja, wer waren sie eigentlich? Sie, die Fremden? Wie sollte ich mich mit ihnen verständigen? Holmès kannte ihre Sprache, hatte er Erich gegenüber behauptet. Welche Sprache?

Ich jedenfalls verstand kein einziges Wort.

Der Adjutant lächelte mir freundlich entgegen, als ich auf den lichtüberfluteten Korridor trat. Mit einer leichten Verbeugung lud er mich ein, ihm erneut zu folgen. Wie vermutet kehrten wir zum Lift zurück, der uns nach unten brachte.

Im Erdgeschoß jedoch hielten wir nicht an. Die Platte sank weiter.

Ich sah den Adjutanten fragend an. Er lächelte immer noch und nickte mir ermunternd zu. In seinen Augen las ich, daß mir eine weitere Überraschung bevorstand.

Meiner Schätzung nach sank die Antigravplatte mindestens dreißig Meter durch den Schacht, in solidem Fels hinab, ehe sie anhielt. Der Adjutant ging voran. Der Korridor, der uns aufnahm, war ebenfalls hell erleuchtet. Künstliches Licht drang aus den Wänden, ähnlich wie im geschliffenen Labyrinth, nur viel kräftiger. Von irgendwo war das Brummen von schweren Maschinen, vielleicht Energieaggregaten oder Generatoren, zu vernehmen. Immer mehr verstärkte sich die Gewißheit, daß ich mich im Hauptquartier der Fremden aufhielt, die nach Erichs Theorie von den Sternen gekommen waren. Aber er war ja nicht der erste gewesen, der diese kühne Behauptung aufgestellt hatte. Meine eigenen, uralten Vermutungen bestätigten sich jetzt.

Denn das hier konnten niemals Inkas sein!

Viele Gänge zweigten von dem Korridor ab, und je weiter wir gingen, desto leiser wurden die Maschinengeräusche. Schließlich verstummten sie völlig. Nur das leichte Vibrieren unter den Füßen blieb. Während wir gingen, stellte ich fest, daß Decken und Wände aus dem gleichen Material wie im Labyrinth bestanden: glattpolierter und verglaster Fels. Nur der Boden war mit einem Kunststoffbelag versehen. Er dämpfte unsere Schritte, was die Stille hier unten nur noch mehr hervorhob.

Wohin führte mich der Adjutant?

Ich sollte es gleich erfahren.

Wir standen vor einer Tür. Der Adjutant deutete auf einen gelben Knopf neben dem rechten Rahmen. An der Tür selbst gab es keinen Öffnungsmechanismus. Dann legte er den Daumen auf den Knopf. Mit einem hörbaren Klicken sprang die Tür auf.

Ich muß gestehen, selten ein gemütlicher eingerichtetes Appartement gesehen zu haben. Als die Tür sich öffnete, schaltete sich automatisch eine milde, gelbliche Beleuchtung ein. Im Hintergrund stand eine breite Couch mit buntbestickten Decken – ob ich wollte oder nicht, ich mußte an die Arbeiten der Inkas denken, die für ihre Webkünste berühmt waren. Links ein Schreibtisch, Sessel, Schränke, eine Art Fernsehgerät und davor in einer kleinen Schiene einige Kugeln. In der rechten Ecke erspähte ich den Eingang zu Bad und Toilette. Die Tür war angelehnt.

Ich trat ein und stellte den Rucksack auf den mit rosa Kunststoff belegten Boden. Das also würde vorerst mein Quartier sein, dachte ich leicht beunruhigt. Ich hoffte nicht, den Rest meines Lebens hier verbringen zu müssen, aber im Augenblick sah es ganz so aus, als wäre ich bestens aufgehoben. Ich war rechtschaffen müde, und ein paar Stunden Schlaf würden mir gut tun. Die Erinnerung, noch einige Lebensmittelvorräte, Wasser und Whisky im Rucksack zu haben, entlockte mir ein Lächeln.

Man würde mich hier weder verdursten noch verhungern lassen, davon war ich überzeugt.

Ohne ein Wort des Abschieds ging der Adjutant. Automatisch schloß sich die Tür hinter ihm.

Es war schon immer meine Gewohnheit gewesen, ein Hotelzimmer genau zu untersuchen, ehe ich mich häuslich darin niederließ. Ich konnte mich einfach nicht wohlfühlen, wenn ich das nicht tat. Also machte ich meinen üblichen Rundgang.

Die Badewanne war rund und hatte zwei Meter Durchmesser, fast schon ein kleiner Swimmingpool. Ich probierte den Wasserhahn, eine flache Erhöhung in der Mitte der Wanne. Zwei Kippschalter am Rand sorgten für den Zustrom von kaltem und warmem Wasser. Es machte mir Spaß, also ließ ich die Wanne vollaufen. Außerdem konnte ein Bad nie schaden.

Während ich mich im Wasser räkelte, sann ich über das bisher Erlebte nach. So manches paßte nicht in mein Gedankenmosaik. Wer waren die Fremden? Inkas mit Sicherheit nicht, denn diese konnten unmöglich die überzüchtete Technik besessen haben, deren Zeuge ich wurde. Und doch bestand – zumindest äußerlich – eine gewisse Verwandtschaft zwischen den Fremden und den Inkas. Aber – so spann ich den Gedanken weiter – wenn meine Gastgeber Besucher aus dem Kosmos sein sollten, weshalb waren sie dann derart *menschlich*? Und zwar menschlich nicht nur im Aussehen, im Benehmen und in der Mimik, sondern auch menschlich in ihren technischen Einrichtungen.

Das war es, was mich am meisten störte!

Die Annahme, daß das Leben auf einem fernen Planeten menschliche Formen und menschliche Denkweisen hervorbringen könnte, schien mir bisher absurd. Wer also waren diese Fremden? Weshalb lag ich im Bad eines Appartements, das bis auf wenige Kleinigkeiten genausogut in einem Hotel des 20. Jahrhunderts hätte sein können?

Frisch duftend, und nicht mehr ganz so müde wie zuvor, stieg ich aus dem Wasser, zog meinen Slip an und setzte mich vor den Fernsehapparat. Wenigstens nahm ich an, es sei einer. Wahllos drückte ich eine Taste. Es geschah nichts. Ich starrte auf die Schiene mit den kleinen, grünen Kugeln vor mir. Die Dinger hatten etwa zwei Zentimeter im Durchmesser, und die Oberfläche zeigte ein Gewirr von Rillen.

Rillen …?

Ich entsann mich plötzlich der IBM-Schreibmaschinen mit den Kugelköpfen. Konnten diese Kugeln hier eine Art Film sein, den man irgendwo in den Fernsehapparat zu füttern hatte? Ich untersuchte das Gerät genauer und fand tatsächlich einen ebenfalls grünen Bolzen, auf den sich eine Kugel stecken ließ. Der Rest geschah automatisch.

Ich weiß nicht, was ich eigentlich erwartete. Natürlich lag die Vermutung nahe, daß mir die Fremden etwas mitteilen wollten, vielleicht ihre eigene Geschichte, ihre Vergangenheit. Dieser Raum war vorbereitet worden, und nicht in den paar Stunden, die ich nun in dieser Zeit weilte. Es mußte vorher geschehen sein. Hatte der Professor etwas damit zu tun?

Der Bildschirm wurde hell. Plastisch und in Farbe sah ich eine fast tropisch anmutende Landschaft mit einer völlig fremden Vegetation, das Gestade eines kupferroten Meeres, in der Ferne riesige Gebirge, und am Himmel ... Und am Himmel zwei Sonnen!

Ich hoffe, lieber Leser, daß ich an dieser Stelle mit Ihrer Erlaubnis eine ganz persönliche Bemerkung einflechten darf. Wenn Sie meiner Geschichte bisher aufmerksam gefolgt sind, so werden Sie gewiß nicht abstreiten können, daß mir der Gedanke an die Landung außerirdischer Intelligenzen auf der Erde nicht fremd gewesen ist. Ich suchte und fand Gleichgesinnte. Ich unternahm eine Reise in die Vergangenheit mit einer Zeitmaschine.

Nichts konnte mich erschüttern, wenn ich auch über vieles verwundert sein mußte.

Aber der Anblick der beiden Sonnen über einer fremdartigen Landschaft erschütterte mich.

Sie waren der erste handfeste Beweis!

Die Kamera schwenkte langsam herum, bis sie vom Meer weg landeinwärts filmte. Ich sah eine riesige Lichtung in dem Uferwald, und auf dieser Lichtung stand – alles überragend – eine unvorstellbar große Spinne auf acht leicht gekrümmten Beinen! Eine Spinne? So dachte ich entgeistert, bis ich die menschenähnlichen Wesen bemerkte, die Ameisen gleich an dem Raumschiff herumbauten.

Diese Spinne war ein Raumschiff! Offenbar noch im Bau.

Die Kleidung der menschenähnlichen Wesen kam mir bekannt vor. Natürlich! Die weiten Hosen, engen Jacken, kurzen Stiefel, breiten Gürtel – meine Gastgeber hatten sich kaum verändert! Sie bauten an dem spinnenartigen Raumschiff herum. Ein Gewimmel von Robotern aller Konstruktionen half dabei.

Die beiden weit auseinanderstehenden Sonnen warfen seltsame Schatten. Ich mußte mein Sehvermögen anstrengen, um die dauernd wechselnden Schatten nicht mit Konstruktionen und Vegetation zu verwechseln.

Eine Zoom-Einstellung folgte. Einzelheiten wurden deutlicher erkennbar. Sie zeigten, daß es sich bei dem Schiff nicht, wie ich zuerst vermutet hatte, um einen Neubau handelte. Teile der Hülle waren beschädigt und repariert worden. Der Körper glänzte wie neu. Es hatte den Anschein, als sei er bei einer Bruchlandung zerstört und nun teilweise ersetzt worden. Neben dem Schiff entdeckte ich mit Hilfe der sorgsam gehandhabten Kamera eine fast primitiv anmutende Werkstatt, eine Art Schmiede. Roboter brachten verbogene und halbzerschmolzene Metallstreben in sie hinein. Wenn sie herauskamen, trugen sie blitzende, neue Ersatzteile zur Verstärkung der Schiffshülle.

Auch ohne Kommentar wußte ich nun, was geschehen war. Die Fremden, wo immer sie auch herkamen, waren auf dem Planeten mit den zwei Sonnen notgelandet. Ihr Schiff war dabei halb zu Bruch gegangen. Sie hatten es repariert und waren abermals gestartet. Der Planet, das stand fest, war nicht ihr Heimatplanet gewesen.

In diesem Augenblick kam noch einmal eine Totalaufnahme des beschädigten und inzwischen halbreparierten Schiffs auf den Bildschirm. Ich sah die Menschen, die Roboter und das Schiff. Es mußte etwa tausend Meter Durchmesser haben, und die Beine waren annähernd hundert Meter lang.

Das Schiff bot Zehntausenden von Menschen Platz!

Waren sie unsere Götter, unsere Vorfahren …?

Das nächste Filmkügelchen zeigte den Start. Er wurde vom Schiff aus gefilmt, nachdem zuvor einige Aufnahmen des fertiggestellten Transporters von der Oberfläche des unbekannten Planeten aus gemacht worden waren.

Ich kannte Satellitenaufnahmen der Erde, und inzwischen kenne ich auch Aufnahmen, die vom Mond aus von der Erde gemacht wurden. Aber das, was ich nun sah, war im höchsten Grad phantastisch.

Der Film zeigte den Start und die Reise des Sternenschiffs durch das Weltall zur Erde.

Wer sich mit der Lektüre utopischer Romane befaßt – und ich las sie nicht nur, ich schrieb sie auch –, der mußte auch über die Triebwerke interstellarer Raumschiffe Bescheid wissen. Das Hauptproblem war die Lichtgeschwindigkeit. Sie mußte überschritten werden, und das war, wenn man Einstein Glauben schenken wollte, nicht möglich. Ohne eine Fluggeschwindigkeit, die über der Geschwindigkeit des Lichts lag, war eine interstellare Raumfahrt nicht denkbar, es sei denn, man versenkte die Reisenden in einen Tiefschlaf, aus dem sie erst bei der Ankunft an ihrem Ziel wieder erwachten. Es waren die Autoren von Science-Fiction-Romanen, die hier einen Ausweg schufen, wenn auch nur einen theoretischen.

Sie erfanden den Hyperraum, den Pararaum, den Linearraum. Sie postulierten, daß unser normales Universum in ein anderes, uns unbekanntes Universum eingebettet sei. In diesem anderen Universum herrschten völlig andere Gesetze. Der Durchbruch von einem zum anderen Universum war mit besonderen Antrieben und ausreichend viel Energie möglich. Einmal in diesem Hyperraum, konnte das Schiff jede nur wünschenswerte Geschwindigkeit erreichen und beliebige Strecken in kürzester Zeit zurücklegen.

Damit war das Problem gelöst, ohne Einstein zu widerlegen. Der Film, den ich nun sah, löste die Schwierigkeit auf eine ganz andere Art. Auf die einfachste. Er ignorierte Einsteins Gesetze. Das Raumschiff ließ den Planeten zurück, der bald nur noch wie ein ferner Stern zwischen tausend anderen funkelte. Die beiden Sonnen wurden ebenfalls kleiner und tauchten in der Masse der Sterne unter.

Und dann begannen die Sterne zu wandern.

Es war ein unfaßbarer, unglaublicher Anblick! Ich saß wie gebannt vor dem Bildschirm und verfolgte die vorbeiziehenden Sterne mit weit aufgerissenen Augen. Das war kein Trick! Das war echt, absolut echt! Das Schiff hatte die Lichtgeschwindigkeit überschritten und raste mit unvorstellbarem Tempo durch den interstellaren Raum. Nur durch einen Polarisationsprozeß konnte es erreicht werden, daß die Sterne sichtbar blieben. Der Sängersche Regenbogen erschien nicht.

Die Kameraeinstellung wechselte mehrmals. Man blickte in Flugrichtung, dann wieder zurück. Bei der ersten Einstellung schienen die Sterne, vor dem Bug noch dicht beisammen, auseinanderzustreben und dann am Beobachter vorbeizufliegen. Sah man nach hinten, drängten sich die Sterne wieder zur ursprünglichen Dichte zusammen,

Es folgten Aufnahmen aus dem Schiff selbst.

Die Kommandozentrale war, ich kann es nicht anders ausdrükken, atemberaubend. Ein riesiger Raum, halbkreisförmig, mit Dutzenden von Schaltpulten, Bildschirmen, Armaturentafeln, unbekannten Instrumenten und Geräten – und davor breite, gepolsterte Drehsessel, in denen das Bedienungspersonal seinen Dienst versah.

Andere Aufnahmen zeigten das Leben im Schiff. Da gab es unzählige Kindergärten, einen künstlich angelegten Park mit strahlendem Sonnenlicht, ein Schwimmbecken, Schulungsräume und ein Observatorium. Vieles unterschied sich von dem, was ich in dieser Hinsicht oft erdacht hatte, aber der Gesamteindruck blieb.

Jetzt wußte ich, was das für ein Schiff war.

Ein Schiff mit interstellaren Auswanderern!

Sie suchten eine neue Heimat. Vielleicht war die alte überbevölkert, und man war gewillt, das Problem auf diese Weise zu lösen. Man rüstete ein Schiff aus, nahm Freiwillige an Bord, und dann begann die lange Reise ins Ungewisse. Hatte es vorher kleine Erkundungsschiffe gegeben, die passende Planeten ausfindig machten und den Kurs berechneten?

Oder hatte es einen Krieg gegeben, der die Heimatwelt unbewohnbar machte? Sah man die einzige Möglichkeit des Überlebens darin, Schiffe zu anderen Welten zu entsenden?

Das Filmkügelchen endete mit einer deutlichen Verlangsamung des Fluges.

Die Sterne standen wieder still.

Ich wechselte die Kugel aus. Zwei blieben mir noch. Ein Blick auf die Uhr belehrte mich, daß es gegen zweiundzwanzig Uhr sein mußte. Ich hatte sie nach dem Besuch beim Kommandanten nach dem Sonnenstand gestellt. Von meinen Vorräten bereitete ich mir eine kalte Mahlzeit, und dann erst kam ich dazu, mir einen Schluck Whisky zu genehmigen. Meine Hoffnung, daß mir ein Abendbrot gebracht wurde, hatte sich nicht erfüllt. Wahrscheinlich nahm man an, daß mir im Augenblick der Sinn nicht nach essen stehen würde. Sie irrten sich. Ich aß mit bestem Appetit.

Die vierte Filmkapsel brachte den letzten Beweis.

Die Kamera war auf das noch ferne Sonnensystem gerichtet, ein sicheres Zeichen dafür, daß der Kurs, wie vermutet, bereits feststand. Die Erde war das Ziel der fremden Raumfahrer. Die Sonne wurde größer; ich schätzte, daß man mit halber Lichtgeschwindigkeit flog.

Die ersten Planeten wurden erkennbar. Da war Saturn mit seinen Ringen, Jupiter mit seinen Monden und schließlich Mars.

Und dann – die Erde!

Damals, als ich meine Reise in die Vergangenheit antrat, gab es das »Foto des Jahrhunderts« noch nicht, jenes Foto, das bei der ersten bemannten Umrundung des Mondes 1968 gemacht wurde. Es zeigte die Erde aus einer Entfernung von 386 000 Kilometern. Die Erde, vom Mond aus gesehen.

Ich sah die Erde aus einer Entfernung von dreißig Millionen Kilometern, etwa zwischen Mars und Erdbahn. Ein Stern, blau-grün, und daneben der Mond, ein kleinerer, weißer Stern. Der Prozeß der Annäherung verlief in genau abgestimmten Etappen, so daß ich die Fluggeschwindigkeit des Schiffs nicht mehr abzuschätzen vermochte. Ich kannte auch die Zeitdauer der Pausen nicht, in denen die Aufnahmekamera nicht arbeitete. Erst als die Erde größer und die einzelnen Filmszenen länger wurden, war eine Berechnung wieder möglich.

Die Geschwindigkeit sank erheblich. Die Entfernung zur Erde betrug meiner Schätzung nach etwa zwanzigtausend Kilometer, als das Schiff in eine Kreisbahn ging. Die Kamera lief nun fast ununterbrochen, wenn das Ergebnis auch gerafft wiedergegeben wurde. So dauerte ein Umlauf im Film ganze zehn Minuten, wenig Zeit, sich eine ganze Erdoberfläche einzuprägen.

Inzwischen war mir klar geworden, daß dieses Ereignis mindestens zwanzigtausend Jahre zurückliegen mußte, dafür gab es eine Menge logischer Gründe. Damit besaß ich einen ungefähren Anhaltspunkt, wie weit mich die Zeitmaschine in die Vergangenheit zurückgebracht hatte. Und in dieser ganzen Zeit hatten sich die Kontinente, aus dieser Höhe gesehen, nicht wesentlich verändert. Die Aufnahmen hätten genausogut von »Mercury«, »Gemini« oder »Wostok« stammen können. Nur einen winzigen Unterschied gab es, und ich bemerkte ihn erst nach einiger Zeit: Dort, wo keine Wolkenfelder die Erdoberfläche verdeckten, war die Sicht besser, die Konturen von Land und Wasser deutlicher zu erkennen. Mit anderen Worten: Die Atmosphäre mußte erheblich sauberer und klarer sein als in meiner Gegenwart. Natürlich, es gab auch noch keine Industrie und damit keine Luftverschmutzung durch Abgase.

Besonders eine Aufnahme faszinierte mich. Das Schiff stand hoch über dem Roten Meer, das völlig wolkenfrei unter dem Beschauer lag. Darüber die Konturen Europas, ein wenig bedeckt, aber klar erkennbar. Sowohl Afrika als auch Europa hatten Formen, wie ich sie von Landkarten her kannte, anders hingegen die Ostküste von Nord- und Südamerika, die – vom Schiff aus gesehen – am linken Rand der Erdkugel lag und stark längsverzerrt erschien. Einige Teile waren von Dunst bedeckt, und man konnte die Küstenlinie nur erahnen.

Mir wurde plötzlich ganz heiß. Ich wußte, daß ich diesen Anblick kannte, sehr gut sogar kannte. Es gab eine Karte, eine Weltkarte, die in meiner Gegenwart viel Aufsehen erregt hatte, weil sie nachweisbar mehrere hundert Jahre alt war und doch Gebiete Grönlands und der Antarktis zeigte, die erst viel später entdeckt wurden. – Hatte ich soeben die Geburt der sagenhaften Piri-Reis-Karten miterlebt?

Der Film lief weiter, und ich brachte es nicht über mich, ihn anzuhalten. Das Schiff stand jetzt über Südamerika und sank schnell tiefer. Die schneebedeckten Anden hoben sich deutlich von den grünen und braunen Ebenen ab. Riesig das Amazonasbecken, dunkelgrün mit unzähligen silbernen Flußläufen.

Entweder lief der Film mit noch stärkerer Raffung durch den Projektor, oder das Schiff sank zu schnell nach unten; jedenfalls kam mir die Landung ziemlich überstürzt vor. Schließlich befand man sich über einem unbekannten Planeten und wußte nicht, welche Gefahren da unten auf die Ankömmlinge lauerten. Meiner Ansicht nach hätten einer solchen Landung wochenlange Beobachtungen vom Weltraum aus vorangehen müssen.

Möglich auch, daß im Film diese Zeit übersprungen wurde – ich konnte es nicht wissen. Jedenfalls fielen die Fremden mit ihrem Schiff – und ich als Betrachter – den Anden mit rasender Geschwindigkeit entgegen.

Ich entdeckte den Titicaca-See.

Er rutschte nach oben aus dem Bild, kam aber kurz vor der eigentlichen Landung wieder in Sicht. Das Schiff setzte in der Nähe des Südufers auf, viertausend Meter über dem Meeresspiegel.

Die Reise war zu Ende.

Es war schon spät, und ich war sehr müde, aber das fünfte und letzte Kügelchen konnte mir vielleicht die endgültige Aufklärung geben, und erst dann würde ich schlafen können. In den letzten Stunden stürmte so viel an alten Beweisen und neuen Erkenntnissen auf mich ein, daß mir der Kopf brummte; aber trotz meiner merkwürdigen Lage fühlte ich mich so glücklich wie nie zuvor in meinem Leben. Ich glaubte nun, die ganze Wahrheit zu kennen, und ahnte in diesem Augenblick noch nicht, daß das alles erst der bescheidene Anfang gewesen war.

Die Wirklichkeit war noch phantastischer, noch unglaublicher, und, wie ich bald herausfinden sollte, von einer tödlichen Logik. Der fünfte Film begann nach der Landung. Ich konnte das Ufer des Titicaca-Sees erkennen, keinen Kilometer vom Landeplatz entfernt. Es mußte der Titicaca-See sein, wenn mir auch einiges verändert erschien. Die Berge waren weiter weg, der See größer. Aus der Luft hatte ich das nicht so genau registrieren können, aber jetzt fiel es mir auf.

Die Siedler begannen, das Schiff zu entladen. In der Zwischenzeit fraßen sich riesige Maschinen mit grellweißen Strahlenbündeln in die naheliegenden Felsen und schufen unterirdische Depots. Mir fiel auf, daß keine Notunterkünfte auf freiem Gelände errichtet wurden. Man ging in die Felsen, als habe man schon damals einen Angriff befürchtet.

Es ist mir heute unmöglich, die Zeitspanne zu erraten, die zwischen Landung und Start des Schiffes liegt. Nur eins wurde mir bewußt, als ich später die Spule noch einmal durch den Projektor laufen ließ: Der Start erfolgte keineswegs planmäßig. Die verwakkelten Aufnahmen bewiesen nur zu deutlich, daß jemand in aller Hast die Kamera gepackt und in Betrieb gesetzt hatte. Sie verfolgte das senkrecht nach oben schwebende Schiff und schwenkte einmal zu den Menschen zurück, die offensichtlich gegen ihren Willen zurückgelassen wurden. So wenigstens sah es aus. Einige winkten, andere schüttelten drohend die Faust. Dann stieg das Schiff schneller, bis es in den Wolken verschwand, die an diesem Tag wie Hochnebel über den See dahinzogen.

Die letzten Bilder zeigten die Wiederaufnahme der begonnenen Arbeit nach der Flucht des Schiffs. Ja, es hatte in der Tat wie eine Flucht ausgesehen; aber je länger ich darüber nachdachte, desto weniger Sinn bekam die ganze Geschichte. Wenn es sich bei den Fremden wirklich um Auswanderer handelte, so schien es durchaus logisch, daß der Transporter nach Erfüllung seiner Aufgabe wieder davonflog. Aber warum so überraschend? Vielleicht sogar gegen den Willen der Auswanderer?

Ich schaltete das Gerät aus. Der Bildschirm erlosch. Erst jetzt kam mir zu Bewußtsein, daß ich noch immer in der Unterwäsche im Sessel saß.

Als ich auf dem Bett lag – es war warm, und ich brauchte mich nicht zuzudecken –, tauchte ein nahezu läppisches Problem auf: Wie sollte ich das Licht löschen? Ich schlief nicht gern bei Licht, das erinnerte mich zu sehr an jene Zeit zwischen 1939 und 1945, in der ich mehrmals eingesperrt worden war.

Rechts neben der Tür war ein gelber Knopf, genau wie draußen auf dem Korridor. Der Türöffner, ganz klar. Aber wo war der Knopf oder Schalter, mit dem ich das Licht ausmachen konnte? Gab es überhaupt einen?

Es gab ihn nicht, aber nachdem ich etwa zehn Minuten auf dem Bett gelegen hatte, wurde der Lichtschein aus Wänden und Decke allmählich milder. Er dämmerte einfach weg.

Dann war es dunkel.

Trotz meiner Müdigkeit schlief ich noch lange nicht ein. Noch einmal rollte der ganze Film in fünf Akten vor meinen geschlossenen Augen vorbei. Er gab mir Gewißheit und Aufklärung, und trotzdem, wie paradox, warf er tausend Fragen auf. Fragen, auf die ich eine Antwort haben mußte, wenn ich zu Erich zurückkehrte. Er würde sich nicht mit Vermutungen zufriedengeben. Er wollte die ganze Wahrheit, obwohl ich daran zu zweifeln begann, ob er sie jemals in einem Buch veröffentlichen konnte. Noch ahnte ich nicht, wie diese ganze Wahrheit aussah und wie sehr sie das Weltbild ändern sollte, das die Menschheit sich in zweitausend Jahren zurechtgezimmert hatte.

Irgendwann schlief ich dann doch ein.

5

Als ich erwachte, galt mein erster Blick der Uhr.

Zehn!

Ich hatte also etwa neun Stunden geschlafen und fühlte mich frisch und ausgeruht. Das Licht brannte wieder, was meine Theorie, es schalte sich automatisch beim Zubettgehen aus und beim Aufstehen wieder an, glatt widerlegte. Ein Summzeichen ertönte, und ich wußte, daß auch ein Summzeichen mich geweckt hatte. Das unangenehme Gefühl, ständig beobachtet zu werden, verstärkte sich.

Ich stand auf und wusch mich. Dann zog ich mich an und kramte etwas widerwillig in meinem Rucksack, um das Frühstück zusammenzustellen. Hier schien niemand Hunger zu haben! Noch während ich damit beschäftigt war, öffnete sich die Tür.

Aber es war nicht, wie ich vermutete, der Adjutant, der mein Appartement betrat. Es war ein junges, hübsches Mädchen mit einem vollbeladenen Tablett. Also doch! Das schwarze Haar fiel frei bis zur Schulter herab. Die schmalen Lippen, feinen Nasenflügel und Pausbacken erinnerten mich wieder an die alten Inkas, obwohl diese hier etwas Fremdartiges besaßen.

Sie trug Sandalen, einen kurzen Rock, eine bunte, lässig verschnürte Bluse und im Haar einen goldenen, schmalen Reifen. Sie lächelte, als sie mich mit dem Rucksack beschäftigt sah, stellte das Tablett auf den Tisch und entfernte sich wieder. Kein Wort hatte sie gesprochen, aber das Lächeln genügte mir.

Lautlos schloß sich die Tür.

Gespannt ging ich zum Tisch, denn meine Neugier kannte keine Grenzen. Was gab es zu essen? Was würden sie mir anbieten, mir, von dem sie wußten, daß ich aus der fernen Zukunft zu ihnen kam? Raumfahrerkost? Eigene Ernte des ihnen fremden Planeten? Synthetische Produkte …?

Ich glaube, es war allesamt von jedem etwas. Es gab einen mir unbekannten Brei, der leicht nach Bananen und Curry schmeckte. Dazu sehr pikantes Maisbrot – offenbar mit eingebackenen Pfefferschoten. Dann ein rotes, sehr süßes Gelee, säuerlich schmeckende Butter – und Kakao!

Als ich satt war, begann mir das Appartement auf die Nerven zu gehen. Geduldig hatte ich eigentlich abwarten wollen, bis man mich abholte oder sich sonstwie um mich kümmerte. Man konnte mich ja schließlich nicht einfach hier sitzenlassen, auch wenn die Aussicht, daß mir mittags das hübsche Mädchen wieder das Essen bringen würde, recht verlockend war.

Ich betrachtete den gelben Knopf neben der Tür. Wenn ich ihn eindrückte, würde sie sich öffnen – das wußte ich inzwischen positiv. Das Mädchen hatte auch auf den Knopf gedrückt, als es mich wieder verließ.

Sollte ich, sollte ich nicht?

Die Entscheidung wurde mir wieder einmal abgenommen. Ich konnte gerade noch rechtzeitig zurückweichen, als sich die Tür öffnete und ich den Adjutanten erkannte, der mir einen Gruß zunickte. Er bemerkte sofort die nun verändert liegenden Filmkugeln und nickte befriedigt. (Also wurde ich doch nicht heimlich beobachtet!)

Wir verständigten uns durch eine improvisierte Zeichensprache, die wir wahrscheinlich erst in diesen Augenblicken erfanden. Er erkundigte sich, ob das Frühstück recht gewesen sei; ich nickte. Dann deutete er auf die Filmkugeln; wieder nickte ich. Eine Frage zu stellen wäre sinnlos gewesen. Ich hatte das Gefühl, bald ohnehin alles zu erfahren.

Nach weiteren Handzeichen, mit denen er wissen wollte, ob mir das Bad behagte und ich gut geschlafen habe, nickte er mir zu und deutete auf die Tür. Die Aufforderung war unmißverständlich: Ich sollte mit ihm den Raum verlassen. Einen Augenblick lang zögerte ich, dann bückte ich mich und nahm die Sphinx aus dem Rucksack. Abermals nickte der Adjutant. Er war also durchaus damit einverstanden, daß ich die Figur mitnahm. Es war Erich gewesen, der mir eingeschärft hatte, sie niemals aus den Augen zu verlieren und stets bei mir zu tragen.

Die Tür schloß sich hinter uns, und wir standen wieder auf dem mir bereits bekannten Korridor. Hier wie in meinem Appartement funktionierte die Klimaanlage ausgezeichnet. Ich entdeckte auch einen der Entlüftungsschächte. Er endete dicht unter der Decke des Gangs in der Mauer. Der Durchmesser der ovalen Öffnung betrug etwa dreißig Zentimeter, und soweit ich feststellen konnte, schien das Material gegossenem Beton sehr ähnlich zu sein.

Wir kamen zum Lift, hielten aber nicht an. Den dritten Seitengang bogen wir nach links ab, und dann blieb der Adjutant vor der vierten Tür auf der rechten Seite stehen. Ich konnte mir diese Anordnung nur deshalb so gut merken, weil ich diesen Weg in den folgenden Tagen sehr oft ohne Begleitung gehen mußte. Der Adjutant drückte auf den gelben Knopf, dann nickte er mir aufmunternd zu – und ging davon. Er ließ mich allein zurück. Gespannt, welche Überraschung mir nun wieder bevorstand, sah ich zu, wie sich die Tür langsam öffnete. Dahinter war ein hellerleuchteter Raum, viel größer als der meine, angefüllt mit Regalen und geschlossenen Schränken, deren Inhalt mir verborgen blieb. Im Hintergrund stand ein breiter, langer Tisch direkt an der Wand. Davor, mir den Rücken zugewendet, saß ein Mann.

Er mußte das Öffnen der Tür gehört haben, ließ sich aber nicht in seiner Schreibarbeit stören. Vor ihm auf dem Tisch lag ein Stapel Manuskriptpapier, daneben ein Stoß Bücher. Rechts entdeckte ich eine halbgeöffnete Tür und dahinter ein ähnliches Appartement, wie ich es seit gestern mein eigen nannte.

Ohne sich umzudrehen, sagte der Mann etwas in der mir unbekannten Sprache, die mehr Vokale als Konsonanten zu besitzen schien. Es war die Sprache der in dem großen Schiff gelandeten Raumfahrer.

Jetzt erst betrat ich den Raum und wartete, bis sich die Tür hinter mir schloß. Dann sagte ich:

»Verzeihen Sie, aber ich kann Sie nicht verstehen. Ich ...«

Der Mann blieb einige Sekunden reglos sitzen, dann sprang er auf. Noch während er sich umdrehte und die Arme ausstreckte, um mich zu begrüßen, rief er:

»Von X., *Sie* sind es ...?« Jäh stockte er und sah mich genauer an. Er schüttelte verwundert den Kopf. »Wer sind Sie? Woher kommen Sie?« Sein Blick fiel auf die Sphinx, die ich verkrampft in den Händen hielt. Ich wußte, wer der Mann war. Es konnte nur Professor Holmès sein, der wieder in die Vergangenheit gereist war und für die Welt als verschollen galt. »Wie kommen Sie zu der Figur?«

»Professor Holmès?« Er nickte verstört und setzte sich wieder. Dann erst bot er mir einen Stuhl an. Ich zog ihn heran und nahm Platz. »Ich soll Ihnen Grüße von Erich von X. übermitteln. Er schickt mich.«

Holmès schüttelte den Kopf.

»Verzeihen Sie mein Erstaunen, aber ich habe viele Jahre auf X. gewartet. Er kam nicht. Und nun sind Sie da und bringen das Erkennungszeichen mit. Ich glaube, Sie werden mir einiges erklären müssen, Herr …«

»Ernsting, Walter Ernsting.«

»Schön, Herr Ernsting, Sie behaupten, im Auftrag Erich von X. zu kommen. Ich muß Sie bitten, mir dafür einen Beweis vorzulegen. Hat er Ihnen kein Schreiben mitgegeben? Warum ist er nicht selbst gekommen?«

Ich stellte die Sphinx auf den Tisch.

»Er gab mir die Figur und bat mich, die Reise für ihn zu unternehmen. Ihm fehlen dazu Geld und Zeit, Professor. Wir sind Freunde, und er vertraut mir. Mein Beruf als Schriftsteller erlaubt mir, viel auf Reisen zu gehen. Von X. schreibt an einem Buch. Wenn es veröffentlicht wird, wenn es ein Erfolg wird, kommt er selbst. Bis dahin aber …«

Holmès betrachtete die Sphinx, als er fragte: »Aber sonst geht es unserem blondgelockten Hünen gut?«

»Erich ist dunkelhaarig und nicht überdurchschnittlich groß« erwiderte ich ruhig. »Aber versuchen Sie getrost weiter, mir eine Falle zu stellen. Das ist Ihr gutes Recht.«

Er nickte.

»Das werde ich auch. Ich muß ganz sicher sein, daß Erich Sie schickt. Was wissen Sie über Kairo im Jahre 1954?«

Es fiel mir natürlich nicht schwer, darüber zu berichten. Erich hatte es ausführlich genug getan, und ich hatte nichts vergessen. Als ich die telepathische Stimme erwähnte, die sich immer wieder bei ihm gemeldet habe, nickte Holmès zufrieden. Auch gebrauchte ich einige seiner eigenen Redewendungen aus dem Gespräch mit Erich, das dieser mir fast wortwörtlich wiedergegeben hatte.

Als ich schwieg, meinte der Professor:

»Und Sie selbst? Wie kommen Sie in die Geschichte?«

»Erichs Leben scheint eng mit dem meinen verbunden zu sein – wenn es nicht nur noch Zufälle gibt. Ich habe ihn dreißig Jahre lang gesucht, bis ich ihn endlich fand. Und als das geschah, bat er mich, nach Cuzco zu fahren, Jacques Ferrant aufzusuchen und mich von ihm zur Pyramide bringen zu lassen. So geschah es auch. Ich öffnete die geheime Kammer, setzte mich in die Zeitmaschine – und nun bin ich hier.«

Professor Holmès schien nicht sehr gealtert zu sein, aber in dieser Hinsicht war Erichs Beschreibung nur oberflächlich und vage gewesen. Eins jedenfalls stimmte noch immer und hatte sich nicht verändert: Seine Augen waren jung geblieben, und mit ihnen sah er mich nun scharf und durchdringend an. Dann nickte er langsam.

»Ich glaube Ihnen, Walter. Und Sie lassen gefälligst in Zukunft den ›Professor‹ weg, klar! Wie hat man Sie empfangen?«

Ich berichtete es ihm und schloß: »Mein Appartement liegt nicht weit von dem Ihren. Leider verstehe ich kein Wort von dem, was gesprochen wird, aber gestern sah ich fünf Filme … ich weiß nicht, ob Sie sie auch kennen.«

»Ich kenne sie nur zu gut. Eine Kopie von ihnen würde Hollywood vor Neid erblassen lassen.«

»Gut, dann kann ich mir Erklärungen sparen und, im Gegenteil, einige Fragen stellen.«

Er schüttelte zu meiner Überraschung den Kopf.

»Stellen Sie noch keine Fragen, Walter, denn ich werde Ihnen den Film erklären. Er kann durchaus einen falschen Eindruck erwecken, wenn man nicht alles weiß. Ich war jahrelang hier bei den Fremden und kenne ihre Sprache. Sie haben vor mir keine Geheimnisse, und sie haben Sie, beziehungsweise Erich, erwartet. Wir sind ihre Freunde. Nur jetzt, in ihrer eigenen Gegenwart, haben sie keine Freunde, nur Feinde. Sie sind Ausgestoßene in einer fremden Welt, die sie nicht haben will. Sie warten auf ein Ereignis, von dem sie wissen, daß es kommen wird. Sie wissen nur nicht, *wann* es kommen wird und ob jemand die Katastrophe überlebt.« Er wehrte mit der Hand ab, als ich einen Einwand versuchte. »Ja, ich weiß, was Sie sagen wollen – die Zeitmaschine! Nein, mein Freund, die Zeitmaschine nützt ihnen gar nichts. Sie haben meinen Bericht und wissen zumindest durch mich, daß einige wenige der Vernichtungsaktion entrinnen, aber es gibt keine Möglichkeit, mit Hilfe der Maschine eine Korrektur vorzunehmen. Das, was geschehen wird, *ist schon längst geschehen*. Es läßt sich nicht mehr ungeschehen machen.« Ich betonte schon mehrmals, daß mich das Problem der Zeitparadoxa brennend interessierte und daß ich bereits mehr als ein Dutzend Romane über dieses Thema geschrieben habe. Bei einigen habe ich oft Stunden vor einer einzigen Seite gesessen, um die Geschehnisse, hervorgerufen durch Zeitverschiebungen, Dilatationen und was der Dinge mehr sind, logisch und folgerichtig zu konstruieren. Manchmal mag es mir gelungen sein, oft vielleicht nicht.

Diesmal aber stand ich vor der Realität! Das Schicksal selbst konfrontierte mich mit dem Problem, das ich nur von der Theorie her kannte – und gelöst hatte, so oder so.

»Es ist bereits geschehen?«, fragte ich verblüfft und völlig überrascht. »Wie meinen Sie das? Von uns aus gesehen, ich will sagen, von *jetzt* aus, *wird* es ja erst geschehen. Warum sollte man es nicht verhindern können?«

Holmès legte die Hände zusammen und überlegte. Er suchte nach einem Gleichnis, wie ich gleich erfahren sollte.

»Die Zeit ist ein Strom. Die Quelle ist der Anfang, die fernste Vergangenheit, der Beginn der Zeit. Wir sind wie ein Boot, das nun diesen Strom hinabtreibt, ohne Ruder, ohne Motor, der das Boot flußauf oder flußab bewegen könnte. Der Strom fließt wie durch eine Ewigkeit, aber einmal mündet er in das Meer, in das Meer der Zeit. Ich nenne es einfach: das Ende der Zeit. Während dieser Reise, so wollen wir einmal annehmen, finde ich ein Ruder, einen Motor. Die Zeitmaschine! Mit ihr ist es möglich, den Strom wieder flußaufwärts zu fahren, zurück in die Vergangenheit. Das ist doch verständlich, nicht wahr?«

Ich nickte. Natürlich war das verständlich. Ich hatte dieses Beispiel selbst oft genug angewandt. Ich war nur gespannt, wie er damit ein Zeitparadoxon erklären wollte.

Er fuhr fort: »Bei der Reise stromabwärts sah ich in einer Bucht einen Baumstamm liegen, offensichtlich angeschwemmt und fest von Schlingpflanzen verankert. Die Zeit fließt an ihm vorbei, und er hat keinen Einfluß auf sie oder auf das, was weiter flußabwärts geschieht. Ich jedoch kann mit Hilfe meines Motors das Boot in die

Bucht steuern und den Baumstamm in den Strom stoßen. Er wird abtreiben, und vielleicht rammt er eines Tages ein anderes Boot, das ruderlos der Zukunft entgegentreibt. Jemand ertrinkt, und dieser Jemand könnte einer meiner Vorfahren sein. Damit hört eine ganze Linie auf zu existieren, ich einbezogen. Ich hätte den Stamm also nicht ins Wasser stoßen können, weil es mich nicht gibt. Aber ich *habe* es getan und damit meine Sippe ausgelöscht. Die Folgerung aus dieser Überlegung ist: Ich existiere, solange ich in der Vergangenheit bleibe, in der ich die Änderung herbeiführte. Sobald ich aber wieder in die Zukunft reise, wird das Paradoxon wirksam. Ich werde nicht in meiner ursprünglichen Gegenwart ankommen, sondern vom Augenblick des Unglücks an, zusammen mit Tausenden von Vorfahren, aufhören zu existieren. Verstehen Sie, was ich meine?«

Besonders einleuchtend fand ich das Beispiel nicht, aber ich wußte, was er damit ausdrücken wollte. Ich beschloß, später noch einmal darauf zurückzukommen, sobald ich erfahren hatte, was es mit den Fremden auf sich hatte.

Er deutete auf einen Stoß eng beschriebener Blätter.

»Das, Walter, ist mein Bericht, den Sie von X. überbringen müssen. Er schildert die ganze Geschichte von Anfang an, aber Sie können mir glauben, daß es nicht leicht für mich war, die Geschehnisse zu rekonstruieren. Hier ein Bruchstück, dort ein anderes. Es dauerte Jahre, bis ich wenigstens das beisammen hatte. Trotzdem, das möchte ich Ihnen gleich verraten, bleiben eine Menge Fragen offen. So kennt zum Beispiel niemand den Konstrukteur der Zeitmaschine. Sie war schon hier, als die Fremden landeten.«

Ich starrte ihn verblüfft an.

»*Sie war schon hier?*«

Er nickte.

»Ja. Meine Vermutung geht dahin, daß sie in fernster Zukunft gebaut wurde; gewisse Eigenarten der Maschine lassen darauf schließen. Dann gab es eine Panne, und der Zeitraumbestimmer versagte. Sie können mit der Maschine immer nur dieselbe Strecke zurücklegen, keinen Tag mehr, keinen weniger. Etwa dreiundzwanzigtausend Jahre.« Er ließ mir Zeit, mich von meiner Überraschung zu erholen, und wartete auf einen Einwand. Ich schwieg, denn was hätte ich sagen sollen? »Wenn Sie also vierzehn Tage hier bleiben und in die

Gegenwart zurückkehren, werden dort auch zwei Wochen vergangen sein. Bleiben Sie danach zwei Jahre in der Gegenwart und steigen abermals in die Zeitmaschine, um mich hier zu besuchen, werde ich zwei Jahre warten müssen, bis Sie eintreffen. Eine Korrektur scheint nicht möglich zu sein. Das ist der zweite Grund, warum meine Freunde, die Fremden, die Maschine nicht zu ihrer Rettung einsetzen können. Sie werden sie in einer Kammer einschließen und den Eingang so versiegeln, daß man ihn erst in dreiundzwanzigtausend Jahren entdeckt. Nun, dämmern die Zusammenhänge, Walter ...?«

Sie dämmerten, aber mehr auch nicht. Ich betrachtete das Manuskript.

»Wann darf ich es lesen?«, fragte ich.

Er lächelte.

»Den ersten Teil können Sie heute mitnehmen. Ich bin bald fertig damit. So lange werden Sie doch bleiben, nicht wahr?«

Ich nickte, während sich mir tausend Fragen aufdrängten. Aber vielleicht wurden viele von ihnen in seinem Bericht beantwortet, so daß ich mir die Arbeit sparen konnte.

»Wir können uns jederzeit besuchen, Monsieur Holmès?«

»Selbstverständlich, wir sind doch keine Gefangenen. Es wird Sie auch niemand daran hindern, das Gebäude zu verlassen, aber Sie dürfen sich dann nicht wundern, wenn Sie einen Begleiter erhalten. Er ist aber nur zu Ihrem Schutz da. Sie würden sich sonst im Gelände verirren oder könnten von einem der Roboter als Gegner angesehen werden. Sie sind entsprechend programmiert.«

Wir unterhielten uns noch eine Weile, dann kehrte ich mit dem ersten Teil des Berichts in mein Appartement zurück. Wenig später brachte mir das Mädchen mein Essen, dazu eine Flasche Wein und Früchte. Da ich keine Lust verspürte, meine »Wohnung« heute schon zu verlassen, und ganz besonders deshalb, weil mir die Neugier keine Ruhe ließ, legte ich mich aufs Bett und begann zu lesen. Holmès Handschrift war unverkennbar. Sie war klein und zierlich, aber gut leserlich.

Er hatte, wie man so sagt, eine Schrift wie gedruckt.

Erster Bericht von Professor Aristide Holmès:

Etwa vierzigtausend Jahre vor Christi landete zum erstenmal ein Erkundungsschiff der Altairer auf der Erde. Im Auftrag der Galaktischen Kolonisationsbehörde wurden Systeme mit bewohnbaren Planeten katalogisiert. Da man auf der Erde bereits halbintelligente Lebewesen vorfand, fiel sie für eine Besiedlung durch die Altairer aus, interessierte jedoch den Biologischen Überwachungsdienst. Mit Genehmigung des Galaktomedizinischen Hauptrats wurde auf der Erde eine Beobachtungsstation eingerichtet. Kurz darauf begannen die Experimente.

Unsere Wissenschaft hat nie eine befriedigende Erklärung für das plötzliche Entstehen einer fortschrittlichen Menschenrasse aus dem primitiven Neandertaler heraus formulieren können. Sehr logisch schien eine natürliche Mutation zu sein, die den Cromagnon hervorbrachte, unseren direkten Vorfahren.

Die Wahrheit ist, daß die Altairer vor vierzigtausend Jahren in Südafrika, in der Sahara, in Nordeuropa und in der Mongolei diverse Hominiden-Gruppen einfingen und an ihnen einen Gen-Umwandlungsprozeß vollzogen. Durch Veränderung der Basensequenz im DNS-Makromolekül wurden im Labor künstliche Gene gezüchtet, und nach Entwicklung der programmierten Chromosomenkette, die aus sechsundvierzig Kernschleifen mit zweiundzwanzig Autosomenpaaren und zwei Heterochromosomenpaaren (die das Geschlecht festlegen) bestand, wurden die künstlich gezüchteten Blastomeren in die Gebärmutter der weiblichen »Test-Hominiden« transplantiert. Die männlichen Exemplare machte man durch Bestrahlung unfruchtbar. Sie sollten weiterhin ihrem Geschlechtstrieb frönen können und glauben, die neugeborenen Jungen seien ihre eigenen. Damit wurde auch erreicht, daß die männlichen Hominiden sowohl die Weibchen als auch die Jungen vor der Umwelt beschützten. Erst die neugeborenen – und damit mutierten – Jungen wurden wieder zeugungsreif!

Derartige Experimente gab es überall in der Galaxis. Sie hatten den Zweck, die allgemeine Entwicklung selbständig bleibender Zivilisationen zu fördern, damit sie um so schneller dem bereits bestehenden Galaktischen Bund eingegliedert werden konnten. So sparte man Zeit, und nichts wurde dem Zufall überlassen. Die Kolonisationsbehörde kümmerte sich grundsätzlich nur um solche Welten, auf denen es noch kein intelligentes Leben gab. Sie sammelte die Berichte der Erkundungsflotte und verteilte die Ansiedlungsmandate. Es war nicht leicht, die Erlaubnis zur Besiedlung eines freien Planeten zu erhalten, weil es nicht genügend bewohnbare und freie Planeten gab. Auf den meisten Welten, die innerhalb der Ökosphäre um ihre Sonne liefen, bestanden zumindest die Anfänge intelligenten Lebens. So kam es, daß der illegale Handel mit freiwilligen und nicht registrierten Auswanderern zum Hauptgeschäft fragwürdiger Existenzen wurde.

Diese Leute hatten ihre Verbindungen und erfuhren rechtzeitig, wo und wann eine neue Welt entdeckt und katalogisiert wurde. Niemand wußte, mit welchen Methoden sie arbeiteten, und wer es dann schließlich herausbekam, hatte nichts mehr davon. Für ihn war es zu spät.

Was nun die Erde anging, so wurden die Experimente nach vier Jahrzehnten abgebrochen, als die Resultate definitiv waren. Schon als Kind war ein Cromagnon intelligenter als ein erwachsener Neandertaler. Der Galaktomedizinische Rat berief seine Leute zurück; andere Welten warteten auf sie.

Auf der Erde zurück blieb lediglich eine Kontrollstation. Sie arbeitete vollautomatisch und funkte in regelmäßigen Zeitabständen ihre Berichte an den Kontrollrat. Sie überprüfte außerdem die Tätigkeit der Warnsonden, die den Planeten als künstliche Satelliten umkreisten. Die Sonden hatten die Aufgabe, jedes Raumschiff des Bundes vor einer Landung auf der Erde zu warnen. Jede auch noch so geringfügig erscheinende Einmischung in die weitere Entwicklung des mit Erfolg mutierten Menschen war streng verboten.

Nahezu zwanzigtausend Jahre vergingen. Ungestört entwickelte sich der Mensch weiter nach oben, wurde intelligenter und fortgeschrittener. Die geheime und heute höchstwahrscheinlich noch bestehende Kontrollstation der Außerirdischen entdeckte er nie.

Über die vereiste Beringstraße wanderten aus Asien eiszeitliche Jäger nach Nordamerika ein und besiedelten das bis dahin menschenleere Land. Langsam nur drangen sie nach Süden vor. Als sie die Landbrücke zwischen Nord- und Südamerika erreichten, geschah etwas, womit niemand gerechnet hatte.

Ein illegales Auswandererschiff der Altairer landete auf der Erde. Sein Kommandant hatte Unsummen für die Passage kassiert. Geschickt hatte er mit Spezialsendern die Warnsonden der Kontrollstation neutralisiert, damit die Landung nicht bekannt wurde. Ehe die Auswanderer bemerken konnten, daß sie auf einem bereits bewohnten und daher zum galaktischen Sperrgebiet erklärten Planeten abgesetzt worden waren, brachte der verbrecherische Kommandant sich mit seinem Schiff in Sicherheit. Er hatte rechtzeitig dafür gesorgt, daß kein weitreichendes Funkgerät auf der Erde zurückblieb, und die nächste direkte Überprüfung der Kontrollstation fand nicht vor dreihundert Jahren statt. Für die Zurückgebliebenen galt es nun, diese Frist zu nutzen. Sie wußten, daß sie als illegale Auswanderer mit ihrer Vernichtung rechnen mußten, würde man sie jemals auf dem verbotenen Planeten entdecken. Sie wußten aber auch, daß sie dreihundert Jahre Zeit hatten, ihre Spuren auf der Erde zu verwischen. Sie durften nichts zurücklassen, was den Galaktischen Kontrollrat mißtrauisch machen konnte. Ihre Existenz und die ihrer Kinder hing davon ab.

Damit ist auch die Frage geklärt, warum wir kaum Hinweise auf den tatsächlich vor dreiundzwanzigtausend Jahren stattgefundenen Besuch aus dem Weltraum finden. Die Altairer haben alle Spuren verwischt, die von ihrer Anwesenheit hätten zeugen können. Und dann taten sie noch etwas, um ganz sicherzugehen. Ihnen standen zwar einige wenige Maschinen zur Verfügung, außerdem Arbeitsroboter und andere Hilfsmittel, aber um spurlos unterzutauchen, mußten sie sich tarnen und mit der bereits vorhandenen Bevölkerung vermischen.

Ein Problem der Chromosomenungleichheit bestand nicht, denn die Nachkommen der vor vierzigtausend Jahren mutierten Hominiden hatten sich erwartungsgemäß gegen ihre damaligen Stammesbrüder durchgesetzt. Und *diese* heute lebenden Nachkommen tragen die Chromosomenzahl 46. Und dies ist der Chromosomensatz aller »Hominiden« des Galaktischen Bundes.

Es gab in Südamerika noch keine Menschen; aber das hochgelegene Andengebiet bot die besten Lebensbedingungen. Mit Gravitationsgleitern gingen Spezialkommandos auf die Jagd. Sie fingen kleinere Gruppen der mongoliden Eiszeitjäger in Nordamerika ein und brachten die in abergläubischer Furcht total verstörten und fast besinnungslosen Menschen in die Anden, um sie dort anzusiedeln.

So versetzten sie einen Teil der sogenannten Folsom-Kultur Nordamerikas in einen anderen Kontinent. Um das Tarnmanöver noch vollkommener zu gestalten, flogen andere Kommandos aus tropischen Gebieten Asiens eingefangene Nachkommen nach Osten abgezogener Cromagnon in die vereisten Gebiete Nordalaskas. Dort sollten sie sich akklimatisieren und später südwärts wandern. Dazu kam es allerdings nie, denn die Ausgesetzten blieben im Polargebiet und fühlten sich dort wohl. Wir kennen sie heute als Eskimos.

Beim Landeplatz – dem heutigen Tiahuanacu – setzte man inzwischen die begonnenen Arbeiten fort. Es entstanden riesige Bunker in den Felsen, die gegen jeden atomaren Angriff schützten. Zu diesen Arbeiten wurden auch Eingeborene eingesetzt, die sich allmählich an die Tatsache gewöhnten, ins Land der Götter gebracht worden zu sein.

Die vierte Generation der Altairer ließ die ursprünglichen Auswanderer am Titicaca-See zurück und zog nach Norden und Nordwesten. Hier, in den Bergen von Cuzco, ließen sie sich nieder und begannen mit dem Bau einer »Überlebensanlage«, die wir später als das sogenannte Glaslabyrinth kennenlernen. Mit ihren Gleitern besuchten sie auch die anderen Kontinente, immer darauf bedacht, der Kontrollstation ihre Anwesenheit nicht zu verraten. Einigen gefiel es in den wärmeren Gebieten, sie gewöhnten sich an die dichtere Atmosphäre der tiefer gelegenen Ebenen, nahmen sich Frauen und gründeten Kolonien.

Der Zeitpunkt der Inspektion rückte immer näher, aber dreihundert Jahre und vier Generationen hatten genügt, die Erinnerung an die Herkunft zurückzudrängen. Es gab zu der Zeit nur noch zwei Gravitationsgleiter. Die anderen waren unbrauchbar geworden und konnten nicht repariert werden. Auch die meisten Roboter hatten ihre Energiereserven aufgebraucht. Nutzlos, wie sie nun waren, wanderten auch sie zum Einschmelzen in die Hochöfen.

Man entdeckte die Zeitmaschine, war jedoch nicht in der Lage, mit ihr etwas anzufangen. Erst als ich, Professor Aristide Holmès, im Jahr 1934 die Maschine fand und mit ihr erstmals in die Vergangenheit reiste, erfuhren auch die Altairer, welche Entdeckung sie da gemacht hatten. Aber es war ihnen nicht möglich, diese Erkenntnis für ihre eigenen Zwecke zu verwerten. Sie würden ihrem Schicksal nicht entrinnen können, und nur meine Versicherung, daß einige der Vernichtung entgehen würden, ließ sie nicht resignieren. Jeder glaubte, zu den Auserwählten zu gehören. Das Glaslabyrinth wird weitergebaut, und die Zeitmaschine wird in der geheimen Kammer versiegelt.

Ich habe die Filme der Altairer gesehen. Sie sagen nichts über das verbotene Unternehmen aus. Die Zwischenlandung auf einem nicht registrierten Planeten mit zwei Sonnen erfolgte, als ein Schaden im Antrieb bemerkbar wurde. Der Aufenthalt dauerte fast ein Jahr.

Die erwartete Inspektion kam nicht überraschend, aber trotz aller Vorsicht befürchtet der jetzige Kommandant der Altairer-Auswanderer, daß man Verdacht schöpfte – eine Vermutung, die ich ihm bestätigen kann. Die Vernichtungsaktion steht kurz bevor, aber ihr Zeitpunkt läßt sich nicht genau bestimmen. Ich habe versucht, ihn zu errechnen.

Die Sternschiffe der Altairer und des übergeordneten Galaktischen Bundes fliegen, relativ von der Erde aus betrachtet, mit Lichtgeschwindigkeit. Als ich den Film das erste Mal sah, hatte ich allerdings den Eindruck, daß sie die Lichtgeschwindigkeit bei weitem überschreiten könnten. Der Effekt der wandernden Sterne tritt indes auf Grund der Zeitdilatation ein. In Wirklichkeit dauerte die Reise von Altair zur Erde etwas mehr als drei Jahre Bordzeit, während auf der Erde sechzehn Jahre vergingen. Die Inspektion fand etwa vier Jahre nach meinem ersten Besuch statt, in meiner Zeit also etwa 1938. Als ich das zweite Mal zu den Altairern kam – ich reiste im Jahr 1964 –, waren bei ihnen ebenfalls sechsundzwanzig Jahre seit der Inspektion vergangen. Die Vernichtungsaktion dürfte also, wenn die behördliche Erlaubnis dazu ohne Verzögerung erteilt wurde, in sechs Jahren stattfinden. Das gilt auch für die Zeitrechnung in der Gegenwart, weil eine Veränderung der Zeitdifferenz nicht möglich ist. Beide Ebenen laufen parallel.

Also in frühestens sechs Jahren, vielleicht etwas später.

Ich frage mich besorgt, ob bei dieser Gelegenheit die Zeitmaschine gefährdet oder sogar zerstört wird. Wir haben nur noch sechs Jahre Zeit, nicht mehr. Danach könnte jeder Versuch, noch einmal die Vergangenheit aufzusuchen, mit tödlicher Gefahr verbunden sein. Auch dann, wenn ich mich in der Annahme irre, daß nicht nur *eine*, sondern mehrere Zeitmaschinen existieren – die eine jetzt, einundzwanzigtausend vor Christi, und eine andere »jetzt«, im Jahre 1965.

Die Fortsetzung meines Berichts befaßt sich mit der Zukunft – von den Altairern aus gesehen. Ich will versuchen, das weitere Geschehen aus dem bisherigen Wissen und dem, was wir einst 1965 wissen werden, zu rekonstruieren.

Aristide Holmès

Ich ordnete die einzelnen Blätter und legte sie auf den Tisch zurück. Der kurze Bericht hatte mich so gefesselt, daß ich die Zeit vergaß. Ich sah auf die Uhr.

Es war Abend geworden.

Die Sache mit der eventuellen Zerstörung der Zeitmaschine verstand ich nicht ganz, oder hatte Holmès sich nur undeutlich ausgedrückt? Was hatte die einmal fixierte Zeitbestimmung für die Dauer der Reisen mit der merkwürdigen Behauptung zu tun, die Maschine existiere nur noch sechs Jahre? Vom Jahr 1965 aus gesehen wäre die Zeitmaschine bereits vor knapp dreiundzwanzigtausend Jahren zerstört worden – *wenn* sie überhaupt zerstört wurde, was ich zu bezweifeln begann. Denn wurde sie zerstört oder beschädigt, gab es sie auch 1965 nicht mehr!

Wie auch immer, in sechs Jahren würde ich es wissen.

Wieder kam das Mädchen und brachte mir das Essen. Diesmal versuchte ich, ein Gespräch mit ihr anzuknüpfen, aber sie lächelte nur nachsichtig und verschwand, ohne mir eine Artwort zu geben.

Na, dann eben nicht, dachte ich und machte mich über die kalten Speisen her, die mir ausgezeichnet mundeten. Nach dem Essen beschloß ich, dem Professor noch einen Besuch abzustatten. Sicher würde er mir einige Fragen beantworten, die ich zu stellen gedachte.

Als ich sein Appartement betrat, natürlich jetzt ohne meine Sphinx, stellte er gerade ein Buch ins Regal zurück. Er deutete auf einen Stuhl.

»Setzen Sie sich, Walter. Ich denke, morgen ist der erste Teil meines Berichts fertig. Sie können ihn Erich geben, aber ich würde ihm raten, kein Wort davon zu veröffentlichen. Die Welt ist nicht reif dafür, aber der Bericht soll ihm den Rückhalt geben, die Wahrheit bereits anzudeuten. Wie würde es der Mensch wohl auffassen, wenn er erführe, daß er das halbwegs gelungene Resultat eines kosmischen Experimentes ist?«

Ich nahm Platz.

»Sie haben hier Bücher?«

»Ich habe mir einige mitgebracht, damit ich Unterlagen besitze. Wenn ich sie früher las, stolperte ich oft genug über Dinge, die mir schleierhaft blieben. Jetzt, da ich die Wahrheit kenne, lösen sich alle Rätsel von selbst auf. Plötzlich ist der Zusammenhang da. Es gibt keine ungeklärten Fragen mehr. Alles ist logisch und erklärbar. Das ist der Grund, warum es niemand glauben wird.«

»Die Wahrheit ist zu phantastisch«, stimmte ich zu.

»Richtig!« Er nickte beifällig. »Sie haben meinen Bericht soweit gelesen?«

»Ja. Das mit der Zeitmaschine verstehe ich nicht ganz, aber es wird wenig Sinn haben, darüber zu diskutieren. Fest steht jedenfalls, wenigstens Ihrer Meinung nach, daß wir keinen Einfluß auf das weitere Schicksal der Altairer nehmen können.«

»Das steht allerdings fest. Eine Flucht in die Zukunft würde eine Katastrophe auslösen. Die Inkas, zum großen Teil Nachkommen der eingewanderten Mongolen und Eiszeitjäger, vermischt mit Altairern, würden einfach verschwinden. Es gäbe sie nicht mehr. Kolumbus würde wer weiß was vorfinden, aber wahrscheinlich keine hochstehende Kultur. Doch davon abgesehen, was würde wohl geschehen, wenn im 20. Jahrhundert plötzlich zehntausend Altairer auftauchten und um Asyl bäten? Intelligenzen von einem anderen Sonnensystem und außerdem aus dem zweiundzwanzigsten Jahrtausend vor Christi! Alles bräche zusammen!« Holmès schüttelte den Kopf. »Nein, das wäre unmöglich!«

»Und die Altairer sehen das ein?«

»Sie wüßten, daß der Hunderttausendjahresplan des Galaktischen Bundes vereitelt würde, und die Strafe wäre noch schlimmer als jene, die ihnen jetzt bevorsteht. Nein, es gibt keine Zeitmaschine für sie, kein Entrinnen. Sie wissen das, sie wissen auch, daß vielleicht hundert von ihnen überleben. Jeder will dazugehören. Das ist der einzige Grund, warum sie vernünftig sind. Es ist unser Glück!«

Nun wußte ich, warum die Zeitmaschine keine Rolle in dem Geschehen spielte. Es klang logisch und plausibel.

»Dieser Galaktische Bund, Holmès … Sie glauben, daß er existiert, heute noch? Sie glauben, daß er die Erde noch immer überwacht?«

»Ja, das glaube ich. Die Kontrolleure wissen, daß es ihnen damals nicht gelang, alle illegal eingewanderten Altairer zu vernichten. Sie haben miterlebt, wie gerade die Überlebenden, ohne es zu wollen, die Religionen der Welt gründeten. Sie wurden der Ursprung des heutigen Kulturlebens, und damit brachten sie alles durcheinander, was einst ganz anders geplant war. Aber wen sollte der Galaktische Bund dafür zur Rechenschaft ziehen? Nach dreiundzwanzigtausend Jahren!«

Nun begriff ich, warum die Altairer die Ungewißheit der Flucht in die tödliche Gewißheit der Zukunft vorzogen. Sie blieben, damit ein Prozent von ihnen überlebte!

Und dieses eine Prozent bestimmte später unser ganzes Weltbild!

»Sie bringen das in Ihrem Schlußbericht?«

»Ja, das werde ich. Wie lange wollen Sie bleiben?«

»Nur ein paar Tage. Glauben Sie, daß ich jederzeit gehen darf, wenn ich will? Wird man nicht versuchen, mich zurückzuhalten?«

»Nein. Man wird sich überhaupt nicht um Sie kümmern. Nutzen Sie die Zeit, Walter. Sehen Sie sich die Vergangenheit an. Wir haben einen Gleiter, der Sie überall hinbringt, wenn Sie es wünschen. Ich benötige noch drei oder vier Wochen, um meinen Bericht zu beenden.«

»Vier Wochen?« Ich erschrak. Sicher, ich war von meinem Verleger beurlaubt worden, aber vier Wochen sind eine lange Zeit. »So lange?«

»Es ist nicht die Schreibarbeit, die mich aufhält, sondern noch einige Reisen, die ich unternehmen muß. Ich will sichergehen, daß meine Vermutungen den Tatsachen entsprechen.«

Wir unterhielten uns noch zwei Stunden, dann kehrte ich in mein Appartement zurück, nahm ein Bad und legte mich schlafen. In dieser Nacht hatte ich seltsame Träume. Wirklichkeit vermischte sich mit phantastischen Ereignissen, und zum Schluß wußte ich bald nicht mehr, was Traum und was Realität war.

Vierzehn Tage vergingen.

Ich verließ mein Appartement meist nach dem Mittagessen, um mich auf dem Plateau umzusehen. Die Arbeiten am geschliffenen Labyrinth interessierten mich, und es sah ganz so aus, als wären sie bald beendet. Unten am Fuß des Hügels türmten sich die aus dem Berg herausgeschafften Felsblöcke. Dort würden sie mehr als einundzwanzigtausend Jahre liegenbleiben, bis die Inkas ihr Reich und ihre Sonnentempel bauten. Für sie waren die regelmäßig geformten Steine buchstäblich ein Geschenk der Götter. Sie nahmen sie und bauten die Festung von Sacsayhuaman.

Einundzwanzig Jahrtausende hatten bei den unter freiem Himmel liegenden Blöcken dafür gesorgt, daß die Glasur verschwand. Sie waren zwar noch immer glatt, fast wie geschnitten, aber ihnen fehlte der sichtbare Hinweis auf ihre Herkunft. Anders war es bei den Wänden im Innern des Labyrinthes. Hier hatte die Verwitterungsarbeit nur wenig vermocht. Kein vernünftiger Mensch konnte annehmen, daß die Inkas Vibrationsfräsen oder Laserschneider besaßen; aber die naheliegende Vermutung, die Festung könne aus Abfallprodukten eines früheren Werkes außerirdischer Intelligenzen erbaut worden sein, schien zu phantastisch.

Und nun stand ich selbst auf dem Plateau und sah zu, wie Roboter und Gravitationstransporter die lasergeschnittenen Felsblöcke zum Fuß des Hügels bugsierten.

Der Adjutant gab einem Arbeitskommando einige Anweisungen, dann entdeckte er mich. Er kam zu mir und lächelte verständnisvoll. Wir hatten uns in den vergangenen Tagen oft genug gesehen, um uns durch Zeichensprache verständigen zu können. Der Einfachheit halber will ich versuchen, unsere stummen Gespräche als Dialoge wiederzugeben.

»Nun, wie gefällt es Ihnen?«, fragte er und zeigte zum Labyrintheingang.

»Die Arbeit macht Fortschritte, Adjutant. Das Ergebnis überdauert unsere ganze Geschichte, viele Jahrtausende.«

Er führte mich abseits zu einer kleinen, abgeschlossenen Höhle, die nur einen breiten Eingang besaß. In der Höhle stand der Gleiter, ein flaches »Boot« mit offener Kabine und ohne Schwingen.

»Begleiten Sie mich auf einem Inspektionsflug?«

Ich nickte, lange genug hatte ich auf diese Frage gehofft.

Wir saßen hintereinander, der Adjutant vorn. Die offene Kabine störte mich, nicht nur wegen der Kälte. Zum Glück hatte ich meinen Pullover und die Windjacke angezogen. Ich wußte, daß die Gleiter nicht auf die Tragfähigkeit der dünnen Atmosphäre angewiesen waren und so von der Geschwindigkeit unabhängig blieben. Sie konnten bewegungslos in der Luft schweben, wie ein Ballon. Einen schneidenden Fahrtwind hatte ich damit nicht zu befürchten. Außerdem schien die Sonne aus einem wolkenlosen Himmel herab, und es war Mittag.

Langsam stiegen wir auf und glitten in nur wenigen Metern Höhe auf den Rand des Plateaus zu. Die Schutzscheibe vor dem Adjutanten hielt den Wind ab. Rechts und links hatte ich nach beiden Seiten freie Sicht.

Dort, wo später einmal die Hauptstadt des Inkareichs entstehen würde – Cuzco –, war nur freies Land zu sehen. Auch der Berg Sacsayhuaman – der später einmal berühmte Falkenhügel – war eine Ansammlung aus Fels und Grasnarbe. Nur in einem tiefer gelegenen Tal entdeckte ich eine kleine Ansiedlung. Der Adjutant erklärte mir, daß hier die Angehörigen einiger Arbeiter hausten, die beim Bau des Labyrinthes beschäftigt waren.

Die primitiven Steinhütten ließen noch nichts von der späteren Pracht der Inka-Bauten ahnen, obwohl dort unten die direkten Vorfahren dieses stolzen Volkes lebten. Die Bewohner selbst, meist Frauen, Kinder und ältere Männer, erschraken nicht beim Anblick des Gleiters, der dicht über sie hinwegzog. Für sie war das Erscheinen des Götterfahrzeugs ein gewohnter Anblick. Nur der Priester – er trug bereits einen hölzernen Kopfschmuck – warf sich zu Boden und hob dann flehend die Hände gen Himmel.

Der Adjutant nahm Kurs auf Südost und kurvte geschickt das Urubamba-Tal entlang, dessen Fruchtbarkeit mich in Erstaunen versetzte. Die Geschwindigkeit des Gleiters erhöhte sich, aber die Temperatur blieb erträglich.

Allmählich gewöhnte ich mich an das völlig neue Fluggefühl, wenn ich es einmal so ausdrücken darf. Absolut geräuschlos und ohne jede Erschütterung glitten wir – einem Ballon gleich – durch die Lüfte. Obwohl ich natürlich mein Gewicht behielt, fühlte ich mich schwerelos und von der Erde losgelöst. Ich verspürte nicht das geringste Unbehagen, auch dann nicht, wenn der Adjutant dicht über schroffe Felsgipfel oder tief eingeschnittene Seitentäler dahinschwebte.

Nach einem Flug von knapp zwei Stunden tauchte unter uns der Titicaca-See auf. Wir hatten damit eine Strecke von etwa zweihundertachtzig Kilometern zurückgelegt, und ich ahnte nun das Ziel des Ausflugs.

Tiahuanacu!

Wenigstens mußte ich annehmen, daß hier später einmal das rätselhafte Ruinenfeld liegen würde. In dreiundzwanzigtausend Jahren allerdings lag es dreißig Kilometer vom Ufer des Titicacasees entfernt.

Jetzt erblickte ich nur einen Palast, ähnlich jenem bei Cuzco. Bei den naheliegenden Felsen, die längst nicht so hoch waren wie bei Cuzco, wurde gearbeitet. Entstand hier eine zweite Überlebensanlage?

Wir landeten in der Ebene zwischen dem Palast und den Bergen. Der Adjutant wurde von Eingeborenen und Altairern freundlich und mit Respekt begrüßt. Mich hieß man mit einer Herzlichkeit willkommen, die mich fast verlegen machte. Sie machte mich deshalb verlegen, weil ihr Gruß in Wirklichkeit einem anderen Manne gelten mußte, dem es die Umstände nicht erlaubten, an meiner Stelle zu sein.

Der Adjutant führte mich herum und zeigte mir voller Stolz das Werk seiner Brüder. Die Ähnlichkeit mit der Anlage bei Cuzco war nicht zu übersehen. Erst später, in meiner Gegenwart, gab es erhebliche Unterschiede. Das mochte vor allem daran liegen, daß Cuzco geschützter lag und Verwitterungserscheinungen weniger ausgesetzt gewesen war als Tiahuanacu. Eine weit größere Rolle spielte jedoch die spätere Bautätigkeit der Inkas, die mit dem Abfall der Altairer-Bauten ihre eigenen Tempel auftürmten.

Die Sonne sank nach Westen, als wir wieder starteten. Diesmal flogen wir etwas schneller und in direkter Luftlinie. Ich mußte mich tief in meinen Sitz ducken, um nicht zu erfrieren. Dem Adjutanten schien die Kälte nichts auszumachen. Auf seinem Heimatplaneten im System Altair, sechzehn Lichtjahre von der Erde entfernt, mußten niedrige Temperaturen an der Tagesordnung sein und eine dünne Atmosphäre.

Zwei Stunden später landeten wir in Cuzco.

Ich bedankte mich, so gut es ging, beim Adjutanten und schlenderte, mit neuen Eindrücken vollgestopft, in mein Appartement zurück. Den Professor wollte ich heute nicht mehr stören, außerdem war ich rechtschaffen müde.

Aber als ich mein Zimmer betrat, wurde ich schnell wieder munter.

Neben dem Tablett mit dem Abendessen sah ich die restlichen Manuskriptblätter Holmès' liegen.

Der Bericht war fertig.

Ich bezähmte meine Neugier und stillte zuerst einmal meinen Hunger. Dann machte ich es mir auf dem Bett bequem und begann zu lesen.

Der Bericht war nicht sehr lang.

Zweiter Bericht von Professor Aristide Holmès:

Wenn wir voraussetzen, daß die Zeitmaschine auf genau 23 000 Jahre eingestellt ist und nicht mehr verändert werden kann, lebe ich heute im Jahr 21 035 vor Christi. Damit dürfte die erwartete Vernichtungsaktion gegen die Nachkommen der illegalen Auswanderer von Altair etwa im Jahr 21 029 oder etwas später stattfinden. Auf keinen Fall früher. In meine eigene Zeitrechnung übertragen bedeuten beide Daten die Jahre 1965 beziehungsweise 1972.

Bis etwa 1972 kann die Maschine also noch ohne Risiko benutzt werden. Was danach mit ihr sein wird, weiß noch niemand. Die geschichtlichen Tatsachen der Neuzeit sind bekannt. Die Vorfahren der Inkas blieben ohne Bedeutung; von ihnen ist fast nichts bekannt, so daß die modernen Geschichtsforscher mehr auf Vermutungen als auf Fakten angewiesen waren. Die ersten Einwanderer kamen aus Asien, eiszeitliche Jäger, die in Nordamerika die Folsom-Kultur gründeten. Offiziell erreichten die allmählich südwärts vordringenden Stämme erst um 11 000 v. Chr. die Anden.

Ich weiß jetzt, daß dies zehntausend Jahre früher geschah, mit Hilfe der Altairer und ihrer Antigravgleiter.

Als das lange erwartete und gefürchtete Strafgericht des Galaktischen Bundes vollzogen wurde, schien eine Welt unterzugehen. Über die Jahrtausende hinweg blieb die Erinnerung daran erhalten – und die späteren Geologen und Archäologen legten die Ereignisse auf ihre Art und Weise aus. Sie mußten in das bereits vorhandene Schema passen, wobei nicht nur auf feststehende geschichtliche Ereignisse Rücksicht genommen wurde, sondern auch auf religiöse Anschauungen und vorhandene Dogmen.

Die Anlagen bei Tiahuanacu wurden (oder werden) zerstört, und ich weiß nicht, ob es dort Überlebende gab. Die Exekutionsflotte des Bundes mußte exakt arbeitende Ortungsgeräte besitzen, mit denen sie die Nachkommen der Altairer aufspürte. Es ist schwierig, sich in ethischer Hinsicht zu diesem Ereignis zu äußern. Persönlich lehne ich eine solche radikale Methode strikt ab, auf der anderen Seite muß zugegeben werden, daß die bloße Existenz und die spätere Tätigkeit der Auswanderer das kulturelle Leben der Menschen auf der Erde entscheidend beeinflußt haben. Vielleicht wäre alles ganz anders geworden, vielleicht wäre der Same des Krieges, des Mißtrauens, des Hasses, der Rassendiskriminierung nicht im Homo sapiens entstanden, hätte es diese Kreuzungen mit Außerirdischen nicht gegeben. Möglicherweise …

Die Flotte des Galaktischem Bundes übte ihre vernichtende Tätigkeit in allen Kontinenten aus. Überall dort, wo Kolonien der Altairer aufgespürt wurden, fielen Feuer und glühende Steine vom Himmel, so die angeblichen Augenzeugenberichte längst verschollener Völker. Es ist anzunehmen, daß atomare Waffen und Laserstrahlen eingesetzt wurden.

Das gläserne Labyrinth muß unter einem regelrechten Hitzeorkan gelegen haben, denn Kammern und Korridore sind ineinandergeschoben, und Eingänge wie Wände weisen Glasuren von zerschmolzenem Gestein auf. Jedermann kann meine Behauptung heute noch überprüfen: Man muß lediglich der Inka-Festung Sacsayhuaman den Rücken kehren und steht vor Gesteinsverglasungen und Überresten des Labyrinths, die vom Berg auf das Plateau des Falkenfelsens herunterkollerten. Unter besonders günstigen Bedingungen und mit Schutzanzügen und Sauerstoffmasken kann es nur sehr wenigen Altairern gelungen sein, diese Katastrophe zu überleben.

Es war der Tag, an dem die Götter zum erstenmal starben.

Die Überlebenden arbeiteten sich später, als die Flotte abgezogen war, wieder ans Tageslicht hervor. Sie mußten jedoch annehmen – und die späteren Ereignisse bestätigten ihre Vermutung –, daß eine von regulären Mitgliedern der Überwachungsbehörde besetzte Kontrollstation auf der Erde zurückblieb.

Das bedeutete das Auslösen einer neuen Aktion, sobald das Vorhandensein von Überlebenden bekannt wurde. Zum Glück standen der Station nicht die schrecklichen Waffen der Flotte zur Verfügung.

Die überlebenden Altairer tauchten unter.

Für den Galaktischen Bund wurde im Verlauf der Jahrtausende ein Eingreifen immer schwieriger, denn die Gesetze verlangten, daß sich niemand in die inneren Belange der Eingeborenen mischen durfte. Und durch ihre freiwilligen Mischehen waren die restlichen Altairer inzwischen fast selbst zu Eingeborenen geworden. Nur die Erinnerung, die immer vager und undeutlicher wurde, verband sie noch mit ihrer Vergangenheit. Und auch diese letzte Erinnerung begann zu verblassen, wurde zu Sage und Mythos.

Immerhin – nur um ein Beispiel anzuführen – hielt sie sich bis in unsere Zeit. Manco Capac, ein direkter Nachkomme der »Himmelssöhne«, soll das Geschlecht der Inkas begründet haben. Zusammen mit drei Brüdern und vier Schwestern kam er, der Sage nach, dreißig Kilometer südöstlich von Cuzco aus einer Höhle ans Tageslicht. Ihre anderen Begleiter verließen weiter entfernt gelegene Höhlen, um sich ihnen als Gefolgsleute anzuschließen. Capac und seine Geschwister waren »Söhne des Sonnengottes«.

Kein Zweifel, dieser Capac war ein Nachkomme der Altairer, aber ich frage mich, ob er das wußte. Auch in den anderen Erdteilen versank die Erinnerung im Meer der Zeit. Aber es muß noch lange einen oder sogar zwei Gleiter gegeben haben, denn die Sagen der Völker rund um die Erde berichten davon. Dann sind sie verschwunden, vielleicht über dem Meer abgestürzt oder an einem sicheren Ort versteckt. Auch die verbliebenen Energiewaffen spielen in den Überlieferungen und religiösen Berichten eine erhebliche Rolle. Nordische Götter schleuderten Blitze und Donnerkeile; auf dem Berg Sinai wurden Gesetze mit Laserstrahlen in den Fels gebrannt; und wenn irgendwo auf der Welt ein Halbgott Felsen mit der Faust spaltete, so tat er das sicherlich nicht mit den Knöcheln, sondern mit einer Laserpistole.

Kurzum, die Zeit trug das ihre dazu bei, alle Spuren zu verwischen. Was blieb, war die Sage, die verlöschende Erinnerung. Und der Glaube an die verschwundenen Götter, die eines Tages zurückkehren würden.

Diesem Glauben verdankt Peru die Landebahnen von Nazca. Ich bin überzeugt, daß sie nicht von den Altairern angelegt wurden, denn diese taten alles, niemanden auf sich aufmerksam zu machen; und diese exakt angelegten Muster wären von keinem, der aus der Luft kam, übersehen worden. Also können es die Altairer nicht gewesen sein, wohl aber jene, in denen die Erinnerung an die »Götter« noch lebendig war. Diese Riesenzeichnungen sind älter, als Geologen und Archäologen vermuten. Auch die C-14-Methode muß hier versagen, denn wenn jemand damit versucht, das Alter eines Holzkohlenstücks zu bestimmen, das auf einer solchen Landebahn herumliegen mag, so hat er zwar das Alter der Holzkohle, aber niemals das wirkliche Alter des darunter lagernden Gesteins.

Indes steht eins für mich fest: Die Kontrollstation des Galaktischen Bundes arbeitet heute noch! Sie überwacht die Entwicklung der Menschheit, und sie kann als einflußreiche religiöse Institution oder wichtige politische Behörde, in Europa oder Asien, in Amerika oder sogar Afrika, getarnt sein.

Nachdem mir in Filmen die Technik der Altairer demonstriert wurde, halte ich es aber für nicht ausgeschlossen, daß diese Station irgendwo auf der Erde als geheime Operationsbasis selbständig funktioniert. Ja – ich könnte mir sogar vorstellen, daß die Station solcherart programmiert ist, daß sie sich zu irgendeinem Zeitpunkt der Menschheit oder einem einzelnen Menschen zu erkennen gibt. Dann dürften gespeicherte Daten frei werden, welche die Menschheit in die Familie des Galaktischen Bundes – und damit zurück zu den Sternen – führt.

Niemals aber ist die Menschheit reif für den Weg zu den Sternen, solange sie auf dem eigenen Planeten Intoleranz übt. Nur wer jedem Leben und jeder Andersartigkeit im Aussehen, Denken und Fühlen Respekt entgegenbringt, nur solche Intelligenzen sind »weltraumreif«.

In den Jahren 7000 bis 3000 v. Chr. gab es zweifellos eine sehr wichtige und einflußreiche Kontrollstation im Hochtal zwischen Libanon und Antilibanon, in der Gegend des heutigen Baalbek. Dafür gibt es noch heute unzählige Beweise, die ich nur stichwortartig erwähnen möchte. Man denke an den »Tanzplatz der Riesen«, für den es keine Erklärung gibt, es sei denn, man akzeptiert die Tatsache, daß damals die Versorgungsschiffe und Wachboote der Galaktischen Kolonialverwaltung dort landeten. – In einem Umkreis von etwa zweitausend Kilometern fanden alle kulturellen »Explosionen« statt. – Jericho entstand, die älteste Stadt der Welt und eine Mustersiedlung. – Sodom und Gomorrha wurden aus uns unbekannten Gründen durch eine Atombombe zerstört. – Denken wir nur an die Sumerer, deren Herkunft unbekannt ist, an Akkad, Babylon, Ninive oder an die Sage von Prometheus im Kaukasus, der den Menschen das Feuer brachte. Welches Feuer? Sie kannten das gewöhnliche Feuer bereits. – Zurück zum Libanon: Angeblich wegen seines Zedernreichtums galt das Land als »Sperrgebiet«, und ein gewisser Gilgamesch war der erste, der dort eindrang. Er erlebte einen Roboter, den er besiegen konnte, eine atomare Explosion, und er sah ein Raumschiff. Er beschrieb einen Energieschirm und Hypnosperren – alles nachzulesen in modernen Übersetzungen.

Kein Zweifel, eine der von uns gesuchten Kontrollstationen existierte damals im Libanon, und sie beeinflußte die gesamte kulturelle Entwicklung der damals bekannten Welt.

Glaube – was ist Glaube? Nichts anderes als die primitivste Form der Auseinandersetzung des erwachenden Bewußtseins mit der unleugbaren Tatsache des unausweichlichen Tods. Dadurch entstanden die Religionen, die es schon immer geben mußte. Aber das Erscheinen der vermeintlichen Götter vermenschlichte die Naturgewalten, die angebetet wurden. Sie bekamen Namen, die sich bis heute erhielten.

Zum Schluß meine Warnung an jene, die das Denken und Forschen mißtrauisch gemacht hat. Es ist gefährlich, die Wahrheit zu suchen; es kann tödlich sein, sie zu finden. Ich habe sie gefunden, also will ich nicht mehr in meine eigene Zeit zurückkehren. Ich werde bei meinen Freunden, den Altairern, bleiben. Zusammen mit ihnen werde ich die Katastrophe erleben, sie überstehen oder sterben. Aber es ist sicher, daß ich an dem Tag, an dem der Angriff aus dem Kosmos erfolgt, auch die letzte Wahrheit erfahre.

Es ist eine Wahrheit, die ich für mich behalten werde, und ich kann sie niemandem mitteilen. Auch nicht meinem Freund Erich von X., der ihr auf der Spur ist. Aber ich hoffe und wünsche, daß er sie niemals findet. Denn es ist die allerletzte und vielleicht tödlichste Wahrheit.

Aristide Holmès

Ich legte die Blätter zum ersten Teil des Manuskripts und schloß die Augen.

Nur wenige Seiten lang war der Bericht, aber er warf den Menschen von seinem selbstgezimmerten Thron. Er veränderte die Welt, alle Moralgesetze, jegliche ethische Grundlage – und das vermeintliche Wissensgut.

Aber was noch gefährlicher war: Seine Veröffentlichung würde die Kontrollstation der Außerirdischen alarmieren. Mir war klar, daß Erich von X. von jener Sekunde an in akuter Lebensgefahr schwebte, in der sein Buch veröffentlicht wurde, falls er nicht klug genug war, sich mit bloßen Andeutungen und Fragen zufrieden zu geben. Es sollte ihm genügen, die Menschen zum Nachdenken anzuregen; außerdem leistete er damit der außerirdischen Kontrollstation noch einen Dienst und würde von ihr unbehelligt bleiben.

Denn der Glaube an die Götter, wie immer sie im Lauf der Geschichte auch hießen, war ein unbewußtes Werk der altairischen Auswanderer, und es hatte die menschliche Entwicklung entscheidend gehemmt.

Nein, es stand für mich fest: Erich mußte die Wahrheit erfahren, aber er durfte sie niemals in seinem Buch veröffentlichen.

Sie konnte ihm nur als moralischer Auftrieb dienen.

Mit diesem Gedanken und festem Entschluß schlief ich endlich ein.

Ich blieb bis Anfang Dezember, wenigstens stand Dezember in meinem kleinen Taschenkalender, den ich mitgenommen hatte. Welcher Monat des Jahres 21 035 es war, wußte ich nicht. Professor Holmès vermochte es mir auch nicht zu sagen, aber er tippte auf März oder April. Im Grunde genommen spielte das keine Rolle.

Immer noch wurde am Labyrinth gebaut, und mit einigen der halbgezähmten Eingeborenen hatte es Schwierigkeiten gegeben. Sie waren erst kürzlich mit einem Transport aus dem Süden Nordamerikas eingetroffen und hatten sich nach einer Eingewöhnungszeit damit einverstanden erklärt, gegen reichliche Verpflegung für die »Söhne der Sonne« zu arbeiten. Aber dann, ganz plötzlich, waren sie an einem Morgen nicht mehr zur Arbeitseinteilung erschienen.

Das bedeutete durchaus kein Unglück, denn die Roboter und Maschinen konnten den Verlust leicht ersetzen. Aber darum ging es gar nicht. Die Altairer legten Wert darauf, daß möglichst viel der bautechnischen Arbeiten von Menschenhänden geleistet wurde. Das erleichterte die Spurenverwischung und würde spätere Archäologen nur irreführen.

Der zweite Grund zur Beunruhigung bestand darin, daß die geflohenen Wilden andere Eingeborene aufwiegelten und versuchten, sie gegen die Altairer aufzuhetzen, bei denen sie leichte und reiche Beute vermuteten. Nachdem die ersten Überfälle auf friedliche Siedlungen loyaler Arbeiter erfolgten, ergriff der Kommandant seine Gegenmaßnahmen.

Es kam zu einem regelrechten Kleinkrieg, in dem mit gleichen Waffen gekämpft wurde. Die Altairer setzten ihre weit überlegenen Strahler schon deshalb nicht ein, damit die empfindlichen Ortungsgeräte der Kontrollstation nicht in Aktion gesetzt wurden. Sie waren durchaus in der Lage, größere Energieausbrüche über den halben Erdball hinweg zu registrieren, sofern sie nicht durch Felswände abgeschirmt wurden.

Den Waffen der Wilden aber waren die Altairer bei einem überraschenden Überfall stets unterlegen. Immer öfter trafen Berichte ein, daß eine Patrouille der »Himmelssöhne« in einen Hinterhalt geraten und brutal niedergemacht worden war.

Kurz bevor ich die Zeitmaschine bestieg, um wieder in die Gegenwart zurückzukehren, besuchte ich noch einmal jenen Hügel, auf dem viel später die Festung von Sacsayhuaman entstehen sollte.

Ich prägte mir alles genau ein, um Erich berichten zu können, und dann beschloß ich, noch einmal Tiahuanacu einen letzten Besuch abzustatten. Ich sprach mit Holmès darüber.

»Sicher, ein akzeptabler Gedanke, mein Freund. Der Adjutant

wird Sie gern hinfliegen, wenn Sie ihn darum bitten. Aber vergessen Sie diesmal nicht, die Sphinx mitzunehmen.«

»Die Sphinx?« Ich war erstaunt. Ich hatte die Steinfigur schon seit Wochen nicht mehr angerührt, weil ich sie nie benötigte. »Warum denn das?«

»Sie wissen, daß die Gruppe bei Tiahuanacu ähnliche Anlagen wie hier bei Cuzco baut. Es existieren bereits einige geheime Kammern, die nur mit einem Spezialschlüssel zu öffnen sind. Die Sphinx ist dieser Schlüssel. Ich möchte mir die Kammern mal ansehen.« – »Ist sie nicht nur eine spätere Nachbildung? Wo existiert das Original?«

»Keine Ahnung. Fest steht nur, daß wir lediglich einen Nachschlüssel haben. Also benutzen wir ihn auch.«

»Mit anderen Worten: Sie werden mich nach Tiahuanacu begleiten?«

»Ja, genau das werde ich tun. Und zwar morgen!«

Am nächsten Tag flogen wir zum Titicaca-See.

Natürlich gab es hier die gleichen Schwierigkeiten mit den Eingeborenen wie bei Cuzco. Als Professor Holmès dem Adjutanten erklärte, daß wir einen Ausflug in die nahen Berge unternehmen wollten, warnte er uns und wollte uns einige Begleiter mitgeben. Wir lehnten dankend, aber bestimmt ab. In meinem Rucksack hatten wir einige Vorräte – und die Sphinx mitgenommen.

Eine Waffe besaßen wir allerdings nicht.

Wir ahnten nicht, welches Mißgeschick uns bevorstand.

Es war noch früher Vormittag, und wir schritten rüstig aus, die nahen Bergkuppen zu erreichen. Ich hatte keine Ahnung, woher Holmès sein Wissen erhalten hatte, aber es sah ganz so aus, als kenne er sein Ziel genau.

»Was vermuten Sie in den geheimen Kammern?«, fragte ich.

»Eine zweite Zeitmaschine werden wir bestimmt nicht finden, dafür aber andere Dinge, die uns wertvolle Hinweise zu geben vermögen.«

Wir passierten eine der vielen Baustellen. Mir fiel auf, daß nur Roboter, Maschinen und einige Altairer mit den Arbeiten beschäftigt waren. Kein Eingeborener war zu sehen.

Der Weg wurde steiler. Er führte durch bizarre Felsformationen und bewies eindeutig, daß hier einmal ein reger Fußgängerverkehr geherrscht hatte. Zaghaft hervortretende Vegetation hingegen ließ darauf schließen, daß er nun seit längerer Zeit nicht mehr regelmäßig benutzt wurde.

Vor einer offenen Höhle in der steil aufragenden Wand blieb Holmès plötzlich stehen.

»Sie haben die Kammern so angelegt, daß der Öffnungsmechanismus nicht von der Witterung beeinflußt werden kann. Ich nehme an, sie soll den Überlebenden später als Notarsenal dienen. Hier lagern sie Dinge, die das Leben nach der Katastrophe erleichtern.«

Durch einen Rundblick überzeugten wir uns davon, daß uns niemand gefolgt war. Dann betraten wir die Höhle, die sich bald zu einem schmalen Gang verengte, der mit relativ primitiven Mitteln in den Fels getrieben worden war. Keine Spur von Laserschnitt oder modernsten Maschinen. Der Gang führte etwa zwanzig Meter in den Felsen hinein, dann verbreiterte er sich zu einem größeren Raum, der keinen Ausgang besaß.

Ich nahm meine Lampe und suchte die Wände ab. Holmès half mir dabei und prüfte den glatten Fels mit tastenden Fingerspitzen. Wahrscheinlich hätten wir die Trennwand niemals gefunden, wenn wir nicht rein zufällig über das »Schlüsselloch« gestolpert wären.

Es befand sich dicht über dem Boden im Fels, keine zehn Zentimeter hoch. Da in dieser Hinsicht scheinbar nachlässige Arbeit geleistet worden war, gab es mehrere solcher Vertiefungen, die einen nicht Eingeweihten sofort irreführen mußten. Uns hingegen fiel sofort die typische Form des Loches auf – fast rechteckig, bis auf die beiden Einkerbungen: unten für die Füße und oben eine für den Schwanz der Steinfigur.

»Das ist es!« stieß Holmès erleichtert hervor und sah zu, wie ich die Sphinx aus dem Rucksack holte. Er riß sie mir fast aus den Händen und versuchte, sie in das Loch zu schieben.

Irgendwo hörte ich ein Geräusch.

Im ersten Augenblick nahm ich an, es handle sich um den Mechanismus, der zu arbeiten beginne. Aber die Figur steckte erst halb in dem Loch. Holmès war gerade dabei, sie weiter hinein zu manipulieren. Er hatte den richtigen Dreh, im wahrsten Sinne des Wortes, noch nicht heraus. Dann aber schien es zu klappen. Wieder das Geräusch, diesmal näher.

Ich tippte dem Professor auf die Schulter und löschte das Licht.

»Was ist denn los?«, wollte er wissen.

»Pst! Es kommt jemand!«, flüsterte ich ihm ins Ohr.

Langsam richtete er sich auf.

»Wir lassen sie besser hier«, sagte er leise, und ich wußte, daß er die Sphinx meinte. »Sie können sie später holen. Die Altairer dürfen nie erfahren, daß wir ihr Vertrauen mißbrauchen wollten.«

Aber es waren nicht die Altairer, die unserer Spur gefolgt waren; wir sollten es Minuten später erfahren.

Harmlos und mit wieder hellstrahlender Lampe näherten wir uns dem Höhlenausgang, als wir unseren Irrtum bemerkten. Mit infernalischem Geheul fiel eine Horde Wilder über uns her, und dank der ungewohnten Kleidung hielten sie uns wohl für besonders hochstehende Sonnensöhne. Jede Gegenwehr war sinnlos, so daß wir uns ohne Widerstand in unser Schicksal ergaben. Vielleicht hatten wir es diesem Umstand zu verdanken, daß sie uns nicht auf der Stelle umbrachten. So banden sie uns die Hände mit zusammengedrehten Gräsern und trieben uns weiter hinauf in die Berge, wo sie wahrscheinlich ihr Versteck eingerichtet hatten.

Die Nacht verbrachten wir verhältnismäßig unbehelligt in einer kleinen Höhle, die durch ein überhängendes Felsstück vor Wind und Regen geschützt war. Wir froren wie die Schneider, denn die Wilden machten kein Feuer. Vielleicht kannten sie es nicht einmal! Holmès war äußerst niedergeschlagen. Lange Zeit brachte er keinen Ton hervor, dann entschuldigte er sich:

»Es tut mir leid, Sie in eine solche Lage gebracht zu haben. Ich hätte meine Neugier bezähmen sollen.«

»Sie tragen keine Schuld, und außerdem leben wir ja noch.« Ich konnte ihm nicht böse sein, aber meine Sorge blieb. »Was haben die mit uns vor, Holmès? Was glauben Sie?«

Ich fühlte, wie er die Schultern zuckte. Wir lagen dicht nebeneinander auf dem Boden, Hände und Beine verschnürt.

»Ich würde mich nicht wundern, wenn sie uns als willkommene Bereicherung ihres hier sehr mageren Speisezettels betrachteten. Sie sind Kannibalen und glauben, mit dem Aufessen der Feinde auch deren Kraft und Intelligenz zu übernehmen.«

Ich schauderte und bewunderte die Kaltblütigkeit des Professors.

Der hatte vielleicht Nerven! Stellte sozialökonomische Betrachtungen an, während die da draußen vielleicht schon ihre Steinmesser wetzten …

Ich schlief sehr unruhig in dieser Nacht der Verzweiflung und Hilflosigkeit. Die meiste Zeit lag ich wach und stellte mir im Geiste vor, wie die Altairer uns suchten, fanden und befreiten. Der Adjutant, ging es mir durch den Kopf, würde uns auf keinen Fall einfach im Stich lassen und ohne uns nach Cuzco zurückkehren. Morgen, wenn es hell war, würde er mit dem Gleiter das Gelände abfliegen, und wenn es uns dann gelang, Zeichen zu geben, bestand eine reale Chance der Rettung. Vor einem Gleiter hatten auch die wildesten Wilden noch Respekt.

Als der Morgen graute, lebten wir noch immer. Sie banden uns die Füße los, denn sie hatten keine Lust, uns auch noch zu tragen. Mit Faustschlägen jagten sie uns auf den schmal gewordenen Pfad, weiter dem Gipfel entgegen. Zu essen hatten sie uns nichts gegeben, aber weder Holmès noch ich verspürten Appetit. Außerdem hatte ich längst meinen Rucksack verloren, in dessen Seitentasche, wie mir mit heißem Schreck nun einfiel, mein Reisescheckbuch lag.

Aber im Augenblick hätte mir auch Geld nicht weitergeholfen. Auf einem Plateau dicht unter dem Gipfel hielt die Horde an. Aus Verstecken und natürlichen Höhlen kamen andere Stammesgenossen herbeigetrottet und feierten die Gefangennahme der gefürchteten Sonnensöhne mit gebührendem Geschrei. Dabei bekamen der Professor und ich wieder einige recht unsanfte Püffe ab, die noch Tage danach bei jeder Bewegung Schmerzen verursachten.

Sie legten uns, wieder als Bündel verschnürt, an den Rand des Plateaus, gut fünfzig Meter von ihrem Lagerplatz entfernt. Jetzt bemerkte ich, daß sie doch schon das Feuer kannten. Sie entzündeten es dicht vor den Höhlen und nährten es mit spärlichen Zweigen, die sie aus der Ebene mitgebracht haben mußten. Hier oben lag schon Schnee und nichts wuchs mehr.

Immer wieder wanderte mein Blick hinab in die Hochebene, aber wenn der Gleiter des Adjutanten wirklich dort unten herumflog, so hätte ich ihn gegen den unregelmäßig gemusterten Untergrund kaum entdeckt. Ich schätzte, daß wir uns in einer Höhe von bald viereinhalbtausend Metern aufhielten. Die Luft war dünn und eisig. Und nun verspürte ich auch quälenden Hunger und Durst. Mit Wehmut dachte ich an den letzten Schluck Whisky, der mit Rucksack und Scheckbuch verschwunden war.

Gegen Mittag stieß Holmès mich an.

»Bleiben Sie ganz ruhig liegen, Verehrtester. Nur nicht rühren. Da drüben kommt der Gleiter, aber diese Burschen hier haben ihn noch nicht gesehen.«

»Und wenn er uns auch nicht sieht?«

»Er wird. Der Berg hier ist zu auffällig, um ihn zu übersehen. Und der Adjutant kennt seine Pappenheimer. Außerdem muß er das Plateau überqueren, wenn er in das auf der anderen Seite gelegene Tal gelangen will. Passen Sie auf, Walter: Sobald der Gleiter über uns ist und die Wilden abgelenkt werden, versuchen wir aufzustehen, damit der Adjutant uns schneller entdeckt. Winken können wir ja leider nicht.«

Jetzt sah ich den Gleiter auch. Langsam und völlig geräuschlos näherte er sich aus der Richtung des Felspfades, den wir tags zuvor heraufgestolpert waren. Er flog sehr niedrig, so daß dem Piloten keine Einzelheit auf dem Boden entgehen konnte. Ich war ziemlich sicher, daß er sogar auffällige Spuren sofort entdecken würde.

Als er über dem Rande des Plateaus erschien, bemerkten ihn die Wilden.

Indem wir uns gegenseitig stützten, gelang es Holmès und mir, uns aufzurichten. Wir schwankten, weil wir die Füße nicht bewegen und so kaum das Gleichgewicht halten konnten, aber wir standen. Das Plateau war Gott sei Dank flach und übersichtlich. Wenn der Pilot des Gleiters die Augen offen hatte, mußte er uns sehen.

Die Wilden waren aufgesprungen. Einige von ihnen rannten Hals über Kopf zu den Verstecken und verschwanden blitzartig in kleinen und großen Löchern, von denen es hier oben wimmelte. Die anderen blieben wie erstarrt stehen, als habe der Schreck sie gelähmt. Dann erst, als der Gleiter zwischen ihnen und uns zur Landung ansetzte, ergriffen auch sie die Flucht.

Der Adjutant kletterte aus der offenen Kabine und kam auf uns zu. Mit einem fast nachsichtigen Lächeln zog er ein winziges Stahlmesser aus der Tasche und zerschnitt unsere Fesseln. Später übersetzte mir Holmès das nun folgende Gespräch.

»Sie haben Glück gehabt, daß Sie noch leben. Die Eingeborenen töten sonst ihre Gefangenen, und zwar meist sofort. Warum haben Sie meinen Rat nicht befolgt? Ich erklärte Ihnen, wie gefährlich es jetzt ist, ohne Begleitung in die Berge zu gehen.«

»Ist ja alles noch gut gegangen, Adjutant«, erwiderte Holmès, wobei er nicht die geringste Verlegenheit zeigte. »Wir sind Ihnen sehr zu Dank verpflichtet. Bleiben wir noch in Tiahuanacu?«

»Nein, wir fliegen von hier aus direkt nach Cuzco zurück. Ihr Abenteuer darf unsere Pläne nicht stören – Sie werden das verstehen.«

»Unser Freund hier ...«, der Professor deutete auf mich, »... hat bei dem Zwischenfall seinen Rucksack verloren. Er enthält wichtige Dinge, die er nicht missen möchte.«

»Ich werde Anweisung geben, daß man nach ihm sucht. Und nun, bitte, steigen Sie ein.«

Holmès sagte mir später, daß jeder weitere Versuch, den Adjutanten zum Bleiben zu bewegen, Verdacht erregt hätte. Vorerst war der Rucksack verloren, und die Sphinx steckte im Öffnungsloch einer geheimen Kammer. Ich mußte sie baldmöglichst dort holen.

Wir flogen nach Cuzco, und trotz der plötzlichen Befreiung und der nun nicht mehr akuten Lebensgefahr, in der wir zweifellos geschwebt hatten, fühlte ich mich nicht wohl in meiner Haut. Der Adjutant gab sich ziemlich kurz angebunden, und ich begann mich zu wundern, ob er allein über die Tatsache, daß er wegen uns Zeit verloren hatte, verärgert war. Erst als wir Cuzco erreichten und das Durcheinander sahen, ging uns ein Licht auf. Die aufgewiegelten Eingeborenen hatten das Plateau angegriffen.

Der Angriff war leicht abgeschlagen worden, auch ohne den Einsatz von Strahlwaffen. Die Leichen der Wilden lagen noch überall herum, und ihre Wunden zeigten, daß sie gestorben waren. Die Altairer hatten ihre unverwundbaren Roboter auf sie gehetzt, weil sie sich nicht mehr anders zu helfen wußten. Strahlwaffen und Laser hätten, in diesem Maße eingesetzt und dazu auf dem ungeschützten Plateau, die Kontrollstation in Europa alarmiert. Mit dem Speer und der Wurfkeule konnten die Altairer nicht gut umgehen. Also blieben nur die Roboter, denen selbst kräftige Schläge aufs »Haupt« nichts ausmachten. Die Wilden mußten ziemlich erschrocken gewesen sein, als sie den unverwundbaren, glitzernden Apparaten gegenüberstanden, die sie bisher nur als brave und gehorsame Arbeiter kennengelernt hatten.

In meinem Appartement fiel ich wie ein hungriger Wolf über die Speisen her, die schon bereitstanden. Ich beschloß, Holmès noch einen Besuch abzustatten und ihn zu überreden, morgen noch einmal mit mir nach Tiahuanacu zu fliegen. Ein Vorwand würde sich schon finden lassen.

Ich mußte die Sphinx zurück haben.

Aber es kam alles ganz anders.

Holmès saß in einem Sessel und starrte die Decke an, als ich eintrat.

»Setzen Sie sich, das ist besser. Sie werden noch morgen früh in die Gegenwart zurückreisen müssen. Befehl vom Kommandanten.«

Ich setzte mich sogar sehr schnell.

»Morgen früh? Warum denn das?«

Er zuckte die Achseln.

»Ich weiß es nicht. Der offizielle Vorwand lautet: Es steht ein Angriff der Eingeborenen bevor, diesmal in größerem Umfang. Es wird alles zur Verteidigung des Plateaus vorbereitet. Man will nicht, daß Sie in Gefahr geraten, darum sollen Sie abreisen.«

»Glauben Sie, das ist der wahre Grund?«

»Vielleicht. Jedenfalls werden Sie die Sphinx nicht mehr mitnehmen können. Ihren Rucksack auch nicht.«

»Und was soll ich Erich sagen?«

Der Professor sah mich durchdringend an, dann legte er die Hände zusammen und betrachtete die Fingernägel.

»Sagen Sie ihm einfach gar nichts. Sobald Sie in die Gegenwart zurückgekehrt sind, fahren Sie von Cuzco aus nach Tiahuanacu. Sie mieten sich ein Reittier und suchen die Höhle auf, in der wir überfallen wurden. In der Kammer am Ende des Gangs machen Sie halt, bücken sich und ziehen die Sphinx aus dem Felsen. Dann kehren Sie nach Europa zurück und geben Erich die Sphinx.« Er lächelte hintergründig. »Sehen Sie, so einfach ist das.«

Ich starrte ihn ungläubig an. Langsam nur begriff ich, was er gesagt hatte.

»Sie glauben doch wohl selbst nicht, daß die Figur dreiundzwanzigtausend Jahre unentdeckt in der Höhle bleibt? Das kann doch nicht Ihr Ernst sein!«

Er stützte die Ellbogen auf den Tisch.

»Ich habe versucht, darüber nachzudenken. So wie es meiner Meinung nach auch zwei Zeitmaschinen gibt – dieselbe zweimal, in verschiedenen Zeitebenen –, so gibt es auch zwei absolut identische Steinfiguren, vielleicht sogar drei. Denn ich finde sie ja schließlich in der Pyramide über Sacsayhuaman, dreißig Jahre früher als Sie demnächst in Tiahuanacu. Fragen Sie mich nicht, wie das möglich ist, ich weiß es nicht. Es muß etwas mit unterschiedlichen Wahrscheinlichkeits-Dimensionen zu tun haben, die gleichzeitig nebeneinander existieren. Man kann von einer in die andere überwechseln, ohne es zu bemerken. Nur Kleinigkeiten, von denen man weiß, daß sie nicht zweimal existieren, geben einen Hinweis – womit ich beileibe nicht behaupten will, die Zeitmaschine sei eine Kleinigkeit. Verstehen Sie, wie ich es meine?«

Ich nickte, obwohl ich absolut nichts verstand. Ich wußte nur, daß seine Vermutung stimmen mußte. Und wenn sie stimmte, ging ich kein Risiko ein, wenn ich morgen abreiste. Auch wenn mir das Scheckbuch fehlte, sicher konnte mir Jacques Ferrant das notwenige Geld vorstrecken, damit ich nach Tiahuanacu und von dort aus nach Europa zurückreisen konnte.

»Aber wie, lieber Professor, komme ich aus der Kammer? Ich benötige doch die Sphinx, um den Öffnungsmechanismus zu betätigen!«

»Dieses Problem habe ich gelöst, denn vergessen Sie nicht, daß ich meine eigene Figur ja in Ägypten Erich von X. übergab. Also mußte ich mir vorher einen ›Nachschlüssel‹ anfertigen. Ich benötigte diesen ›Nachschlüssel‹ nie, weil ich damals in Ägypten tatsächlich wie erwartet ein echtes Gegenstück fand. Doch den »Nachschlüssel« nahm ich mit hierher – Sie können ihn haben.« Holmès zwinkerte listig. Er griff unter sein Bett und brachte einen altertümlichen Koffer zum Vorschein. Unter einem Gewirr von Gerümpel aus dem 20. Jahrhundert lag die Duplikat-Sphinx: eine weiße Gipsfigur. Er gab sie mir.

»Also gut, dann werde ich Sie morgen verlassen. Mein Ausflug in die Vergangenheit ist damit beendet. Sie haben mir sehr geholfen, Holmès. Sie können sich darauf verlassen, daß ich das Manuskript heil in die Schweiz zu Erich bringen werde. Ich werde es ständig bei mir tragen und nicht aus der Hand geben, bis ich Erich treffe.«

»Tun Sie das wirklich!«, riet er mir ernst. »Wenn es in falsche Hände gerät, war alles umsonst. So unerhört es zu sein scheint, aber ich traue der Kontrollstation der Altairer manches zu, und sie kann unglaubliche Mittel haben, ihren Willen durchzusetzen. Schon mancher Forscher hat zuviel herausgefunden und den Mund aufgemacht. Und so mancher Forscher ist schon spurlos verschwunden. ›Auf Forschungsreise verschollen‹, heißt es dann jeweils. Seien Sie sicher, Walter, die armen Verschollenen hatten keine Zeitmaschine zur Verfügung wie ich.«

Wir saßen noch fünf Stunden beisammen und erörterten tausenderlei Dinge, die uns naturgemäß bewegten. Einmal fragte ich ihn:

»Was haben die ›Stimmen‹ damit zu tun, die Erich immer hörte, als Sie versuchten, Verbindung mit ihm aufzunehmen? Nicht, daß ich an ihnen zweifle, mir erging es ja ähnlich. Aber glauben Sie wirklich, daß es Telepathie gibt?«

»In diesem relativ ungereiften Stadium – ja. Vergessen Sie nicht, daß ein Großteil des menschlichen Gehirns nicht ausgenutzt wird, eine altbekannte Tatsache. Wir wissen noch nicht, wozu der brachliegende Teil dient. Es gibt zwei Möglichkeiten: Das Gehirn war einmal so voll ausgebildet, daß der Mensch alle Psi-Fähigkeiten besaß und sich und seine Zivilisation damit vernichtete. Wir wissen nun, daß das nicht der Fall war. Es ist anders gewesen. Also bleibt die zweite Möglichkeit: Das Gehirn ist noch nicht voll ausgebildet. Wir stehen erst am Beginn unserer Entwicklung und sind nur ein Übergangswesen. Der Homo sapiens wird einmal das vorhandene Bindeglied zum Homo superior sein. Er wird es verstehen, sein gesamtes Gehirn einzusetzen. Nun ist es aber wahrscheinlich, daß bereits heute einige Gehirne weitergebildet sind. Ich will ihre Besitzer nicht Mutanten nennen, das wäre übertrieben und klänge zudem banal. Aber sie ahnen ein wenig von der Zukunft der Menschheit, falls sie überlebt. Unterbewußt, selbstverständlich, aber doch so stark, daß sie es wahrnehmen. Sie können Gedanken empfangen, wenn diese stark und bewußt ausgestrahlt werden. Ich habe Erich von X. ausgesucht, ohne ihn zu kennen. Er *mußte* mich empfangen, weil er auf gleicher Frequenz lag.«

Er machte eine Atempause, blickte mir ruhig und tief in die Augen, bevor er mit ungewohntem Ernst hinzufügte:

»Ich frage mich gar, ob nicht die Station der Altairer schuld daran ist, daß einzelne Menschen plötzlich die ›Götter von den Sternen‹ suchen. Und mehr noch, daß anscheinend alle diese Menschen in unbewußtem Kontakt untereinander stehen.«

Der Gedanke schockierte mich – doch er hatte etwas Faszinierendes. War es denkbar, daß eine Maschine Impulse ausstrahlte und daß gewisse Gehirne auf diese Impulse ansprachen? Holmès, Pauwels und Bergier, Charroux, ich, Erich? Wenn es gelänge, die Station zu finden – was dann? Ich verdrängte die Gedanken und wandte mich wieder dem Professor zu:

»Was ist Ihre Meinung zur Zeitmaschine? Wer hat sie, Ihrer Überlegung nach, konstruiert und ausgerechnet in den Felsenhöhlen hier abgestellt?«

»Ich bin fast sicher, daß sie aus der Zukunft stammt – und zwar aus *unserer* Zukunft. Einiges spricht dagegen, zugegeben. Wenn jemand in unserer Zukunft ein solches Gerät erfand, müßte es weitere geben, und wir müßten auch schon Besuch aus der Zukunft erhalten haben. Das war, soweit wir wissen, bisher nicht der Fall, wenn man von gewissen Ereignissen absieht.«

»Von welchen Ereignissen?«

»Keine bestimmten, Walter. Aber manchmal geschehen Dinge auf der Welt, die nur durch das heimliche Auftauchen von Zeitreisenden aus der Zukunft erklärt werden können oder durch das zaghafte Wirken von Erinnerungsmolekülen, die im menschlichen Körper vorhanden sind und seit Ewigkeiten existieren. Sie wurden von Generation zu Generation weitergegeben und vergaßen nichts. Dafür wäre allerdings eine Voraussetzung erforderlich: Es müßte einmal auf der Erde eine uns weit überlegene Zivilisation existiert haben, und das kann ich heute nicht mehr annehmen.« Er machte eine kurze Pause, dann fuhr er fort: »Nehmen wir Leonardo da Vinci. Ein begabter Mann, ein Genie. Warum ein Genie? Erinnerung an die Vergangenheit oder Erinnerung an seine eigene Zukunft?«

Es war gegen zehn Uhr – wenn meine Zeitrechnung überhaupt noch stimmte –, als ich mich verabschiedete. Befriedigt und innerlich zugleich nervös und aufgeregt kehrte ich in mein Appartement zurück. Morgen würde ich mich vom Kommandanten und vom Adjutanten verabschieden, um die Rückreise in meine eigene Zeit anzutreten. Manches Rätsel konnte ich auf meiner Liste als gelöst abhaken. Doch ein ganzes Paket neuer Fragen wartete auf Antwort.

Der Adjutant und Professor Holmès brachten mich am nächsten Vormittag zurück in das geschliffene Labyrinth zur Zeitmaschine. Diesmal trug ich außer dem Manuskript Holmès und der Gipsfigur kein Gepäck. Das Manuskript hatte ich zwischen Hemd und Pullover geschoben. Dort war es sicher.

Wir sprachen nur wenig. Auf dem Plateau bemerkte ich mehr Robotertypen als sonst, aber sie arbeiteten nicht. Sie hielten Wache. Es sah in der Tat so aus, als würde jeden Augenblick ein Angriff der Eingeborenen erwartet.

Die Zeitmaschine stand unversehrt in der späteren geheimen Kammer.

In Englisch sagte Holmès zu mir: »Vergessen Sie nicht, was ich Ihnen einschärfte: Sobald Sie in der Gegenwart ankommen, verlassen Sie die Maschine, stecken die Gipsfigur ins ›Schlüsselloch‹ und warten, bis sich die Trennwand herabsenkt. Von dem Moment an, da die obere Kante mit der Bodenschwelle auf gleicher Ebene ist, dauert es dreißig Sekunden, bis sie sich wieder schließt. Sie haben somit genügend Zeit, die Kammer zu verlassen; aber vertrödeln Sie keine Zeit damit, sich umzusehen oder etwas mitzunehmen. Haben Sie das ganz genau verstanden?« Ich nickte. Das Rezept war ganz einfach. Vielleicht wußte der Kommandant, daß ich die Sphinx verloren hatte, obwohl Holmès mir ein kleines Päckchen zurechtgemacht und in die Hand gedrückt hatte. Man konnte es für die eingewickelte Originalfigur halten.

Der Adjutant gab mir die Hand und wünschte mir Glück. Dann trat er zurück, damit auch der Professor sich von mir verabschieden konnte.

»Grüßen Sie Erich von mir, sehr herzlich und in Verbundenheit. Nun mag er sein Buch schreiben, aber es wird gut sein, wenn er sich doch dazu aufraffen könnte, eine Reise zu unternehmen. Er soll sich die Orte ansehen, über die er schreibt. Und wenn er kein Geld hat, dann soll er sich welches leihen. Er wird es zehnfach zurückzahlen können. Beherzigen Sie unter allen Umständen folgendes: Weder Sie noch Erich dürfen eine nochmalige Reise in die Vergangenheit vor dem Jahr 1968 antreten, und auf keinen Fall darf die Zeitmaschine *nach* 1972 noch einmal benutzt werden. Bitte, vergessen Sie das niemals, Walter!«

»Also nur noch sieben Jahre ohne Gefahr funktionsfähig … es ist nicht zu fassen. Ich werde Erich warnen.«

»Gut so. Und nun …«, er drückte mir die Hand, »… halten Sie die Ohren steif, und viel Glück.« Als ich mich in den Gitterstuhl gesetzt hatte und die Lampen aufleuchten sah, fügte er hinzu: »Sie brauchen den Hebel nur mit einem Ruck nach oben zu schieben. Leben Sie wohl …«

Das Päckchen mit der Gipsfigur, die Holmès mir eingewickelt hatte, legte ich auf den Boden der Kabine. Meine Hand näherte sich dem Hebel. Unter mir summten die geheimnisvollen Energien der Zeitmaschine. Ich fing noch einmal den Blick des Adjutanten auf, der mich ruhig und forschend betrachtete, dann befolgte ich den Rat des Professors.

Mit einem heftigen Ruck schob ich den Hebel nach oben, bis er hörbar einrastete.

Die Nebel des Zeitstroms begannen mich einzuhüllen, und mit unvorstellbarer Geschwindigkeit stürzte ich der Zukunft nach und holte sie ein …

6

Als ich aus dem halbverfallenen Gang ins Freie trat, stach mir die Mittagssonne direkt ins Gesicht. Ein Rundblick überzeugte mich davon, daß ich in meine eigene Zeit zurückgekehrt war. Die zertrümmerte Pyramide, weiter oben der verwitterte Eingang zum versperrten gläsernen oder geschliffenen Labyrinth, unten die dreifach gestaffelte Mauer der Festung von Sacsayhuaman.

Es wäre fast alles gut gegangen.

Als sich die Zeitnebel auflösten, hatte ich instinktiv das Päckchen mit der Gips-Sphinx aufgenommen und hastig das Papier weggerissen. Dann aber besaß ich noch die Nerven, die Tür zur Zeitmaschine zu schließen. Erst jetzt knipste ich das kleine Lämpchen an, welches mir Holmès mitgegeben hatte, und drückte die Gipsfigur ins vorgesehene »Schlüsselloch«. Die Sperrmauer begann sich zu senken. Ich dachte an die dreißig Sekunden, zerrte nervös am Schwanz der Figur, um sie aus dem Loch zu kriegen – *und da zerbrach sie*! Verdammt! Es blieb mir keine Zeit für irgendwelche Manipulationen. Die Wand begann sich bereits wieder aus dem Boden zu heben. Ich vollführte einen Hechtsprung und landete hart im Hauptkorridor. Die kleine, lichtintensive Lampe des Professors erlosch.

Ohne Taschenlampe gestaltete sich der Weg zum Ausgang recht schwierig, aber dann schaffte ich es doch. Ich atmete außerordentlich erleichtert auf, als ich weit vor mir das Tageslicht schimmern sah.

Und jetzt stand ich draußen.

Ich war wieder im Jahr 1965!

Wie mochte es Erich inzwischen ergangen sein? Ich konnte mir seine Unruhe, sein ungeduldiges Warten nur zu gut vorstellen. Sobald mir Ferrant Geld geliehen hatte, würde ich ihm telegrafieren. Dann mußte ich nach Tiahuanacu, um die Sphinx zu holen. Und dann erst würde ich den Rückflug nach Europa antreten können.

Aber wieder einmal kam alles ganz anders, als ich es mir zurechtgelegt hatte …

Der Weg hinab in die Hochebene war leicht und unbeschwerlich. Ich passierte die alte Festung der Inkas, aber nun betrachtete ich sie mit ganz anderen Augen als damals, als Ferrant mich begleitete. Einige Touristen störten mich nicht, als ich mir die gigantische Steinmauer näher ansah, die sich meterhoch vor mir auftürmte. Fugenlos saßen die mächtigen Blöcke aufeinander, selbst heute Wissenschaftlern und Spezialisten noch ein Rätsel. Ich aber wußte nun, wie diese Blöcke entstanden waren, wenn sich auch die Altairer niemals die Mühe gemacht hätten, eine Mauer daraus zu errichten. Das hatten die Inkas getan, und geschickt mußten sie es verstanden haben, immer die zusammenpassenden »Bruchstücke« zu finden. Es war sicher nicht zu schwer gewesen, denn der überflüssige Fels aus dem geschliffenen Labyrinth lag haufenweise auf dem Plateau herum.

Ich nahm ein Touristentaxi, um nicht so vielen Menschen zu begegnen. Der Fahrer stellte keine Fragen. Wahrscheinlich hielt er mich für einen verirrten Touristen. Ich blieb vorsichtig und verriet nicht, daß ich zu Ferrant wollte. Den Namen hätte er bestimmt verstanden, wenn ich auch sonst kaum ein Wort Spanisch sprach.

Vor dem Hotel Savoy, wenige hundert Meter vom Fußballstadion entfernt, setzte er mich ab.

Mein Päckchen unter dem Arm, marschierte ich weiter, und allmählich begann ich mich auf das würzige Essen zu freuen, das uns die alte Indianerin zubereiten würde.

Ich erreichte das von der hohen Mauer umgebene Haus, stieg auf den Stein und klingelte. Es dauerte lange, ehe sich die Klappe öffnete, aber es war nicht Ferrants Auge, das mir entgegenblickte.

Es war das der Indianerin.

Sie erkannte mich sofort und öffnete. Kaum hatte sich die Tür wieder geschlossen, begann sie sich recht merkwürdig zu benehmen. Sie brach in Tränen aus und ließ einen Redeschwall los, von dem ich kein einziges Wort verstand. Ich glaube, ich muß einen sehr hilflosen Eindruck gemacht haben, denn nach einer Weile verstummte sie plötzlich, nahm meinen Arm und geleitete mich ins Haus. Ich wußte, daß sie einige Brocken Französisch sprach, wahrscheinlich kaum mehr als ich, und machte mich deshalb auf eine schwierige Diskussion gefaßt.

Ferrant schien abwesend zu sein. Vielleicht war er verreist oder in Cuzco. Er konnte ja nicht damit rechnen, daß ich ausgerechnet heute zu ihm zurückkehrte.

»*Il est mort!*«

Es dauerte fast zehn Sekunden, bis die Bedeutung der drei Worte mein Bewußtsein erreichten. Fassungslos starrte ich in das alte, zerfurchte Gesicht. Es schien um Jahre gealtert.

»Tot? Ferrant ist *tot*?«

Sie nickte. Sie verstand mein jämmerliches Französisch.

»Wie konnte das geschehen?«

»Er wurde krank, dann starb er. Das ist alles. Vor zwei Wochen.«

Ich konnte es noch immer nicht begreifen. Nicht, daß Ferrant mir besonders nahe gestanden hätte – ich kannte ihn ja praktisch nur wenige Stunden. Aber er bildete für mich nach dem Verlust des Scheckbuchs und der Flugkarte die einzige Möglichkeit, nach Europa zurückzukehren. Woher sollte ich sonst Geld bekommen? Wem sollte ich in Europa ein Telegramm schicken? Die Indianerin stotterte in einem Kauderwelsch von Französisch und Englisch:

»Der Patrone ließ einen Brief für Sie da. Warten Sie, ich hole ihn.«

Ich war wie erschlagen. Die Lust auf würziges Essen war mir vergangen und machte einer bleiernen Leere in mir Platz. Ohne um Erlaubnis zu fragen, nahm ich eine Flasche Whisky aus dem Schrank und schenkte mir ein Glas voll ein. Ich trank und registrierte sofort dankbar die wohltuende Wirkung des scharfen Bourbons. Mein Gehirn begann wieder klarer zu arbeiten. Es *mußte* einen Ausweg aus dieser verfluchten Situation geben, und ich würde ihn auch finden!

Die Indianerin kehrte zurück und übergab mir einen dicken, verschlossenen Umschlag. Dann sagte sie:

»Voilà! Ich bereite das Zimmer und das Abendbrot.«

Sie verschwand, ehe ich antworten konnte.

Unschlüssig hielt ich den Umschlag in den Händen. Der verrückte Gedanke, er könne Geld enthalten, bewegte mich nur eine Sekunde lang. Warum sollte Ferrant mir Geld hinterlassen? Es sah ganz so aus, als hätte er nie viel davon besessen.

Hastig riß ich den Umschlag auf. Er enthielt etwa zehn zusammengeheftete Schreibmaschinenseiten und ein einzelnes Blatt. Letzteres war an mich gerichtet.

Ich las:

»Lieber Ernsting! Nun hat es mich erwischt, bevor Sie zurückkehren. Vielleicht kehren Sie nie zurück, dann wird diesen Brief niemand lesen, denn Huamaca wird ihn vernichten, genau nach einem Jahr. Ich füge einen Bericht bei, den Sie bitte Erich von X. geben. Er enthält die Einzelheiten meiner letzten Begegnung mit Holmès, bevor er für immer verschwand. Die Pistole, Sie wissen schon, welche ich meine, habe ich in den Brunnen geworfen. Es schien mir zu gefährlich, sie aufzuheben.

Noch einige Tage, dann bin ich erledigt, und niemand kann mir helfen. Leben Sie wohl, und ich wünsche Ihnen und Ihrem Freund viel Glück. Sie werden es nötig haben.

Die Schmerzen sind fast unerträglich, mein Freund. Danken Sie Gott, wenn Sie eines Tages schnell und unerwartet sterben dürfen. Nichts ist schlimmer, als zum Tode verurteilt zu sein und es rechtzeitig zu erfahren. Wir sträuben uns doch gegen das Urteil, das von Geburt an auf uns lastet. Als die Götter den Menschen schufen, bestimmten sie den Tod für ihn. Die Unsterblichkeit behielten sie nur für sich selbst. So steht es bei Gilgamesch. Ich bin gespannt darauf zu erfahren, was nach Absterben meiner Körperzellen passiert. Vielleicht finden wir uns alle wieder im sogenannten Jenseits.

Ihr Jacques Ferrant.«

Nachdenklich und erschüttert schob ich den Brief zu dem Bericht in den Umschlag zurück. Da ich immer gern alle wichtigen Dinge zusammen habe, fügte ich Holmès Manuskript hinzu. Huamaca, die alte Indianerin, trug das Essen auf. Ich verspürte wenig Hunger, aber ich mußte etwas zu mir nehmen. Schließlich hatte ich seit dreiundzwanzigtausend Jahren nichts mehr im Magen.

Später bat ich sie, mir den Safe zu öffnen, damit ich meinen Paß herausholen konnte. Er war das einzige, was ich vor der Reise in die Vergangenheit hier zurückgelassen hatte. Ich verfluchte die Tatsache, daß ich Scheckbuch und Flugkarte blödsinnigerweise im Rucksack vergessen und mitgeschleppt hatte. Aber dann tröstete ich mich damit, daß ich ohne Paß jetzt in eine noch schlimmere Lage gekommen wäre. Kein Geld – das ist verzeihlich. Aber kein Paß – und man ist so gut wie tot.

Später, als ich im Bett lag und die hereinkriechende Kälte selbst unter den warmen Decken zu spüren begann, versuchte ich, ernsthaft nachzudenken. Ich steckte in der Klemme. Ohne einen Cent saß ich in Cuzco, zehntausend Kilometer von der Heimat entfernt. Der einzige Mensch, den ich kannte und der mir geholfen hätte, war tot. Ich kannte niemanden in Südamerika.

Südamerika ist ein riesiges Land, ein unvorstellbar wildes und in gewisser Beziehung unermeßlich reiches Land. Aber es gab hier niemand, der mir das Geld für den Rückflug nach Europa geben würde.

Mein Ticket galt ab Lima, der Hauptstadt Perus. Das Problem war, erst einmal nach Lima zu gelangen. Der Umweg über Tiahuanacu kam nun nicht mehr in Frage. Lima mußte mein Ziel sein. Dort würde sich schon ein Weg finden …

Lima …

Irgendwo in meinem zermarterten Gehirn klickte ein Erinnerungsrelais – wenn ich es einmal so ausdrücken darf. Da war etwas, das mit Lima zusammenhing, ein Name, eine Person. Ich wußte nicht, was es war, ich wußte nur: Lima war der Schlüssel! Die Rettung vielleicht.

Ich weiß nicht, wie lange ich damals so gelegen habe, aber später mußte ich mich oft fragen, wie es möglich ist, daß ein Mensch so vergeßlich sein kann. Ich hatte in Salzburg einen Freund, mit dem sich stundenlang über versunkene Kulturen und verschollene Völker diskutieren ließ. Er wußte von meiner Begegnung mit von X. und war hellauf begeistert von der Idee, nach Südamerika zu reisen. Er beneidete mich um dieses Abenteuer, aber als praktischer Arzt blieb ihm wenig Zeit für private Dinge. In meinem Bett in Cuzco entsann ich mich wieder, was Andreas Kofol zu mir gesagt hatte:

»Südamerika ist ein Land der Überraschungen. Peru, gerade Peru! Du kannst in Schwierigkeiten geraten, Walter, in arge Schwierigkeiten. In Lima wohnt ein Vetter von mir, an den solltest du dich wenden. Sage ihm schlicht, daß du mein Freund bist, und er wird dir behilflich sein. Er ist ein feinfühliger, hilfsbereiter Mensch, ein Prachtkerl. Hier, schreib dir seine Adresse auf. Übrigens ist er Professor für Indologie. Sieben Jahre war er in Indien und studierte Sanskrit, die heilige Sprache. Er versucht, einen kausalen Zusammenhang zwischen den Kulturen Perus und Indiens zu beweisen! Er ist davon überzeugt, daß ehemals eine direkte Verbindung zwischen den Anden und Angkor bestand, der großartigen Ruinenstätte in Hinterindien. Der richtige Mann für euch!«

Der Name … mir wollte der Name partout nicht mehr einfallen. Ich hatte ihn mir nicht aufgeschrieben, denn ich war davon überzeugt, daß ich den Namen nicht vergessen würde. Er war so einfach gewesen. Ein simpler spanischer Name.

Juan?

Nein, so ähnlich … José vielleicht.

Natürlich: *José*!

Aber – wie weiter?

Der Anhaltspunkt war da: Kofol, Lima und José.

Ich wälzte mich auf die andere Seite. Für heute reichte es mir. Es würde nicht so schwierig sein, in Lima einen Professor für Indologie aufzutreiben, der mit Vornamen José hieß.

Er dürfte etwa vierzig Jahre alt sein.

Ich mußte ihn finden!

Die Frage war nur: Wie kam ich nach Lima?

In dieser Nacht schlief ich unruhig und wenig erholsam. Ich hatte mir meine Rückkehr in die Gegenwart anders ausgedacht. Da erlebte ich ein Abenteuer, wie man es sich phantastischer nicht mehr vorstellen konnte, und dann saß ich ohne einen Pfennig Geld in einer mittleren Großstadt, mitten in den Anden, und brachte einen unglaublichen Bericht aus der Vergangenheit mit. *León*!

Das war der Name!

Der Einfall überkam mich, als die ersten Sonnenstrahlen durch das geöffnete Fenster in mein Zimmer fielen.

Professor José de León in Lima!

Ich sprang aus dem Bett, eine Unsitte, die ich mir niemals angewöhnt hatte, die ich mir aber in diesem Augenblick verzieh. Ich hatte den Namen! Nun fehlte nur noch die genaue Adresse. Wenn ich sie las, würde ich mich erinnern, das war kein Problem.

Huamaca wartete mit dem Frühstück. Ich bat sie, an dem gedeckten Tisch Platz zu nehmen. Zögernd nur folgte sie meiner Aufforderung. Sie schien es nicht gewohnt zu sein, mit ihrem Herrn an einem Tisch zu sitzen. Nun, ich war keineswegs ihr Herr. Ich kam mir eher vor wie ein Bittsteller.

»Wie komme ich nach Lima?«, fragte ich sie.

Es existierte keine direkte Bahnverbindung von Cuzco nach Lima. Ich wußte über die Straße bis nach Huancavelica gelangen. Dort gab es eine Bahnstation und damit eine Verbindung nach Lima. Die Frage war nur: Woher sollte ich das Geld für diese Reise nehmen?

Huamaca sah mich verwundert an.

»Lima? Dort wartet das Flugzeug? Hier sind auch Aeroplanes!« Die alte Dame hatte Humor! Mir wäre lieber gewesen, sie hätte Geld gehabt. Natürlich warteten in Cuzco und Lima Flugzeuge, nur nicht gerade auf mich. Ich versuchte, ihr das Problem klarzumachen. Sie sah mich lange nachdenklich an, dann hellte sich ihr zerfurchtes Gesicht plötzlich auf.

»Ein Onkel von mir fährt oft nach Lima. Er könnte Sie mitnehmen.«

»Ohne Geld?«

»Nicht schlimm. Er transportiert ausgeschmolzene Erze in einem großen Auto.« Sie betrachtete mich abschätzend. »Sie wiegen nicht so viel.«

»Wo wohnt Ihr Onkel, Huamaca?«

»Cuzco. Wir werden bei ihm einen Besuch machen.«

Bei dieser Gelegenheit bekam ich wenigstens etwas von der Stadt zu sehen, obwohl ich ehrlich zugeben muß, daß mich Städte nie besonders gereizt haben, mochten sie auch noch so schön und mit Sehenswürdigkeiten überladen sein. Cuzco hat annähernd hunderttausend Einwohner und erinnert kaum mehr an die alte Hauptstadt des Inka-Reichs. Zeit und Erdbeben und vor allen Dingen die eroberungssüchtigen Spanier hatten das ihre dazu beigetragen, sämtliche Spuren der einstigen Größe zu verwischen. Zum Glück hatten sie es nicht überall geschafft.

Huamacas Onkel war Transportunternehmer.

Er brachte Güter von Cuzco entweder bis zum Bahnhof in Huancavelica, wo sie umgeladen wurden, oder direkt nach Lima. Er hatte zwei Tage später eine Fracht ohne Bahnbeförderung direkt in die Hauptstadt. Ich erklärte ihm mein Pech, und als er von seiner Nichte hörte, daß ich ein Freund Ferrants gewesen sei, hieß er mich als Reisebegleiter willkommen.

Er war bestimmt nicht älter als Huamaca, und aus dem Verwandtschaftsverhältnis wurde ich nicht ganz schlau. Jedenfalls versprach er, mich am übernächsten Tag um sechs Uhr bei Ferrants Haus abzuholen.

Damit war die erste Hürde meines Hindernisrennens nach Europa genommen. Zufrieden kehrte ich mit Huamaca in das verwaiste Haus des französischen Sonderlings zurück. Ein wenig wurmte mich schon die Tatsache, daß mir ein Abstecher nach Tiahuanacu versagt blieb, aber ich konnte froh sein, überhaupt bis Lima zu kommen. Wenn die Sphinx in der Höhle dreiundzwanzigtausend Jahre überdauerte, dann auch noch ein weiteres Jahr.

Am nächsten Tag unternahm ich noch einen Ausflug in die nähere Umgebung, aber das einzige, was noch Ähnlichkeit mit der Landschaft zur Zeit der Altairer aufwies, waren die schneebedeckten Gipfel der Anden. Sie allein hatten die Jahrzehntausende schadlos überdauert.

Am folgenden Morgen weckte mich Huamaca, und kurz danach kam bereits ihr Onkel vorgefahren und hupte, als wolle er die ganze Stadt aufwecken. Ich nahm mein Bündel mit Manuskript und einigen Eßvorräten, klimperte mit den wenigen Münzen, die Huamaca mir geschenkt hatte, gab der Alten einen Kuß auf die Wange und lief aus dem Haus.

Mit knatterndem Auspuff setzte sich der riesige Lastzug in Bewegung. – Ich war unterwegs.

Über die Naturschönheiten auf der Fahrt nach Lima gäbe es viel zu erwähnen, doch es ist nicht Zweck des vorliegenden Berichts, Reiseschilderungen zu geben. Worte reichen nicht aus, diese grandiose und einmalige Landschaft zu beschreiben, die an Paradies und Hölle zugleich denken läßt. Die fruchtbaren Täler mit Ansiedlungen, die einsamen Hochebenen, von schroffen Felsen und Berggipfeln eingeschlossen, die mühsamen Pässe und die grundlosen Schluchten zwischen unwegsamen Felshängen – das alles hinterließ in mir einen überwältigenden Eindruck. Ich bin ein Mensch, der die Einsamkeit über alles liebt – ohne sich in ihr jemals ganz wohlfühlen zu können. Die Anden, nicht mit den europäischen Alpen zu vergleichen, sind einsam und hinterlassen in jedem, der sie gesehen hat, einen tiefen Eindruck.

Hierher kamen die Menschen zuletzt.

Huamina! Ayacucho! Huancavelica!

Hier begann die Bahnlinie; eigentlich schon ein Stück vorher. Huamacas Onkel, seinen Namen habe ich vergessen, gab mir zu verstehen, daß von nun an die Straße besser würde. Sie verlief auf weiter Strecke parallel zu den Gleisen, dann wieder entfernten wir uns von der Bahnlinie, die sich irgendwo über schwindelerregende Holzbrücken den kürzesten Weg durch die Berge suchte.

Nach zwei Tagen erreichten wir Lima.

Der Abschied von dem alten Indianer war kurz und herzlich. Ich bedankte mich und versprach wiederzukommen. Bei der Gelegenheit, so versicherte ich ihm, würde ich mich nachträglich an den Dieselölkosten der Fahrt beteiligen, ein Versprechen, das Erich von X. später tatsächlich für mich einlöste.

Da stand ich nun mitten in der mir unbekannten Großstadt, so gut wie ohne Geld, nur mit einem Namen im Gedächtnis. Es gab nur eine einzige Möglichkeit, diesem unerfreulichen Zustand ein Ende zu bereiten. Ich mußte eine Telefonzelle mit einem Telefonbuch finden.

Es wird mir niemand glauben, aber als ich zwanzig Schritte gegangen war, stolperte ich über die Eingangsstufen eines Postamtes. – Ich hatte offenbar mehr Glück als Verstand. Nun war es kein Problem, die Adresse von Professor León herauszufinden.

Allerdings hatte ich nicht damit gerechnet, daß der Name León in Südamerika fast so häufig vorkommt wie zum Beispiel der Name Schmitz in Köln. Es gab auch eine ganze Litanei von León Josés, aber Gott sei Dank nur einen Professor für Indologie. Canevaro 157 …

Ich verzichtete darauf, die Verwandten meines Freundes anzurufen. Die für mich recht peinliche Angelegenheit ließ sich besser persönlich regeln, außerdem wußte ich nicht, wer an den Apparat kam. Und vor allen Dingen wußte ich nicht, ob man Englisch oder Deutsch verstehen würde.

Ich fand die Wohnung von León recht bald, und wenig später stand ich ihm selbst gegenüber. Im ersten Augenblick verblüffte mich sein Anblick etwas. Ganz unlogischerweise hatte ich angenommen, er müsse meinem Freund Kofol in Salzburg ähnlich sehen, aber genau das Gegenteil war der Fall. Ich stand einem waschechten spanischen Eroberer gegenüber – wenigstens stellte ich mir vor, daß sie im 16. Jahrhundert so ausgesehen hatten. Seine Haut hatte einen olivfarbenen Teint, das Haar war glatt und schwarz, seine Gestalt war klein und ungemein schlank, fast graziös.

Ein wenig stockend erklärte ich ihm, ein Freund seines Vetters in Österreich zu sein, der mich gebeten habe, ihm Grüße zu überbringen. Er wurde sofort etwas freundlicher, denn er ahnte ja noch nicht, was ich eigentlich von ihm wollte. Wir unterhielten uns über alle möglichen Dinge; und als er mich dann zum Essen einlud, beschloß ich, das geplante Anpumpmanöver auf später zu verschieben. Es hätte uns wahrscheinlich allen Appetit verdorben.

Nach dem Kaffee führte er mich in sein Arbeitszimmer. Forschend blickte er mich an, dann fragte er höflich und zuvorkommend:

»Ich nehme an, Sie stecken in der Klemme. Wie kann ich Ihnen helfen?«

Ich verschluckte die erste Überraschung und nickte.

»Es stimmt, aber woher wissen Sie das? Spielte ich meine Rolle derart schlecht?«

»Sie sind unsicher gewesen, und das spüre ich. Brauchen Sie Geld?«

Ohne zu verraten, wo und *wann* ich gewesen war, berichtete ich ihm von meinem Mißgeschick, Bargeld, Scheckbuch und Flugkarte verloren zu haben. Er nickte einige Male und stellte zwischendurch kleine Fangfragen, was ich ihm in keiner Weise verübelte.

»Wie geht es Andi?«, meinte er etwa nebenbei. »Immer noch das nutzlose Interesse für die Amateurfunkerei?«

Ich erklärte ihm trocken, daß sein Vetter kaum einen Transistor von einer Stecknadel unterscheiden könne.

»Und das zarte Töchterchen Anette – immer noch kränklich?« Ich widersprach. Anette war durchaus nicht zart oder krank, sondern hätte jeden mittleren Halbstarken glatt aus dem Anzug gehoben.

José de León lächelte zurückhaltend. »Ich sehe, Sie wissen Bescheid. Also, wie viel brauchen Sie?«

Um es kurz zu machen: Er ließ mich telefonisch einen genauen Reiseplan zusammenstellen, bezahlte sämtliche Unkosten und lud mich überdies noch ein, die Nacht bis zum Start der Maschine in Bogotá in seinem Haus zu verbringen. Nach dem Abendessen zogen wir uns abermals in sein Arbeitszimmer zurück. Er fachsimpelte von seinen Forschungen, und ich hätte ihm sicher einige Tips geben können, aber ich war an mein Ehrenwort gebunden. Natürlich bestand ein Zusammenhang zwischen den Kulturen Südamerikas und Indiens, aber er lag viel weiter zurück, als León ahnte. Ich hätte es ihm gern gesagt und ihn so für sein Entgegenkommen belohnt, doch dann hätte ich alles erzählen müssen – und das war unmöglich.

Der Abschied von der gastfreundlichen Familie war herzlich. Man überhäufte mich mit Grüßen für die Verwandten in Salzburg. Man versorgte mich mit einem neuen, sehr leichten Anzug – made in Peru – und drückte mir eine vollgestopfte Flugtasche der »Braniff-Airlines« in die Hand. Die Tasche enthielt peruanische Parfums sowie Stickereien – beides für die Damen zu Hause – und natürlich meine Dokumente und Kleinigkeiten, die ich aus der Vergangenheit mitgebracht hatte, darunter einen kleinen glatten Stein, den ich auf einer Baustelle der Altairer aufgelesen hatte.

Der Flug führte zuerst mit der »Braniff« von Lima nach Bogotá. Dort wechselte ich den Kurs; mit der »Air France« ging es über Rio de Janeiro und Dakkar nach Paris. In Paris wurde wieder einmal gestreikt, die Hälfte der Flüge ab Orly fiel aus, und ich erwischte mit viel Glück eine Maschine der »BEA« nach London.

Ich habe eine Abneigung gegen das Fliegen in Verkehrsmaschinen; die kleinen, wendigen Sportmaschinen sind mir lieber, die im Falle eines Motorschadens noch immer irgendwo auf einem Acker sicher landen können. Aber wenn ich in so einem fliegenden Autobus sitze, überkommt mich jedesmal das unangenehme Gefühl, in einer Todeszelle eingesperrt zu sein. Allein die Tatsache, daß man sich so hoch über der Erde befindet und keinen Fallschirm zur Verfügung hat, löst bei mir die schrecklichsten Vorstellungen aus. Auch die Aussicht, statt in London womöglich in Kuba einzutreffen, schien mir nicht gerade verlockend zu sein. Meine Befürchtungen waren natürlich grundlos, aber ich hatte sie nun einmal – und ich habe sie nach diesem Gewaltflug erst recht.

London! Hier konnte ich einen Zwischenaufenthalt einlegen, um meinen Freund Carnell in Plumstead aufzusuchen. Er ahnte nichts von dem, was ich erlebt hatte, und wie üblich drehte sich unser Gespräch um rein geschäftliche Dinge. Wir beide betrieben zusammen eine literarische Agentur, spezialisiert auf die Rechte von Science Fiction. Als wir am späten Abend über die theoretische Möglichkeit einer Zeitmaschine zu spekulieren begannen, mußte ich mich sehr zurückhalten, denn wie leicht hätte ich ihn widerlegen können. Aber ich konnte und durfte nicht.

Frankfurt!

München!

Und dann endlich: Irschenberg in Oberbayern.

Meine Frau erwartete mich bereits, denn ich hatte meinen ursprünglichen Plan, direkt zu Erich nach Zürich zu fliegen, geändert. Schließlich stand Weihnachten vor der Tür, und ich war fast drei Monate weg gewesen. Auf eine weitere Woche kam es nun auch nicht mehr an.

Außerdem blieb mir Zeit, meine Aufzeichnungen zu ordnen, noch einmal in Ruhe Holmès' Bericht durchzulesen und auch Ferrants Brief an Erich zu studieren. Er brachte nichts Neues. Längst hatte ich ein Telegramm nach Davos geschickt, und am 23. Dezember kam die Antwort:

ERWARTE DICH ZWISCHEN WEIHNACHTEN UND NEUJAHR. ERICH.

Meine Frau versuchte mich auszuquetschen wie eine Zitrone, die nicht reif ist. Mit anderen Worten: Sie bekam nicht viel aus mir heraus. Sie ist eine nüchterne, sachliche Person, und ich wagte es nicht, ihr die Geschichte mit der Zeitmaschine aufzutischen. Sie hätte mich nicht nur ausgelacht, sondern außerdem noch für verrückt gehalten. Also erzählte ich ihr von herrlichen Ausflügen in die Bergwelt Perus, von imaginären Abenteuern mit raublustigen Wegelagerern, von Ferrant und seiner alten Indianerin und von meinem Aufenthalt in Lima, wo ich bei Leóns zu Gast gewesen war.

Zwischendurch fuhr ich nach Salzburg und gab Andreas das Geld, damit er es seinem Vetter transferieren konnte. Er war der einzige, der vor Erich die ganze Wahrheit erfuhr. Er glaubte mir und konnte den Mund halten. Und er war es auch, der die Existenz einer

Kontrollstation der Altairer in unserer Zeit nicht nur für möglich, sondern für höchstwahrscheinlich und logisch hielt.

»Natürlich haben sie einen Plan, der sich über die Jahrtausende hinweg erstreckt. Warum sollten sie ihn aufgegeben haben? Sie sind da! Vielleicht im Vatikan, vielleicht in der UNO. Was wissen wir? Es gibt zu viele Dinge in unserer Gegenwart, besonders politische oder religiöse Ereignisse, die sich doch mit gesundem Menschenverstand einfach und schnell klären ließen. Was glaubst du, warum es nicht geht? Weil in politischen und religiösen Schlüsselpositionen die Außerirdischen sitzen, die eine glatte Lösung im eigenen Interesse nicht wünschen.«

»Lieber Himmel!«, rief ich aus. »Das klingt wie die Idee zu einer utopischen Fernsehserie! Das nimmt dir kein Mensch ab!«

Er nickte.

»Gott sei Dank glaubt mir das niemand. Aber du weißt es!« Wenn es diesen Hundertausendjahresplan der Altairer wirklich gab, was bezweckte er? Nicht unsere Vernichtung, das war mir völlig klar. Keine unsinnige Invasion, sondern viel eher unsere Weiterentwicklung zum Globalsozialismus und damit zu jener Reife, die für eine Aufnahme in den Galaktischen Bund eine selbstverständliche Voraussetzung sein mußte. Die inzwischen hochentwickelte Menschheit sollte nicht durch Gewaltandrohung und Kriege geeint werden, sondern sie sollte diesen Weg allein und selbständig finden. Mit ihren überlegenen technischen Mitteln wäre es den Mitgliedern des Galaktischen Bundes leicht gefallen, den Weltfrieden an einem einzigen Tag für alle Zeiten zu erzwingen, aber das wäre ein verbotener Eingriff in den Verlauf der natürlichen Evolution gewesen. Sie mußten selbst untätig zusehen, wie eine Nation nach der anderen ihre eigenen Atomwaffen schuf und so das Gleichgewicht des Schrekkens empfindlich zu stören begann. Mir war klar: Sobald der Atomkrieg ausbrach, war die Arbeit des Galaktischen Bundes auf der Erde beendet.

Oder würde man noch einmal von vorn beginnen?

Drei Tage nach Weihnachten parkte ich den Wagen unterhalb des Hotels »Rosenhügel« in Davos. Der Hausdiener schleppte meinen Koffer auf das vorbestellte Zimmer, und wenig später schon klopfte es energisch.

Ich ging meinem Freund mit ausgestreckten Armen entgegen, aber er drückte mir nur flüchtig die Hand. Etwa so, als hätten wir uns erst vor einer Stunde verabschiedet, nicht vor knapp neun Monaten. Ich wußte, daß dieses merkwürdige Verhalten nichts mit Unfreundlichkeit oder gar dem Fehlen freundschaftlicher Gefühle mir gegenüber zu tun hatte. Wer Erich von X. kennt, der weiß nur zu genau, daß er von einer Idee beherrscht wird und daß er für Sentimentalitäten, die uns selbstverständlich scheinen, keine Sekunde übrig hat.

»Gut, daß du da bist! Was ist los? – Nun erzähl doch endlich!« Das waren seine ersten Worte nach neun Monaten Trennung! Ich schüttelte den Kopf und setzte mich erst einmal. Sein Blick wanderte im Zimmer umher und blieb an meinem Koffer haften, der noch auf dem Stuhl stand.

»Hast du was mitgebracht? Was ist mit der Zeitmaschine? Warst du in der Vergangenheit? – Oder nicht?«

»Setz dich erst mal«, forderte ich ihn auf und wartete, bis er ungeduldig und nervös Platz genommen hatte. »Ich würde vorschlagen, ich berichte dir alles der Reihe nach. Um es vorwegzunehmen: Die Zeitmaschine existiert tatsächlich, und ich war in der Vergangenheit. So, fühlst du dich jetzt besser?«

Er starrte mich an.

»Mensch, das ist *wirklich wahr*?« Seine Frage verriet mir nur allzu deutlich, wie sehr er ein Jahrzehnt lang zwischen Glauben und Unglauben geschwankt hatte. »Fang schon an, erzähle!«

Ich berichtete.

Als ich nach einer Stunde heiser zu werden begann, ließ Erich eine Flasche Wein kommen. Ich war ihm für den Wein und die kurze Pause sehr dankbar; aber zum Glück unterbrach er mich während des Berichts nicht durch Fragen. Er sah mich unverwandt an, und mir war, als dränge sein Blick bis in die verborgensten Winkel meiner Seele. Diesen Mann, das wußte ich, würde man nie belügen können. Aber das konnte mir egal sein; ich erzählte ihm die bis in alle Details reine Wahrheit.

Erst als ich den Verlust der Sphinx erwähnte, änderte sich sein Benehmen. Er starrte mich entsetzt an, dann stieß er hervor: »Du hast sie nicht mehr? Menschenskind …!«

»Es tut mir leid, aber es war unmöglich. Holmès und ich durften auf keinen Fall die Altairer mißtrauisch machen. Sie wußten, daß ich die Sphinx besaß, aber sie sollten nie erfahren, daß wir eine zweite geheime Kammer betreten wollten. Die Figur liegt bestimmt noch in Tiahuanacu.«

Der Rest war schnell erzählt. Ich übergab ihm Holmès Bericht und Ferrants Abschiedsbrief. Während er beides aufgeregt und ziemlich unkonzentriert überflog, was ich durchaus verstehen konnte (für ein genaues Stadium beider Schriftstücke blieb ihm später Zeit genug), holte ich den kleinen glatten Stein aus dem Koffer und legte ihn auf den Tisch. Entgegen meiner ursprünglichen Absicht, ihn als Andenken zu behalten, hatte ich ihn nun doch mitgebracht. Er sollte für Erich der letzte Beweis sein, obwohl Holmès Schreiben, mit seiner Unterschrift versehen, meiner Meinung nach vollauf als Beweis diente.

»Das ist der Ersatz für die Sphinx?« Er nahm den Stein und betrachtete ihn. Als er die Glasur entdeckte, prüfte er sie mit den Fingerspitzen. Dann sah er mich an. »Ja, das geschliffene Labyrinth, die Antwort auf alle Fragen der Wissenschaftler nach der Kunstfertigkeit der Inkas! Mit Laserstrahlen geschnitten, zwanzigtausend Jahre und mehr der Witterung ausgesetzt – und wir haben die erstaunlich exakten Felsblöcke der Inka-Tempel, ihrer Festungen und Mauern.« Er lächelte, zum erstenmal an diesem Tag. »Ja, wir haben nun die Beweise, daß alles so war. Aber glaubst du wirklich, wir könnten damit vor die Öffentlichkeit treten? Nie und nimmer! Bloß wird mich niemand daran hindern können, meine Theorie zu vertreten, auch ohne Beweise dafür vorzulegen. Ich selbst habe sie, das genügt mir. Sie geben mir den Rückhalt, mit den Zweiflern diskutieren zu können. Sie geben mir die Kraft, mich der Kritik und dem Spott der Wissenschaftler auszusetzen. Ich habe sie einfach gebraucht, um stark zu bleiben. Verstehst du das?«

Und ob ich das verstand!

»Wirst du nach Peru fahren – ich meine: bald?«

Er zuckte die Achseln.

»Das verdammte Hotel …! Ich habe die Schulden, mit denen ich es übernahm, noch nicht herauswirtschaften können. In Geldsachen, das weißt du ja bereits, bin ich eine Niete. Ich habe mir schon Geld geliehen und in den Betrieb gesteckt, und es wird stetig aufwärts gehen.«

»Nimm nicht Kredit auf das Hotel, nimm doch Kredit auf dein Buch«, sagte ich ihm. »Holmès ist überzeugt, daß es Geld bringen wird, wenn du es geschickt schreibst, und was ich damals als Probe gelesen habe, ist gut geschrieben. Du darfst nicht den Fehler begehen, allzu wissenschaftlich und trocken zu wirken, dann liest das kein Mensch. Schreibe lebendig, herausfordernd, provokativ! Stelle Fragen an den Leser, laß ihn selbst mitdenken, zeige ihm den Weg, der ihn automatisch zum eigenen Schluß führt. Schreibe nie: So und so ist es gewesen! Schreibe immer: So oder so könnte es gewesen sein!«

Er nickte.

»Das hätte ich auch getan, wenn ich die Wahrheit nun nicht wüßte. Ich werde die Öffentlichkeit mit einer Flut von Fragen konfrontieren. Und um den Stil ...«

»Darum mach dir keine Sorgen, Erich. Es gibt Lektoren, die dafür bezahlt werden, Manuskripte druckreif zu machen. Gute Lektoren und Korrektoren halten sich an den ursprünglichen Stil des Verfassers, feilen ihn lediglich aus und werfen ab und zu einen Blick in den Duden. Das ist alles. Deine Aussage bleibt, und sie sollte in deinem Fall populär gehalten sein. Trotzdem würde ich dir raten, vorher eine Reise zu unternehmen. Nur wenn man alles mit eigenen Augen gesehen hat, kann man urteilen – und Fragen stellen. Die richtigen Fragen! Holmès hatte eine eigenartige Sicherheit, daß dich dein Buch reich machen würde.«

»So, hatte er das?« Erich lachte und leerte sein Glas. »Sein Wort in den Ohren sämtlicher Götter!«

Ich blieb ernst.

»Die Götter, zumindest die heute herrschenden, lieber Freund, werden in deinem Fall die letzten sein, die dir helfen würden ...«

Ich blieb nur zwei Tage in Davos, dann kehrte ich zu meiner Familie zurück, um meine gewohnte Arbeit wieder aufzunehmen. Den Stein hatte ich Erich überlassen, sozusagen als Ersatz für die verlorengegangene Sphinx. Mir selbst war es unmöglich gewesen, ihm Geld zu leihen, auf meinem Konto lagen nur noch ein paar hundert Mark. Ich mußte wieder schreiben, um über die Runden zu kommen. Ich konnte Erich nicht helfen, so gern ich es getan hätte. Aber er versicherte mir, darum solle ich mir keine Gedanken machen. Er bekäme das Geld, und im Herbst bereits würde er reisen. Bis dahin habe er sein Buch im Rohbau fertig. In diesem Jahr änderte sich auch einiges für mich.

Meine Familie und ich verließen schweren Herzens Irschenberg und zogen nach Salzburg. Es gab dafür viele Gründe, die damals stichhaltig und einleuchtend schienen. Der Umzug wirkte sich nicht auf meine Arbeit aus, die ich unvermindert fortsetzte und die den Lebensunterhalt sicherte. Leider aber auch nicht mehr. Denn mein größter Wunsch wäre es gewesen, Erich auf seiner Südamerikareise zu begleiten. Es war unmöglich.

Ab und zu kam ein Brief von ihm. Er behandelte meist »unser Thema«, brachte neue Erkenntnisse und Erklärungen für Dinge, die täglich in unserer Welt passierten und Tage später wieder vergessen waren, die für uns eindeutige Hinweise waren, daß die Kontrollstation der Altairer noch existierte. Ein Grund mehr, vorsichtig zu bleiben. So betrachtet, saßen wir bereits im Sommer 1966 zwischen zwei Stühlen.

Frühjahr und Sommer 1966 vergingen ohne erwähnenswerte Ereignisse. In aller Stille bereitete Erich seine Reise vor, und ich hatte wirklich keine Ahnung damals, wie er sich das Geld beschaffen wollte. Darüber gibt es an anderer Stelle ausführliche Berichte, womit ich allerdings nicht jene meine, die in den späteren Gerichtsprotokollen veröffentlicht wurden. Denn diese Gerichtsprotokolle strotzen – wie ich heute mit Sicherheit weiß – vor falschen Behauptungen, Unterstellungen, Anschuldigungen …

Auch erübrigt es sich, an dieser Stelle über die erste Südamerikareise Erichs ausführlich zu berichten. Wenn ich es stichwortartig dennoch tue, dann nur, um die einzelnen Stationen seiner Untersuchungen für den interessierten Leser kurz festzuhalten.

Die Maschine startete am 25. September 1966 auf dem Flughafen Kloten bei Zürich, abends um 20.15 Uhr. Am 27. September besichtigten Erich von X. und sein Reisebegleiter Hans Neuner (den er als Fotograf mitnahm) bereits die Ruinen von Cajarmarquilla in der

Nähe von Lima. Ihn interessierten in erster Linie die dort vorhandenen mannstiefen Löcher, die angeblich einst zur Aufbewahrung von Getreide dienten – eine völlig absurde und absolut unlogische Behauptung.

Am 28. September: Nazca, der Flughafen der Götter! Wie ich bereits in meinem Bericht aus der Vergangenheit erwähnte, existierte er zur Zeit der Altairer noch nicht. Ich sah ihn nie, aber ich kenne die Fotos und Berichte. Meine Vermutungen decken sich, wie bekannt, nicht ganz mit denen Erichs in dieser Beziehung; aber sowohl seine wie auch meine Ansichten haben den gleichen Ursprung. Die Zeichnungen und »Landebahnen« waren zweifellos für Wesen bestimmt, die aus der Luft kamen.

Am 29. September flogen Erich und Hans nach Cuzco.

Cuzco und die Festung Sacsayhuaman – das war der Schlüssel! Hier hatte ich Professor Holmès in der Vergangenheit besucht, und hier mußte Erich die Spuren dessen finden, was vor dreiundzwanzigtausend Jahren neu gewesen war.

Und er fand sie.

Dazu, wenn auch schon an anderer Stelle veröffentlicht, ein Bericht von Hans Neuner, den Erich mir bestätigen konnte:

»Wir waren in Sacsayhuaman nur in solchen Gegenden, in denen es keine Touristen gab. Wir kletterten sechshundert Meter höher, und dort fanden wir riesige Felsblöcke, glatt bearbeitet und mit so scharfen Kanten, wie sie die Natur niemals hervorbringen könnte. Und dann entdeckte Erich die ersten Steinverglasungen, und mir war, als hätte er danach gesucht. Er wurde ganz aufgeregt und lief stundenlang in den Bergen herum, um nach Spuren einstiger vulkanischer Tätigkeit zu forschen. Seine eindeutige Feststellung: Hier gab es nie einen Vulkan, und wenn es je einen gegeben hätte, dann wären die Lavamassen nur nach einer Seite abgeflossen, nicht aber nach allen Seiten! Die Gesetze der Schwerkraft hatten schon immer Gültigkeit, wenn Newton sie auch erst später entdeckte und in Formeln verankerte. Steinverglasungen aber entstehen nur durch Hitzeentwicklung. Seltsam ist nur, daß sich bisher niemand um diese Steinglasuren gekümmert hat. In den wissenschaftlichen Büchern findet man alles über Sacsayhuaman, aber kein Wort über die gigantischen Rätsel sechshundert Meter darüber.«

Das also schrieb Hans Neuner.

Ich glaube, jeder Kommentar dazu erübrigt sich.

Am 5. Oktober in Tiahuanacu geschah das, was in keinem der Bücher von oder über Erich von X. erwähnt wurde. Auch Hans Neuner konnte es nicht berichten, denn an diesem Tag begleitete er Erich nicht die ganze Zeit. Er verlor ihn für mehrere Stunden aus den Augen und fotografierte in der Nähe von Tiahuanacu die Monolithen, plauderte mit dort arbeitenden Einheimischen und wunderte sich, was sein Freund allein in den Bergen herumzufahren hatte.

Nur ich erfuhr später, was geschehen war.

Hier die bisher verschwiegenen Tatsachen:

Bericht Erich von X., Oktober 1966:

Heute ist der entscheidende Tag. Von La Paz aus besuchte ich zusammen mit Hans Neuner die Ruinenfelder von Tiahuanacu, in denen gerade eine Gruppe von Archäologen mit ihren Helfern bei der Arbeit war. Ich unterhielt mich eine Weile mit ihnen und konnte über ihre Darstellung zur Entstehungsgeschichte und Herkunft der Ruinen nur still in mich hineinlächeln. Sie nahmen wahrhaftig an, die primitiven Vorfahren der Inkas hätten die mächtigen Blöcke mit einfachen Steinhämmern und Steinmeißeln in jahrelanger Arbeit so zurechtgeschliffen, wie wir sie heute noch vorfinden. Ich verzichtete darauf, ihnen an Ort und Stelle den Gegenbeweis zu liefern, was einfach gewesen wäre. Die Monolithe waren derart hart und präzise geschliffen, daß man selbst mit einem Stahlmeißel Tage benötigt hätte, eine einigermaßen scharfe Rille in die vier Meter hohen Klötze zu meißeln.

Und dann die Leitungen! Ich bekam beinahe einen Lachanfall, als der Arbeitstrupp unter Führung von zwei Archäologen mehrere Röhrenstücke in die rekonstruierte Mauer einfügen mußte. Die Rekonstruktion selbst war ein Hirngespinst. Wie bei einem Lego-Baukasten hatten sie die Steine numeriert und dann zwischen zwei Monolithen zu einer Mauer aufgebaut. Warum fragt sich bloß keiner dieser Fachgelehrten, was die haarscharfen, fingerbreiten Rillen, die vom oberen Ende der Monolithen in schnurgerader Linie nach unten verliefen, zu bedeuten haben? Würden sie sich nämlich diese Frage stellen, so kämen sie nie auf die Idee, zwischen den Monolithen kleinere Steinquader zu ihrer Mauer zusammenzufügen, denn damit verdeckten sie ja die Rillen! Die Rillen hatten nämlich ganz gewiß einen Zweck gehabt – aber sicher nicht den, nach mühseliger Handarbeit mühelos verdeckt zu werden!

Ich wußte, was die Rillen bedeuteten. Beim ersten Depot, welches das altairische Raumschiff hier angelegt hatte, bevor es die Auswanderer niederträchtig zurückließ, hatten die Monolithen als Verankerungspunkte gedient. In jeden Monolithen war eine messerscharfe Rille gefräst worden, und dann war von Monolith zu Monolith von oben in die vorbereitete Rille eine dünne, leichte Kunststoffwand geschoben worden. Die oberen, ausgefrästen Winkel an den Monolithen hatten das Flachdach getragen. Das Notdepot war fertig.

Und jetzt konstruierten die Archäologen – vor meinen Augen eine Prachtmauer zwischen die Monolithen. Es juckte mich, ihnen zu sagen, daß sie einen gewaltigen Irrtum begingen, daß die Steine, die sie hier aufeinandertürmten, aus einer viel späteren Epoche stammten als die Monolithen und daß die präzise gearbeiteten Röhrenstücke keine Wasserleitungen gewesen seien. Doch was konnte ich tun? Man hätte mich nach meinem Namen, Titel und meiner Professur gefragt und dann – nachdem ich mich als Amateur legitimiert hätte – einen Narren gescholten. Es war sinnlos. Ich mußte für mich allein bleiben.

Vorerst galt es, Hans loszuwerden, denn ich hatte ihm die Geschichte von Walter und der Zeitmaschine nicht mitgeteilt und konnte ihm daher auch nicht plausibel machen, daß ich hier oben an einem ganz bestimmten Ort einen ganz bestimmten Gegenstand finden wollte. So beauftragte ich Hans, das Ruinenfeld von allen Seiten zu fotografieren und Präzisionsbilder von Einzelstücken zu schießen. Ich selbst – so orientierte ich ihn – würde mit dem Wagen Richtung Titicaca-See fahren und in einigen Stunden zurück sein. Hans' Einwände tat ich knapp ab, hockte mich in den roten VW, den wir in La Paz gemietet hatten, und holperte davon.

Die Landschaft mußte sich in den vergangenen zwanzigtausend Jahren außerordentlich stark verändert haben, denn es fiel mir unheimlich schwer, den Weg nach Walters spärlichen Anhaltspunkten zu finden. Ich richtete mich nach meinem bewährten Recta-Kompaß, der Fünfzigtausender-Karte, die ich ebenfalls in La Paz erstanden hatte, sowie dem nahen Gebirge.

Der abgestumpfte Gipfel links vor mir – das mußte es sein! Dort oben befand sich zweifellos das Plateau, auf dem Walter und Holmès gewartet hatten, von den Wilden verspeist zu werden. Ein verrückter Gedanke: Vor zehn Monaten hatte ich mit Walter im »Rosenhügel« gesprochen, und vor über zwanzigtausend Jahren hatte er hier oben in akuter Lebensgefahr geschwebt! Was wäre geschehen, wenn sie ihn damals aufgefressen hätten? Wäre ich dann 1954 keinem Professor Aristide Holmès in Ägypten begegnet, und würde ich heute keinen Walter Ernsting kennen? Oder hatte das eine mit dem anderen nichts zu tun? – Jetzt stand ich am Fuß der Felswand und musterte – wie der Jäger auf der Pirsch – mit meinem Fernglas jeden Meter der Wand. Ich bemerkte die künstliche Bearbeitung an einem Loch sofort und steuerte zielstrebig darauf zu.

Der Eingang zur Höhle war verschüttet. Es gab in dieser Gegend einige hundert solcher Höhlen, so daß es kein Wunder war, wenn sich niemand um sie kümmerte. Viele von ihnen waren durch Eingeborene oder auch von Archäologen freigelegt worden, aber man hatte nie etwas anderes als eine natürliche Spalte im Felsen oder einen in den Berg hineingetriebenen Stollen entdeckt, der abrupt endete. Alle stillen Hoffnungen, in einer solchen Höhle einen Inka-Schatz zu entdecken, hatten sich nicht verwirklicht.

Für mich bestand kein Zweifel: Dies war der Eingang zu der Höhle, in der Walter und Holmès die Sphinx zurückgelassen hatten. Ich mußte versuchen, in sie hineinzugelangen, denn mir blieben nur einige Stunden Zeit.

Ich war ohne jede Ausrüstung, aber mein Gasfeuerzeug hatte ich bei mir, frisch gefüllt und mit großer Flamme. Das Hauptproblem jedoch bildeten die Steine, die vor und in dem Eingang lagen und ihn versperrten. Darüber baute sich die Felswand mit dem Einschnitt auf, der die Jahrtausende überdauert hatte – ein sicheres Merkmal! Die angehäuften Steine hatten zwar den eigentlichen Eingang verschüttet, aber nicht den unmittelbar darüber liegenden Einschnitt. Er war schmal, aber vielleicht würde ich mich durchzwängen können.

Ich steckte die Hand vor. Sie fand keinen Widerstand. Mit den Fingern räumte ich die obersten Steine beiseite, bis die Öffnung groß genug für meinen Kopf und die Schultern war. Aber dann überlegte ich es mir anders.

Als ich halb in dem Loch baumelte und meine Füße immer noch keinen Halt fanden, bekam ich es mit der Angst zu tun. Verdammt, wenn ich hier bloß wieder herauskam! Ich zog mich keuchend an der Kante wieder hoch, machte auf dem Bauch liegend eine Verschnaufpause und stolperte dann die paar Meter über die Geröllhalde zu meinem Wagen. Ich brauchte ein Seil. Ich triumphierte vor Freude, als ich im Kofferraum tatsächlich ein Abschleppseil vorfand. Erneut erklomm ich die rutschige Steinhalde, verankerte das Seil am nächsten Baum, warf das Ende ins Loch hinunter und zwängte mich hinterher. Ich schob zuerst meine Beine hindurch und folgte ächzend mit dem Oberkörper. Als ich abrutschte, machte ich mich auf einen harten Aufprall gefaßt, aber ich fiel kaum einen Meter. Durch den Einschnitt kam Licht, also entzündete ich mein Feuerzeug noch nicht, sondern tastete mich in die Höhle hinein. Wie erwartet war sie schmal und eng. Fast mußte ich gebückt gehen, denn im Lauf der Zeit waren aus der Decke ganze Quader herausgebrochen und bildeten eine dicke, unwegsame Schicht auf dem Gang. Nach sechs oder sieben Metern mußte ich Licht machen, damit ich mir nicht den Hals brach. Und dann stand ich vor dem Ende des Gangs.

Oberhalb von Cuzco hatte ich das Innere der Pyramide und die Sperrmauer zur geheimen Kammer gesehen, in der die Zeitmaschine ruhte. Auch das »Schlüsselloch« hatte ich begutachtet. Aber ich besaß keinen Schlüssel, und selbst dann, wenn ich ihn jetzt fand, blieb mir keine Zeit im Reiseplan, nach Cuzco zurückzukehren.

Außerdem sollte ich die Zeitmaschine nicht vor dem Jahr 1968 benutzen, wie Holmès mitgeteilt hatte.

Die Mauer war glatt, aber keinesfalls poliert. Sie sah aus wie nackter, roh bearbeiteter Fels. Ich wußte, daß dies die Spuren der Zeit waren. Hinter der Mauer, so wußte ich weiter, lag eines der Notarsenale der Altairer. Sie hatten es vielleicht niemals benutzt.

Das »Schlüsselloch« befand sich dicht über dem Erdboden, wie Walter es mir beschrieben hatte.

In ihm, nur halb hineingeschoben – *steckte wahrhaftig die Sphinx*! *Meine* Sphinx, die mir Holmès vor elf Jahren gegeben und die er in Cuzco gefunden hatte! *Dieselbe* Sphinx, die Walter mit in die Vergangenheit genommen und *dort* vor dreiundzwanzigtausend Jahren *hier* zurückgelassen hatte!

Wo war sie in diesen dreiundzwanzig Jahrtausenden wirklich gewesen?

Ich zog sie aufgeregt aus ihrem Versteck und untersuchte sie flüchtig. Die geklebte Stelle am rechten Auge war vorhanden, für mich der eindeutige Beweis, daß ich keine neuerliche Nachahmung in der Hand hielt. Einen Augenblick lang überlegte ich, dann gewann die Versuchung; ich entschloß mich, die Gelegenheit wahrzunehmen. Ich schob die Sphinx wieder in das Loch zurück, drehte sie so, wie mir beschrieben worden war und drückte sie dann ganz hinein.

Unter mir war das Vibrieren, als der Mechanismus anlief, und dann sank die Wand in den Felsboden. Ich weiß allerdings nicht, wer mehr vibrierte, ich oder die Wand! Ohne die Schwelle zu überschreiten, beugte ich mich vor, um die auf der anderen Seite gelegene Kammer, rechts von der Trennwand, zu untersuchen. Ich fand kein Loch.

Wie ließ sich die Kammer öffnen, wenn man erst darin war? Ich wagte es nicht, sie zu betreten. Solange die Sphinx außerhalb der Kammer den Mechanismus blockierte, so hoffte ich zwar, würde sich die Wand nicht wieder schließen, aber ich konnte nicht absolut sicher sein. Hier oben würde man mich niemals finden.

Das Feuerzeug gab nur wenig Licht. Ich stellte die Flamme größer. Eine Viertelstunde würde das Gas reichen, das wußte ich aus Erfahrung. Der Lichtschein genügte, einen Blick in die Kammer zu werfen, und was ich sah, ließ mir fast das Blut in den Adern gerinnen. Es zeigte mir aber auch, daß meine Vorsicht angebracht gewesen war.

Vor der Schwelle lagen vier menschliche Skelette, an denen farbige Stoffetzen hingen. Ihr Alter war kaum abzuschätzen, aber mit Sicherheit waren sie gleich alt. Sie fielen regelrecht auseinander, als der frische Lufthauch sie traf. Tausende von Jahren mußten sie hier gelegen haben, und nur die absolute Abgeschlossenheit hatte bewirkt, daß sie sich bisher relativ gut gehalten hatten. Mich schauderte. Es waren also Menschen in die Kammer eingedrungen, und es war ihnen nicht gelungen, sie rechtzeitig wieder zu verlassen. Elendiglich waren sie verhungert und verdurstet, vielleicht sogar erstickt.

Nur der fünfte Mensch, der die Höhle entdeckte und in sie eingedrungen war, hatte die Sphinx halb aus dem Loch herausgezogen, ohne das Geheimnis zu erforschen. Aus unbekannten Gründen hatte er dann die Figur stecken lassen und die Höhle wieder verlassen. Bloß deshalb, so kombinierte ich, fand ich heute, was jetzt vor mir lag.

Hinter den Skeletten sah ich Regale aus mattschimmerndem, silbergrauem Material in den Wänden eingelassen, und in diesen Regalen bemerkte ich undeutlich eine Menge Gerätschaften. Ich entdeckte fein verarbeitete Kisten aus silberschimmerndem Metall, die wahrscheinlich der Aufbewahrung empfindlicher Instrumente dienten. Die ganze Kammer war angefüllt, so weit mein Lichtschein reichte. Hier lagen Dinge, die unsere Vergangenheit in einem ganz neuen Licht zeigen würden, wenn ich mich entschließen würde, dieses Geheimnis preiszugeben. Aber die Zeit war noch nicht reif. Die Militärs würden in der bekannten Wichtigtuerei neue Waffen daraus konstruieren lassen.

Eine Zeitmaschine stand nicht in der Kammer.

Als mir das Feuerzeug mehrmals die Finger verbrannte, trat ich zurück und zog die Sphinx aus dem Loch. Sofort begann sich die Wand zu schließen. Ich wartete, bis nur noch der nackte Fels zu sehen war, dann trat ich schleunigst den Rückweg an.

Etwas später stand ich draußen im Licht der hellen Nachmittagssonne, die Sphinx unter dem Arm eingeklemmt und ein glühendheißes Feuerzeug in der Tasche.

Langsam fuhr ich zum Ruinenfeld zurück, wo Hans mich ungeduldig erwartete.

»Wo hast du so lange gesteckt?«

Ich hielt ihm die Sphinx entgegen.

»Wer sucht, der findet«, sagte ich und schlenderte zu den Archäologen, um mich mit ihnen zu unterhalten. Sie bewunderten die gewichtige Steinfigur und fragten, wo ich sie gefunden hätte.

»Oben in den Bergen«, war meine Antwort.

Der seriöseste von ihnen betrachtete die Figur und nickte.

»Sie bestätigt meine Theorie«, stellte er dann ernst fest. »Die Vorgänger der Inkas beteten den Jaguar als Gott an. Das hier ist zweifellos ein Jaguar.«

Gegen so viel falsche Überzeugung anzukämpfen hielt ich für sinnlos.

Müde und doch überglücklich kehrte ich mit Hans nach La Paz zurück.

Ich hatte gefunden, was ich gesucht hatte.

Anderntags reisten wir weiter.

Soweit Erich von X.' Bericht über den Fund der Sphinx.

Am 11. Oktober besuchte er die Maya-Ruinenstadt Tikal in Guatemala, am 14. Oktober Mexico – und am 21. Oktober das Raketenzentrum in Housten. Vergangenheit und Zukunft trafen aufeinander.

23. Oktober: Kap Kennedy.

26. Oktober: Huntsville. Wernher von Braun.

27. Oktober: New York. Will Ley.

28. Oktober: Keene in New Hampshire. Professor Hapgood und die Karten des Piri Reis.

31. Oktober: wieder in Zürich!

Und hier stellte er fest: Seine Schulden hatten sich verdoppelt.

Im Mai 1967 besuchte ich ihn wieder, aber diesmal trafen wir uns nicht in seinem Hotel. Wir hatten einen kleinen Ferienort in Vorarlberg vereinbart, wo uns niemand kannte und wo wir hoffen konnten, ungestört zu bleiben.

Der Arlberg war noch verschneit. Rechts und links türmten sich meterhohe Schneewände, und vereinzelte Gipfel waren vom Nebel verhüllt. Für einen Augenblick glaubte ich mich in die Anden versetzt, aber dann lag der Paß bereits wieder hinter mir. Erich war schon dort. Er war klugerweise mit der Bahn gereist und sonnte sich auf der Terrasse der kleinen Pension. Diesmal war die Begrüßung herzlicher, privater als sonst. Die Hektik des Alltags im »Rosenhügel« fehlte, und mir kam es so vor, als sei Erich ruhiger, zuversichtlicher geworden. Ich ahnte nicht, in welchen Schwierigkeiten er steckte. Man merkte es ihm nicht an. »Das Buch ist fertig«, empfing er mich, nachdem wir uns die Hände geschüttelt hatten. »Ich habe die Kopie mit, du kannst sie durchlesen. Das Original ist in Düsseldorf. Da sitzt jemand, der verlegerischen Mut besitzt. Ich denke, er wird es nicht bereuen.«

»Hast du etwas von Holmès erwähnt, ich meine …«

Er schüttelte den Kopf so energisch, daß ich von selbst nicht mehr weiterfragte.

»Bin ich lebensmüde, Walter? Das, was ich geschrieben habe, reicht ohnehin für den ersten Schock. Und du kannst Gift darauf nehmen, daß es ein Schock werden wird. Ich will den Mann auf der Straße wachrütteln, ihn zum Denken anregen – und gewisse Kreise sehr unruhig machen. Das Buch bricht hundert Tabus, von denen wir bisher eingeengt und am logischen Nachdenken gehindert wurden. Ich mache mich auf einen harten Kampf gefaßt, auf einen Kampf gegen die konservative Archäologie, ihre Gründer und ihre Anhänger. Und ganz besonders auf einen Kampf gegen die Neider, die mir Unwissenheit und eine blühende Phantasie vorwerfen werden.«

»Es hat immer Ketzer gegeben«, tröstete ich ihn. »Später stellte sich dann heraus, daß sie recht hatten.«

Erich prostete mir zu.

»Ja, später – wenn sie erledigt waren.«

Die Pensionsinhaberin, eine gemütliche, ältere Dame, zeigte mir das Zimmer. Ich zog mich um und kehrte zu Erich zurück. Dankbar nahm ich zur Kenntnis, daß auf dem Tisch ein zweites Glas mit frischem, kühlem Bier stand.

»Ich muß morgen wieder zurück«, sagte Erich und sah hinauf zu den Berggipfeln. Der Himmel war inzwischen wolkenlos und tiefblau. »Geld, weißt du …«

»Steht es schlimm …?«

»Ja und nein. Mit der Wintersaison hatten wir Pech. Lawinen und so. Mehr Ausgaben als Einnahmen. Dazu einige Neuinvestitionen, die nicht zu umgehen waren. Das Hotel geht stetig besser. In drei Jahren werde ich aus den roten Zahlen sein. Sicher, kein Gläubiger drängt, aber angenehm ist das Gefühl nicht, Schulden zu haben. Wenn die in Düsseldorf wenigstens mit dem Buch weitermachen würden! Wie lange dauert denn so etwas eigentlich?«

Er hatte in der Tat keine Ahnung, wie viel Arbeit in der Herstellung eines Buchs steckte. Geschrieben ist es unter Umständen schnell, aber dann gerät es in die Verlagsmühle. Das Manuskript muß lektoriert und redaktionell bearbeitet werden, es muß gesetzt und Korrektur gelesen, die Korrekturen müssen ausgeführt und einer letzten

Kontrolle unterworfen werden, bevor der Druck beginnen kann. Dann erfolgt das Binden. Man macht sich Gedanken über Titel und Titelbild. Der Verleger entscheidet über die Entwürfe, gibt sie weiter zur Fertigstellung an den Graphiker. Dann die Werbung, usw. usf.

Wochen und Monate können vergehen; ja es kann ein Jahr dauern.

»Meist drei bis vier Monate«, sagte ich.

»So lange? Lieber Himmel, soviel Zeit habe ich nicht!«

»Kennst du den Verleger? Kann er dir keinen Vorschuß zahlen, wenn er schon den Vertrag mit dir abgeschlossen hat?«

»Noch mehr Schulden?« Erich schüttelte entsetzt den Kopf. »Davon habe ich genug.« Er leerte sein Glas. »Komm, wir gehen spazieren. Ich muß Bergluft riechen, damit ich wieder klar denken kann. Gleich hinter dem Haus beginnt ein Wanderweg.« Mehr als zwei Stunden schlenderten wir durch den frischgrünen Wald, vorbei an Wiesen, auf denen bereits erste Kühe weideten. In den Nächten war es noch kalt; das Vieh wurde nachmittags in den Stall zurückgetrieben. Unser Gespräch drehte sich mehr um allgemeine und private Dinge; erst als wir hoch über dem Tal auf einer sonnigen Bank saßen, sinnierte ich:

»Wenn man dort unten richtig suchen könnte, würde man eine Menge Beweise dafür finden, daß auch hier schon Menschen lebten, bevor sie nach dem Willen einiger Gelehrter leben durften. Es scheint mir sicher zu sein, und darin bin ich mit Bergier einig, daß es zwischen Neandertaler und Cromagnon eine hochtechnisierte Zivilisation gegeben haben muß. Sie endete mit einem Schlag und hinter ließ keine sichtbaren Spuren.« Ich blickte auf meinen Begleiter. »Du hast genug utopische Romane gelesen. Wie sieht es dann aus – deiner Meinung nach? Bleibt viel übrig?« Er sah hinab in die immer noch etwas urweltlich anmutende Tallandschaft, verfolgte das gewundene Bett des Baches durch die Felsen und bewunderte den Lebenswillen jener Bäume, die auf nackten Vorsprüngen Halt und deren Wurzeln dort Nahrung fanden. So hatte es hier vor fünftausend Jahren auch ausgesehen, nur die Häuser hatten gefehlt.

»Nein, es bleibt nicht viel übrig. Es kommt auf die Strahlung an, die einer solchen Katastrophe folgt. Die Explosion kann alles vernichten, was auf der Oberfläche steht. Erst recht die Hitzewelle, die etwas später nachkommt. Aber ich könnte mir vorstellen, daß gerade Pflanzen und Insekten überleben und sich rasch erholen. Sie tilgen die Spuren und verdecken das Geschehene – im Verlauf jener Jahrhunderte. Es wird auch Menschen geben, die das Grauenhafte überleben. Sie werden sich anpassen. Sie müssen, und das steht fest, ganz von vorn anfangen. Vielleicht finden sie Überbleibsel unserer Zivilisation, irgendwo in Bunkern oder engen Seitentälern, die verschont blieben. Aber schon nach zwei oder drei Generationen ist die Welt, wie wir sie heute kennen, zur Sage geworden. Überlege, Walter: Zwei oder drei Generationen genügen meiner Meinung nach bereits in einem solchen Fall, die Erinnerung schwinden zu lassen!«

Ich nickte und schwieg. Nach einer Weile meinte er noch:

»Seit der Landung der Altairer vor dreiundzwanzigtausend Jahren lebten auf der Erde etwa achthundert Generationen. Damit erübrigt sich wohl jeder weitere Kommentar, nicht wahr?«

»Vor sechzig Generationen«, sagte ich, »wurde Christus geboren.«

»Richtig! Und was wissen wir noch, was damals *wirklich* geschah?«

Er sah mich mit einem merkwürdigen Blick an, dann meinte er: »Du und ich – wir können es uns vorstellen. Es paßt alles zu gut in das Schema, das auch allen anderen Religionsgründungen vorausging. Das Christentum ist eine Imitation, nicht mehr – aber bring das mal jemandem bei! Doch sei beruhigt, ich weiß nur zu gut, daß eine positive christliche Erziehung für Kinder auch ihre Vorteile hat.«

»Ja«, entfuhr es mir unwillkürlich, »für *Kinder*!«

Er schwieg und berührte das Thema nicht mehr. Nach einer Weile erhoben wir uns und schlenderten zur Pension zurück, wo wir bereits ungeduldig erwartet wurden. Das Abendessen war zubereitet, und als einzige Gäste sollten wir mit der Familie zusammen speisen.

Später hockten wir noch in der vereinsamten Gaststube und konnten uns ungestört unterhalten. Die Ferne von Lärm und Menschen tat wohl. Ab und zu nur erschien die Tochter des Hauses und erkundigte sich nach unseren Wünschen. Wir tranken Wein, den Erich ausgesucht hatte.

»Wenn ich wieder Geld habe, werde ich im Herbst 1968 eine

zweite Reise unternehmen«, überraschte mich Erich plötzlich, als ich an etwas ganz anderes dachte. »Aber diesmal nicht nur Europa und Amerika, sondern auch Afrika, Asien und Indien. Vor allen Dingen Indien! Ich habe genug Hinweise gefunden, daß es dort interessante Dinge zu sehen gibt. Man muß sie nur mit Weltraumaugen betrachten, und an denen fehlt es mir nicht. Manche Leute werden bald annehmen, ich hätte keine anderen.«

»Warte erst einmal ab, ob dein Buch ein Erfolg wird«, dämpfte ich seinen Optimismus. Bei Büchern, besonders bei meinen eigenen, bin ich grundsätzlich Pessimist. Ich lasse mich immer gern angenehm enttäuschen. »Der Erfolg eines Buches hängt nicht immer davon ab, ob es gut oder schlecht ist. Beide Kategorien können gut ankommen, wie man so schön sagt.«

»Ich weiß, daß es ankommt!«, sagte er selbstsicher und überzeugt. Sehr spät verzogen wir uns in die Schlafzimmer und verabredeten uns zum Frühstück um neun Uhr.

Am anderen Tag brachte ich ihn hinunter zum Bahnhof.

»Wann sehen wir uns?«

Er beugte sich aus dem Abteilfenster, um nicht so laut sprechen zu müssen.

»Wenn ich wieder nach Düsseldorf muß, komme ich bei dir vorbei.«

Der Zug fuhr langsam an.

»Viel Erfolg, Erich!« rief ich und winkte. »In Südamerika!« Ich blieb noch einen Tag in der ruhigen Pension in Vorarlberg, ehe ich die Rückfahrt nach Salzburg antrat. Als ich zu Hause eintraf, wartete ein neues Exposé meiner Romanserie auf mich. Indem ich die Welt im Jahre 3000 beschrieb, kehrte ich allmählich in die Wirklichkeit zurück. Die Zukunft, so erkannte ich voller Zweifel und Unbehagen, war da weit weniger utopisch und phantastisch als die fernste Vergangenheit und die reale Gegenwart.

Irgendwo, das wußte und ahnte ich nun, saßen die Außerirdischen.

Sie wachten über uns.

In den folgenden neun Monaten sah ich Erich noch dreimal. Wie versprochen, besuchte er mich, als er von einer Fahrt nach Düsseldorf einen Umweg machte und über Salzburg fuhr. Ich holte ihn von der Bahn ab, und an diesem Abend saßen wir lange in meinem Büro. Niemand meiner Bekannten ahnte, daß ich einen Mann zu Besuch hatte, der einmal berühmt, berüchtigt und anrüchig werden sollte. Für mich war Erich einfach ein Freund, ein Gesinnungsfreund vor allen Dingen. Und ein Jahr später wurde er es erst recht.

»Das Buch ist so gut wie fertig«, berichtete er freudestrahlend. »Noch der Umbruch – was immer das auch sein mag! –, und es geht in die Herstellung. Dann rollen die Fränkli, und ich kann meine Versprechen einlösen.«

»Hoffentlich«, blieb ich wieder einmal vorsichtig. »Wenn nicht, kriegst du eine Menge Ärger.«

»Wenn ich mit dem Hotel Konkurs mache, haben meine großzügigen Lieferanten den Ärger oder nicht?«

Ich verstand ihn manchmal nicht ganz. Vom Geschäftsleben hatte er offenbar noch weniger Ahnung als ich, und ich habe schon nicht viel. Aber er war auch zu gut, zu anständig. Heute mag sich das für manche Leute recht seltsam anhören, wenn ich das sage, aber es stimmt. Wenn er ein Geschäftsmann gewesen wäre, hätte er den offiziellen Betrug, sprich Konkurs, angemeldet, und kein Mensch hätte ihm jemals ein Haar krümmen können. Aber Erich von X. war kein Geschäftsmann.

Er war ein grundehrlich denkender Mensch.

Das wurde ihm zum Verhängnis.

»Wann erscheint ERINNERUNGEN AN DIE ZUKUNFT?«

»Februar nächsten Jahres – in drei Monaten also.«

»Geht bis dahin alles klar? Ich meine die Schulden. Warten die Leute so lange?«

»Ich denke schon. Sie wissen alle, daß ich jetzt das Geld noch nicht habe. Ich glaube, sie warten genauso auf das Buch wie ich.«

»Dann werden sie es auch kaufen«, lachte ich zuversichtlich. Wir unterhielten uns noch den ganzen Abend über Verlagspraktiken und Honorare, gerade jene Dinge, in denen ich mehr Erfahrung besaß als er. Inzwischen kannte ich auch sein Manuskript. Mehrmals hatte ich es durchgelesen und das Geschick Erichs bewundert, Wahrheit mit Spekulation derart zu mischen, daß keiner der Wissenden jemals auf den Gedanken kommen konnte, er gehöre zu ihnen. Ganz besonders erleichterte mich die Tatsache, daß er mich nicht ein einziges Mal in seinem Buch erwähnte. Zugegeben, im Unterbewußtsein revoltierten mein Stolz und Ehrgeiz. Ohne meine Reise in die Vergangenheit hätte er das Buch niemals mit dieser erstaunlichen Überzeugungskraft schreiben können, die zweifellos den späteren Erfolg verursachte. Auf der anderen Seite war es besser für mich, für uns alle, wenn mein Name niemals auftauchte.

Als wir uns das nächste Mal begegneten, Monate später, stand der Name »Erich von X.« bereits auf der Bestsellerliste des deutschen Nachrichtenmagazins DER SPIEGEL. Diesmal fand das Rendezvous in Davos statt. Das Hotel florierte recht gut, doch der Gewinn war so minimal, daß keine Rede davon sein konnte, damit die großen Schulden Erichs loszuwerden.

Aber das Buch »ging«. Eine Auflage folgte der anderen, und mit den eingehenden Honoraren konnte der Autor seine Verpflichtungen allmählich begleichen. Zuviele Gläubiger jedoch blieben übrig, denn Erich mußte nebenbei noch leben und mehr Geld ausgeben, denn nun war er plötzlich ein vielbegehrter Mann geworden. Fernsehinterviews und Vortragsreisen zwangen ihn dazu, immer wieder den »Rosenhügel« zu verlassen und für teures Geld in fremden Betten zu übernachten. Aber es ließ die Auflage von ERINNERUNGEN AN DIE ZUKUNFT auch sprunghaft ansteigen.

Er hatte sich nicht verändert. Ich bekam mein altes Zimmer wieder, obwohl das Hotel überfüllt war. Noch ehe ich mich umziehen konnte, erschien er mit einer halbvollen Flasche Bourbon in der Tür, schwenkte sie freudig hin und her und meinte:

»Die können wir mit gutem Gewissen genießen – sie ist bezahlt!«

Ich liebte makabre Scherze. Nach dem ersten Schluck, den wir auf sein Buch tranken, gab ich ihm das von mir selbst gekaufte Exemplar und bat ihn um ein Autogramm. Selten habe ich einen Menschen so triumphierend grinsen sehen, als er sich auch noch meinen Kugelschreiber auslieh, um ein paar banal klingende Worte auf die erste Seite zu schreiben.

»Nur wegen der Tarnung«, sagte er und schob mir das Buch über den Tisch hinweg zu. »Es genügt, wenn *ich* Ärger habe.«

»Hast du schon Reaktionen – ich meine jetzt nicht die normalen Kritiken und Zeitungsmeldungen …?«

»Denkst du an die Wissenschaft?« Er winkte ab. »Wie erwartet. Sie erklären, ich sei ein Scharlatan, ein Betrüger, ein Spekulant – und wer weiß, was sonst noch. Das war programmiert, es überrascht mich nicht.«

Nun winkte ich meinerseits ab.

»Die meine ich auch nicht. Aber wenn es die Kontrollstation der Altairer wirklich noch gibt, so müßte sich doch ihr Einfluß jetzt allmählich bemerkbar machen. Die kann doch nicht untätig zusehen, wie ein in Jahrtausenden mühsam aufgebautes Weltbild plötzlich zusammenbricht.«

»Warum denn nicht? Vielleicht wünschen sie es sogar! Die damals überlebenden Altairer, illegale Einwanderer, sind nach der Vernichtungsaktion in alle Teile unserer Welt geflohen, wie Holmès richtig feststellte. Sie waren der damaligen Bevölkerung in jeder Hinsicht überlegen, auch wenn sie sich bemühten, es möglichst wenig zu zeigen. Aber da es um ihr nacktes Leben ging, *mußten* sie ihr technisches Wissen einsetzen. So entstanden die Sagen. Sie selbst wurden zu den Göttern der Vorzeit, zu den Helden der Legenden, zu den heute noch lebendigen Märchenfiguren aller Nationen. Sie verfälschten die Entwicklung, aber gerade diese Verfälschung gehört zur heutigen Realität. Sie läßt sich nicht mehr rückgängig machen. Ich sehe keinen Grund, warum die Kontrollstation eingreifen sollte, auch wenn meiner Meinung nach die feststehenden Begriffe von Vorgeschichte und Religion irrig sind. Ich liefere ja keine Beweise. Die Lächerlichkeit, so glauben und hoffen meine Gegner, wird mich töten.«

»Unser Freund Kofol ist sicher, daß die Außerirdischen deine Gegner sein müßten. Glaubst du das auch?«

»Ganz im Gegenteil! Die Menschheit steht heute an der Schwelle zum Weltall. Ich denke, die Außerirdischen haben alles Interesse, uns langsam und schonend darauf vorzubereiten, wer wir wirklich sind.«

»Und wenn sie dennoch deine Gegner wären? Andreas Kofol ist überzeugt, daß sie es mit durchaus menschlichen Mitteln sein würden. Anhaltspunkte haben sie ja genug. Und dubiose Rechtsanwälte oder machthungrige Untersuchungsrichter als Schachfiguren gibt es noch mehr.«

»Ich habe nichts getan, was unrecht wäre.«

»Davon sind die meisten Angeklagten überzeugt. Mißverstehe mich nicht, ich will dich nicht ärgern, nur zur Vorsicht mahnen. Tue nie etwas, das man falsch auslegen könnte.«

»Wenn du meine Schulden meinst – ich habe schon eine Menge bezahlt. Mit dem Rest werde ich noch fertig. Die Honorare gehen laufend auf meinem Konto ein.«

»Fein. Vielleicht hast du bis zum Herbst alles erledigt.«

Sein Gesicht wirkte nicht gerade zuversichtlich.

»Ich muß ja schon für die zweite Reise sparen – und spare mal, wenn du Schulden abzahlst. Das nächste Buch soll ebenfalls ein Erfolg werden. Ich hatte bisher nur zu wenig Zeit, mir alles genau anzusehen, und das muß ich ja wohl, wenn ich korrekt bleiben will. Zudem will ich diesmal ins gläserne Labyrinth – schließlich habe ich den ›Schlüssel‹ wieder.«

»Ins Labyrinth für dein zweites Buch ...?« Mir blieb, sozusagen, für einen Augenblick die Spucke weg. »Mensch, du hast gerade einen Bestseller geschrieben, und da denkst du schon an den nächsten? Nun warte doch erst mal ab, bis hier alles in Ordnung ist.«

Darauf sagte Erich nur:

»Die Zeit ist reif. Walter, sie ist überreif!«

Ich wußte, wie recht er hatte.

Erst bei der zweiten Flasche erzählte er mir die letzte Neuigkeit: »Ich war vorige Woche in Moskau und sprach mit Schklovskij und Alexander Kassanzew und dem Geophysiker Solotov. Mir ging es um die Aufklärung jenes seltsamen Ereignisses am 30. Juni 1908 in der sibirischen Taiga. Kennst du ja. Noch heute ist die radioaktive Strahlung dort stärker als überall sonst in der Welt. Kein Zweifel, dort fand vor mehr als sechzig Jahren eine Atomexplosion statt. Ein abgestürztes Raumschiff mit Kernantrieb? Eine Warnung der außerirdischen Kontrollstation? Wir wissen es nicht, aber auch die russischen Gelehrten sind überzeugt, daß es sich bei dem Ereignis um eine künstlich hervorgerufene Explosion handelt und nicht bloß um den Absturz eines riesigen Meteors. Ich habe die Interviews auf Tonband aufgenommen. Ich habe sie im Hotel noch einmal angehört. Es waren erstklassige Aufnahmen. Als ich in Davos ankam, waren die Tonbänder gelöscht. Nichts mehr drauf, kein Piepser!

Frage an dich Walter: Wer hat die Bänder gelöscht? Die Russen? Und weshalb?« Er schüttelte bedenklich den Kopf.

Er sprach an diesem Abend noch viel über seine geplante Reise, und er war fest entschlossen, diesmal die Zeitmaschine zu benutzen. Er wollte sich selbst von der Richtigkeit seiner Vermutungen überzeugen und neue Erkenntnisse hinzugewinnen.

Auch mein Hinweis, daß die Datierungen Holmès vielleicht nicht exakt waren, konnten seinen Entschluß nicht mehr ändern. Wir vereinbarten ein letztes Zusammentreffen acht Tage vor Beginn seiner Reise im September; und am Sonntag, dem 8. September 1968, saß ich mit Andreas Kofol und meiner Sekretärin Ann im Hotel »Maria Theresia« und wartete auf das Erscheinen des Spätaufstehers Erich.

Es wurde ein langer und diskussionsreicher Tag, mit vielen Spaziergängen durch das herrlich alte Innsbruck, über das sich ein klarer, blauer Himmel spannte und den bald beginnenden Herbst vergessen ließ. Erich störte der Herbst nur wenig; er würde bald in den Sommer fliegen. Man sah ihm das Reisefieber bereits an.

Abends saßen wir in der »Jägerstube«. Erich hatte uns eingeladen, mit ihm zu essen. Auch sein Reisebegleiter Hans Neuner und dessen Braut Brigitte Moser waren anwesend. So betrachtet also eine äußerst frohgestimmte Gesellschaft, wenn ich nicht so ein ungutes Gefühl gehabt hätte. Es regte sich tief in meinem Unterbewußtsein und ließ sich nicht analysieren, nicht greifbar erfassen. Vielleicht hatte es mit dem Gespräch am gleichen Nachmittag zu tun. Kofol hatte Erich noch einmal eindringlich gewarnt, auf seiner Reise vorsichtig zu sein und – wie er sich, meiner Meinung nach, etwas übertrieben ausdrückte – stets darauf zu achten, daß er den Rücken freibehielt.

Dann, als wir nach dem Essen noch bei Wein und Bier beisammensaßen, kam Erich auf das nachmittags angeschnittene Thema zurück.

»Lieber Doktor, ich will Sie nicht beleidigen oder vor den Kopf stoßen, aber glauben Sie wirklich im Ernst daran, daß eine Kontrolle durch Außerirdische existiert?«

Ich war über die Frage wahrscheinlich genauso verblüfft wie mein armer Freund Kofol, der Erich verdutzt ansah. Ich wußte ja, daß der Arzt aus Salzburg, schon lange bevor er mich oder Erich kennenlernte, an eine Kontrolle der Menschheit durch Intelligenzen aus dem Weltall glaubte. Seiner Meinung nach gab es dafür Beispiele genug. Meine eigene Zeitreise bestätigte seine Behauptung, zumindest für die ferne Vergangenheit. Es lag jedoch durchaus im Bereich des Möglichen, daß der Galaktische Bund die Erde als Versuchsobjekt für kosmogenetische Forschung längst aufgegeben hatte und die Kontrollstation nicht mehr existierte.

Weder das eine noch das andere war zu beweisen.

»Aber, Herr von X...!« Andreas Kofol schnappte hörbar nach Luft. »Ausgerechnet Sie bezweifeln das? Gut, wenn ich das einem einfachen Mann auf der Straße erzählen wollte, könnte ich verstehen, daß er mich für verrückt erklärt. Ich würde es auch tun an seiner Stelle. Aber Sie wissen doch so gut wie ich, daß die Gegenwart immer ein Produkt der Vergangenheit darstellt. Und daß in der Vergangenheit die Altairer genetische Experimente mit den damals recht primitiven Menschen anstellten, ist für uns Eingeweihte bewiesen. Das geschah nicht umsonst und aus purer Freude am Experimentieren. Man wollte auch das Ergebnis abwarten und einen eventuellen Nutzen daraus ziehen.« Kofol brachte in diesem Augenblick sogar ein Grinsen fertig. »Vielleicht verteilt der Galaktische Rat Prämien für jene Sternvölker, die dem Bund neue Mitglieder zuführen.«

Ich schüttelte verwundert den Kopf.

»Du solltest *auch* utopische Romane schreiben«, riet ich ihm. Er knurrte mich unwillig an und versuchte weiterhin, seinen massigen Körper in dem viel zu kleinen Sessel unterzubringen, was ihm offensichtlich nicht gerade leichtfiel.

Erich lächelte mitfühlend.

»Bravo, Doktor! Ihre Erregung zeigt mir, daß Sie von dem überzeugt sind, was Sie sagen. Mehr wollte ich vorderhand nicht wissen. Aber machen Sie sich keine Sorgen um mich. Wenn alle Vermutungen stimmen, die den Glauben an die Existenz der Kontrollstation rechtfertigen, dann stimmen auch die anderen damit zusammenhängenden Fakten. Die Außerirdischen werden mir keine Schwierigkeiten bereiten, zumindest keine, die mein Leben gefährden könnten. Mit allen anderen werde ich fertig.«

»Sie werden uns von der Reise schreiben?«

»Ich gebe immer, wenn ich Zeit habe, ein Lebenszeichen.«

Erst spät am Abend verabschiedeten wir uns. Erich fuhr früh am anderen Tag noch zu einer Vortragsreihe, die ihn zurück nach Davos brachte. Knapp eine Woche später saß er im ›Swissair‹-Kurs Nr. 100 nach New York.

Andreas Kofol, Ann und ich fuhren am Montag zurück nach Salzburg. Gott sei Dank war meine Sekretärin mitgekommen. Sie hatte sich Notizen gemacht, die mir später von großem Nutzen waren.

Der Alltag hatte uns wieder.

Von diesem Tag an hatte ich nichts anderes zu tun als zu warten. Zu warten, ob sich Andreas Kofols Befürchtungen bewahrheiteten, und ob Erich auf dieser Reise etwas zustieß.

Wir ahnten nicht, daß der unbekannte Gegner im Dunkeln schon längst zu seinem vernichtenden Schlag ausgeholt hatte. Menschen war am besten mit Menschen beizukommen.

7

Die Arbeit an der PR-Serie nahm meine ganze Zeit in Anspruch. Unser Team hatte sich mit Genehmigung des Verlages entschlossen, das inzwischen zum Tagesgespräch gewordene »Däniken-Thema« zu einem utopischen Stoff innerhalb der laufenden Serie zu verarbeiten. Das brachte viel Nachschlagarbeit und Studium entsprechender Fachliteratur mit sich. Keine Zeit also für private Dinge.

Über Erich von X. war nichts zu erfahren; es schien, als habe ihn der Erdboden verschluckt.

Endlich, am 3. Oktober, erhielt ich den ersten Brief von ihm. Briefkopf und Stempel des Hotels »Europa« in San José, Costa Rica. Unter anderem teilte er mir mit:

»Mir geht es soweit gut. Ich konnte hier einige verblüffende Entdeckungen machen, die Dich bei Gelegenheit interessieren dürften. Die Reise geht programmgemäß weiter. In der ›Library of Congress‹, USA, fand ich die schönsten Dinge über Piri Reis. Ich fotografierte mit meiner Minox 36 Dokumente. Den Film kann ich leider erst zu Hause entwickeln lassen. Die Beilagen (Kopien der Karten) zu Deiner Kenntnisnahme. Stecke alles nach Durchsicht in einen Umschlag und sende es an meine Heimatadresse. Ich sprach ausführlich mit den wissenschaftlichen Bearbeitern der Piri-Reis-Karten. In einem Punkt sind wir uns alle einig: Mit unserer Vergangenheit stimmt etwas nicht.

Dir und Dr. Kofol recht herzliche Grüße. UFOs sahen wir bis heute noch keine. Der ›Große Bruder‹ spielt Verstecken.«

Die Anspielung auf die Kontrollstation war unverkennbar.

Es folgten weitere Kurzberichte, und am 9. Oktober traf Erich schließlich in Lima ein, von wo aus er einen einwöchigen Ausflug nach Nazca unternehmen wollte.

Über die Zeit vom 9. Oktober bis zum 17. Oktober 1968 gab erst der spätere Bericht Auskunft, den ich nur auf Umwegen erhielt. Die offizielle Version besagt lediglich, daß er sich in diesen Tagen in Nazca und Umgebung aufhielt, um den ehemaligen »Landeplatz der Götter« in aller Ruhe zu studieren.

Ende Oktober besuchte er die Osterinseln, und am 5. November traf er in Paris ein. Von Paris aus flog er sofort nach Indien weiter.

Aus Indien erhielten sowohl Dr. Kofol als auch ich Post. Während Erich in seinem kurzen Gruß an mich nur seine gesegneten Weltraumaugen erwähnte, schrieb er an Kofol, wohl eingedenk dessen Warnung:

»Jetzt beginnen völlig unerwartete Schwierigkeiten aus dem Hinterhalt. Hoffe, über die Runden zu kommen. Wir sehen uns Ende des Monats in Innsbruck oder Salzburg. Erich.«

Am 15. November flog Erich von Indien nach Beirut, um die geheimnisvollen Terrassen von Baalbek zu besichtigen, die den Wissenschaftlern schon genug Rätsel aufgegeben hatten.

Am 19. November wurde er bei der Zwischenlandung in Wien von der Interpol verhaftet.

Was danach folgte, ist in der Presseversion allgemein bekannt. Es gab eine Menge Menschen, die sich von den zum Teil äußerst unobjektiven Berichten prompt negativ beeinflussen ließen. Sie nahmen Stellung gegen den Verhafteten und sogar gegen seine Thesen. Nur wenige versuchten, den wahren Hintergründen auf die Spur zu kommen.

Dazu gehörten zwei mir wohlbekannte Journalisten in Salzburg und Wien, die alles Menschenmögliche taten, die Aufmerksamkeit der Öffentlichkeit auf das unkorrekte, ja haarsträubende Vorgehen gewisser behördlicher Stellen zu lenken. Ihren Artikeln mag es zu verdanken sein, daß Erich von X. nicht gleich in Bausch und Bogen verurteilt wurde, sondern daß erste kritische Stimmen in allen Kreisen der Bevölkerung laut wurden.

Was Dr. Kofol und ich von der Sache hielten, muß hier wohl nicht besonders erwähnt werden. Für mich war wichtig: Wie konnte ich Kontakt zu dem Untersuchungshäftling aufnehmen, um ihm zu versichern, daß wir Bescheid wußten …?

Es war ein langer Weg, und er führte über Hans Neuner, dessen Braut Brigitte zu Erichs Frau Elisabeth. Wir konnten dem Untersuchungsrichter in Davos ein Schnippchen schlagen, und als Elisabeth in Wien die Besuchserlaubnis erhielt, atmete ich erleichtert auf.

Aber das alles hatte Wochen und Monate gedauert. Wir schrieben längst das Jahr 1969. Der Verlag in Düsseldorf druckte und verkaufte eine Auflage nach der anderen und teilte mir auf eine Anfrage hin mit, daß der Autor das Manuskript für sein zweites Buch so gut wie beendet habe. Wenn auch nur in Stichworten und ohne spezielle Unterlagen.

Am 12. Februar 1969 schlossen sich hinter Erich die Gefängnistore des »Sennhofes« in Chur. Österreich hatte den prominenten und deshalb als lästig empfundenen Gefangenen endlich an die Schweiz ausgeliefert.

Nun saß er dort in Untersuchungshaft, und während der Mechanismus einer langsam mahlenden Bürokratie über ihn hinwegrollte, schrieb er unbeirrt an seinem Buch weiter.

In weniger als sechs Wochen hatte er es ohne seine Aufzeichnungen und sonstigen Unterlagen beendet. Sein Verleger teilte mir mit: eine unglaubliche Leistung bei der Fülle des Stoffs. Es ist unbegreiflich, wie er unter diesen Umständen noch ein Buch schreiben kann!

Das Buch ZURÜCK ZU DEN STERNEN sollte noch im September des gleichen Jahres erscheinen.

Und es erschien wirklich, noch während der Autor im Untersuchungsgefängnis auf seinen Prozeß wartete. Die erste Auflage von 100 000 war blitzschnell vergriffen. Meiner Schätzung nach hatte Erich schon jetzt keine Schulden mehr. Er hatte sie vom Gefängnis aus bezahlen können.

Als ich das Buch las, wurden meine letzten Zweifel beseitigt, und die letzte Bestätigung meiner Vermutung erhielt ich durch eine harmlose Postkarte, die mir einige Tage später ins Haus flatterte. Sie stammte von Erichs Bruder.

Der kurze Text:

»Sehr geehrter Herr Ernsting!

Gestern besuchte ich Erich. Es geht ihm gut, und er bedankt sich für Ihre Hilfe. Sehr dringend soll ich Ihnen herzliche Grüße von einem Prof. Holmès bestellen, den er Mitte Oktober bei Cuzco traf.

Auch von mir freundliche Grüße …«

Erich war also ebenfalls in der Vergangenheit gewesen!

Er war heil und unversehrt zurückgekehrt, und die Umstände seiner Verhaftung, die Ungewißheit und die Ungerechtigkeit hatten ihn nicht davon abhalten können, seine noch frischen Erinnerungen niederzuschreiben.

So interessant aber ZURÜCK ZU DEN STERNEN auch sein mochte, ich fieberte seinem nur für mich bestimmten Bericht entgegen. Einmal mußte es ihm gelingen, ihn aus dem Gefängnis zu schmuggeln. Dann würde ich endlich wissen, was anderthalb Jahre nach meinem Besuch bei den Altairern geschehen war. Aber ich mußte noch lange warten.

Während des Zweiten Weltkriegs hatte ich drei Jahre in Norwegen verbracht; und seit fünfundzwanzig Jahren war es stets mein größter Wunsch gewesen, dieses herrliche Land und seine gastfreundliche Bevölkerung wiederzusehen. Die Gelegenheit dazu bot sich im Jahr 1970, als ein Schulfreund von mir auf die glorreiche Idee kam, ohne Kind und Kegel eine Reise in den hohen Norden zu unternehmen. Es sollte eine Campingtour werden, und da ihm rechtzeitig einfiel, daß ich drei Jahre lang in Lappland mit meinem damaligen Kommandeur im PKW unterwegs gewesen war, engagierte er mich als eine Art Fremdenführer. Wir trafen uns im Juni, um die letzten Einzelheiten des geplanten Unternehmens durchzusprechen. Mit meinem eigenen Wagen würde ich Anfang Juli bis Hamburg fahren und ihn dort in der Garage meines Freundes unterstellen. Er selbst besaß als Zweitwagen einen volleingerichteten VW-Bus, der Zugwagen und Wohnanhänger ersetzte. Mit ihm wollten wir die Expedition unternehmen.

Inzwischen wurde Erich von X. am 13. Februar zu dreieinhalb Jahren verurteilt.

Seine beiden Bücher verkauften sich so gut wie vorher, vielleicht sogar etwas besser. Seine Schulden waren längst bezahlt. Ich konnte ihm jetzt nicht helfen, und so nahm ich Helmuts Angebot an.

Am 3. Juli 1970 traf ich in Hamburg ein.

Es war nicht allein die Aussicht darauf, mein geliebtes Norwegen wiederzusehen, die mich zur Teilnahme an der Reise bewegte. Ganz tief in meinem Unterbewußtsein schlummerte eine vage Erinnerung. Während des Krieges hatte ich hoch oben in Lappland ein Erlebnis gehabt, dessen Bedeutung mir nie richtig klar geworden war. Erst heute, wo das Wiedersehen mit der grandiosen Einsamkeit so dicht bevorstand, wo der Krieg so weit zurücklag, kehrte die Erinnerung allmählich zurück. Gleich einem Taucher, der tief unter der Oberfläche des Meeres nach Schätzen suchte, den die Finsternis behinderte und der froh war, endlich auftauchen zu können. Und während er der Sonne entgegenschwamm, wurde es heller und heller um ihn, bis er die Oberfläche durchbrach und vom Licht des Tages umspült wurde.

Helmut fuhr, ich hatte Ruhepause. Ich lag auf dem Rücksitz und versuchte, mich in das Jahr 1942 zurückzuversetzen.

Ich tauchte achtundzwanzig Jahre tief in die Vergangenheit hinab: Meine Einheit – Luftwaffennachrichten – lag in Banak, einer am Ende des mehr als hundert Kilometer landeinwärts reichenden Porsangerfjords liegenden Halbinsel, etwas südlich des Nordkaps. Es gab keine festen Gebäude hier, nur Fischerhäuser und von der deutschen Wehrmacht erstellte Unterkunftsbaracken. Der Flugplatz galt zu jener Zeit als der nördlichste der Welt, und von hier aus bombardierten die Geschwader der Fünften Luftflotte die Geleitzüge, die um das Nordkap herum versuchten, den russischen Hafen Murmansk zu erreichen.

Zwei Jahre weilte ich bereits hier, mit kurzen Aufenthalten in Oslo, Bergen, Tromsö und Narvik. Jeden Tag dankte ich dem gütigen Himmel, hier und nicht anderswo sein zu müssen. Ich konnte mir nicht vorstellen, etwa an der Front zu sein; und selbst das süße Leben in Paris hätte mich nicht reizen können. Ich liebte die Urlandschaft um Lakselv und die nahen Sümpfe von Skoganvarre. Hinzu kam, daß ich einen beneidenswerten Job erhalten hatte: Ich war der Fahrer des Kommandeurs.

Der alte Opel-Kapitän war sicherlich nicht gerade das geeignetste Fahrzeug für die Straßen in Lappland, aber er hatte mich noch nie im Stich gelassen. Zwei- oder dreimal im Monat fuhr mein Major die einzelnen Kompanien ab, die oft hundert Kilometer auseinanderlagen. So lernte ich die Küstenstraßen und das Landesinnere gründlich kennen.

Zur Zeit der Mitternachtssonne, etwa von Juni bis August, war es tagsüber oft unerträglich heiß, obwohl die Schneegrenze knapp dreihundert Meter über dem Meeresspiegel lag. In den nahen Sümpfen standen ganze Wolken von Stechmücken über den trübe schimmernden Tümpeln, und wer sich in die Sonne legen wollte, tat das am besten nachts.

Ab und zu trafen englische Kriegsgefangene ein, die gesondert in einer eigenen Baracke (ohne Einzäunung) untergebracht wurden.

Hier befürchtete niemand einen Fluchtversuch, denn weit und breit gab es kein Dorf, keine Ansiedlung. Hinzu kam, daß auch die Engländer froh waren, keine gefährlichen Feindflüge mehr machen zu müssen. Es handelte sich meist um die Überlebenden abgeschossener Flugzeuge. Außerdem hatten sie das feinste Leben. Tagsüber lagen sie in oder auf der Baracke und sonnten sich, nachts bekamen sie Ausgang bis zehn Uhr. Da es in Banak nur einen einzigen Ort gab, wohin der Ausgang sich lohnte, traf man sie stets in der Kantine an. Zwar bestand die strenge Anweisung, daß der norwegische Wirt ihnen keinen Alkohol ausschenken durfte – was er auch grundsätzlich niemals tat –, aber niemand verwunderte die Tatsache, daß unsere Tommys fast jeden Abend gegen zehn Uhr ziemlich angeheitert in ihre Unterkunft zurückkehrten. Daß man ihnen einen Aquavit spendierte, war nämlich nicht verboten.

Eines Tages kam Charly, der Bursche des Kommandeurs, zu mir, als ich gerade dabei war, meinen Wagen mit Dieselöl einzureiben, damit er schön blank und fahrtauglich aussah. Ein altes Landserpatent, das allerdings nur für kurze Zeit seine Wirkung tat. Fuhr man nämlich nur einige Kilometer auf einer staubigen Straße – und in Lappland gab es keine anderen –, bekam der Wagen eine graue Tarnfärbung, die ihn von der Luft aus nahezu unsichtbar machte. Wenn mein Major sich jemals über die Ölmethode aufgehalten hätte, wäre es mir sicherlich leichtgefallen, ihn von diesem lebenswichtigen Vorteil zu überzeugen.

»Da ist was im Gange«, meinte Charly, der immer alle Latrinenparolen zwei Tage früher wußte. »Wir bekommen eine Ju 52, extra für unsere Kompanie.«

Eine Ju 52 kannte jedes Kind. Ein dreimotoriges Flugzeug, sehr sicher, aber dafür langsam. Es diente zum Transport von Menschen und Material.

»Was wollen die denn damit? Uns in Urlaub fliegen?«

»Quatsch, Mensch! Der zweite und dritte Zug bauen doch die Telegraphenleitung am Tanaelv, quer durchs Gelände. Straßen gibt es dort nicht, wie also sollen sie das Material bekommen? Mit der alten ›Ju‹ natürlich. Leuchtet das ein?«

Das leuchtete mir allerdings ein. So ziemlich wenigstens.

»Einfach abwerfen, Isolatoren, Drahtrollen und so?«

»Mit Fallschirmen natürlich. Die Probeabwürfe beginnen morgen auf dem Rollfeld. Willst du mitfliegen? Der Küchenbulle hat sich schon freiwillig gemeldet.«

»Wenn der Alte nicht gerade morgen auf Fahrt gehen will ...«

»Wüßte ich doch. Der hat hier genug zu tun.«

Ich war schon öfter geflogen, aber noch nie mit der »Ju«. Und da die ja als besonders sicher galt, zögerte ich nicht. Ich sagte zu. Während Charly davonschlenderte, verrieb ich hastig das verbliebene Dieselöl und fuhr den Wagen in die Garage.

Am anderen Tag standen wir neben der Maschine. Einige Kameraden vom technischen Dienst hatten drei Kupferdrahtrollen in Holzgestelle verpackt und an einen zusammengefalteten Lastenfallschirm gehängt. Damit die Isolatoren nicht zerbrachen, wenn die Kiste aufprallte, waren sie in Holzwolle gelegt worden. Man wollte feststellen, ob diese Vorsichtsmaßnahmen genügten und ob sich die Kisten überhaupt in dem schwierigen Gelände zielsicher abwerfen ließen.

Wenig später starteten wir. Der Flug führte nach Süden, und tief unter mir schlängelte sich die schmale Straße nach Karasjok, der »Hauptstadt der Lappen«. Dann bog die Maschine nach Osten ab, bis wir über dem Tanafluß waren, der Grenze zwischen Norwegen und Finnland.

Er entsprang südlich von Karasjok und war für die schmalen und kleinen Boote der Lappen befahrbar, sofern diese mit den vielen Stromschnellen vertraut waren. Alle zwei oder drei Kilometer gab es, von der Luft aus gut sichtbar, eine solche Stromschnelle, und wenn sie nicht gewesen wären, hätte ich schon einen guten Vorschlag gehabt, wie man Draht und Isolatoren zu den Bautrupps bringen konnte.

Die Maschine ging tiefer. Mir kam es so vor, als streiften die breiten Schwingen rechts und links die Berghänge, aber dann sagte ich mir, daß der Pilot sicherlich wisse, was er seiner Kiste zutrauen konnte. Charly studierte die Karte.

»Gleich kommt der Nebenfluß mit dem kleinen See. Da gibt es eine Sandbank, dort sollen wir das Zeug abwerfen. Hoffentlich treffen wir wenigstens die Sandbank ...«

Der Pilot gab uns die letzten Anweisungen, dann flog er das Ziel an, nachdem wir auf der Sandbank die winkenden Kameraden entdeckt hatten. Die erste Kiste mit Isolatoren verließ die Maschine durch die fehlende Tür. Der Fallschirm entfaltete sich, und prompt landete die Kiste zwanzig Meter seitlich der Sandbank im Wasser. Sie war leicht zu bergen.

Die anderen Kisten und die Drahtrollen folgten. Zwei erreichten exakt ihr Ziel, und wir gratulierten uns gegenseitig zu dem gelungenen Erfolg. Der Pilot machte kehrt und nahm Kurs auf den Heimathafen.

Etwa in der Höhe von Skoganvarre bog er nach Westen ab, um die Flugstrecke zu verkürzen. Ich hockte in der Kanzel des Bordschützen; aber in unserer »Ju« gab es weder einen Bordschützen noch ein MG 15. Von hier aus hatte ich die beste Aussicht. Und ich genoß sie.

Der Tana durchfloß hier ein regelrechtes Urwaldgebiet. Rechts und links dehnten sich die unwegsamen Buschwälder und Sümpfe. Das Gelände war hier von Hügeln übersät, aber nicht gebirgig. Nur im Osten sah ich eine Bergkuppe, meiner Schätzung nach fast dreißig Kilometer entfernt, also schon auf finnischem Gebiet. Der Berg wäre mir sicherlich nicht aufgefallen, wenn sich nicht an ihm plötzlich etwas höchst Seltsames ereignet hätte. Es war schon später Nachmittag, und die Sonne stand im Westen. Sie würde nicht untergehen, sondern gegen Mitternacht ihren niedrigsten Stand erreichen. Dann stieg sie wieder an. Ihre Strahlen fielen somit um diese Zeit genau auf die von mir beobachtete Bergkuppe, die den Dunst der weiten Sümpfe und Wälder wie eine einsame Insel überragte.

Die Kuppe blitzte auf, als bestünde sie aus purem Gold.

Ehe ich mich von meiner Überraschung erholen oder jemandem meine erstaunliche Entdeckung mitteilen konnte, lag die Felskuppel wieder da wie zuvor – ein mit spärlichem Schnee bedeckter Berggipfel, vielleicht drei- oder vierhundert Meter hoch aus der Ebene emporragend.

Allerdings ein merkwürdig abgerundeter Gipfel, fast wie der obere Teil einer im Fels versenkten Halbkugel.

Wenig später landeten wir wohlbehalten in Banak.

Ich hatte niemandem etwas von meiner merkwürdigen Entdekkung gesagt, ganz abgesehen davon, daß der Berg schnell im Dunst verschwunden war, der über den Sümpfen lag. Meine erste Vermutung ging dahin, daß es sich vielleicht um einen geheimen Stützpunkt der norwegischen Widerstandsbewegung handelte, der für wenige Augenblicke, als unsere Maschine abdrehte, die Tarnung fallengelassen hatte. Ich kannte durch einen puren Zufall einige dieser Patrioten, und es wäre mir niemals eingefallen, sie zu verraten.

Aber auch dann, wenn es sich nicht um einen solchen Stützpunkt gehandelt hätte, wäre es verkehrt gewesen, den anderen von meiner Beobachtung zu erzählen. Selbst wenn wir den Berg noch einmal angeflogen und damit wertvollen Treibstoff verbraucht hätten, wäre kaum etwas dabei herausgekommen; ich war überzeugt, wir hätten nichts als den abgerundeten Schneegipfel wahrgenommen.

Dennoch war ich sicher, mich nicht getäuscht zu haben. Selbst wenn ich annahm, daß die im Westen stehende Sonne den Schneeberg aus einem bestimmten Winkel traf und eine Reflexion verursachte, konnte niemals diese unglaubliche Goldfärbung entstehen. Noch viel weniger kam eine einfache Luftspiegelung in Frage.

Für jedes ganz normale Aufblitzen der Bergkuppe hätte ich eine natürliche Erklärung finden können, aber nicht für den sekundenlangen Goldschimmer. Er konnte nur künstlichen Ursprungs gewesen sein.

Am anderen Tag erfuhren wir, daß die Drahtrollen gut gelandet waren. Sie hatten sich durch den Aufprall kaum verbogen und waren sofort verwendbar. Anders die Isolatoren. Die Hälfte von ihnen hatte trotz sorgfältiger Verpackung den Aufprall nicht überstanden.

Damit stand die Konsequenz fest: Drahtrollen wurden weiterhin abgeworfen, aber die empfindlichen Isolatoren mußten auf andere Art und Weise zu den Bautrupps gebracht werden. Da auch der Landweg wegfiel, blieb nur das Wasser. Als ob ich es geahnt hätte!

Charly – wer sonst? – überbrachte mir die Neuigkeit:

»Mit dem Lastwagen nach Karasjok, dann Umladen in ein Schlauchboot. Zwei Mann Besatzung, für acht Tage Lebensmittel an Bord, ein Gewehr mit Munition – und natürlich ein Paket guter Ratschläge mit auf den Weg. Das ist doch mal was anderes, findest du nicht?«

»Und wer soll das machen?"

»Na, wer schon? Die Schreibstubenhengste, die Küchenbullen

und die herumlungernden Kraftfahrer. Dazu gehörst auch du. Der Alte hat dich zur dritten Gruppe eingeteilt, zusammen mit Kurt. Mit dem wünsche ich dir viel Spaß.«

Ich hatte nichts gegen Kurt von der Schreibstube. Ich hatte auch nichts gegen das abenteuerlich klingende Unternehmen, denn ich kannte die Gegend ja bereits aus der Luft. Und militärische Gegner waren kaum zu erwarten.

»Was sind denn das für Schlauchboote?«

»Keine Ahnung. Die leihen wir uns von den Pionieren. Mit Paddel, ohne Motor. Das wird dem dicken Kurt guttun.«

Die ersten beiden Boote starteten drei Tage später von Karasjok aus. Um ganz sicherzugehen, daß sie nicht irgendwo im Urwald verschwanden oder in einer Stromschnelle hängenblieben, flog täglich ein Fieseler Storch die Strecke ab und markierte auf einer Karte den jeweiligen Standort der Boote, die sich bald getrennt hatten und einzeln versuchten, ihr Ziel zu erreichen.

Das eine Boot benötigte vier, das andere fünf Tage bis zum Bautrupp. Die Isolatoren waren heil geblieben, wenn sie auch zweimal unter dem gekippten Boot im Wasser gelegen hatten. Die Hauptsache war und blieb: Die Telegraphenleitung konnte weitergebaut werden.

Kurt und ich wurden allein geschickt, und der Fieseler Storch kehrte nach Hammerfest zurück, wo er darauf aufzupassen hatte, daß die norwegischen Fischer keinen allzu engen Kontakt mit den Engländern hielten. Wir waren also ganz auf uns selbst angewiesen, eine Tatsache, für die ich meinem Kommandeur äußerst dankbar war. Der ahnte ja nicht, was ich plante.

Ich plante nämlich einen Abstecher zu meinem »goldenen« Berg. Es ging soweit alles glatt. Die erste Strecke von Karasjok aus war relativ ungefährlich. Am Ufer lümmelten die Lappen und grinsten breit, wenn wir an ihnen vorbeitrieben. Sie riefen uns etwas zu, das wir nicht verstanden. Wahrscheinlich wünschten sie uns die Pest an den Hals, denn allzu gut waren sie auf die deutschen Gäste nicht zu sprechen.

Die erste Stromschnelle, knapp zwei Kilometer unterhalb des Dorfes, schafften wir nur deshalb ohne Karambolage mit den scharfen Klippen, weil Kurt heldenmütig aus dem vier Meter langen

Schlauchboot sprang und, bis zu den Hüften im eiskalten Wasser, den Kahn steuerte. Sein eingespartes Gewicht bewirkte außerdem, daß wir nun weniger Tiefgang hatten und nicht gleich auf jeder Sandbank festsaßen. Bevor das Wasser wieder ruhiger floß, kehrte Kurt ins Boot zurück.

»Verdammt kalt!«, stellte er fest und schlotterte an allen Gliedern. »Wir müssen zum Ufer und machen ein Feuer. Ich habe keine Lust, mir den Tod zu holen.«

»Wenn schon, dann holt er *dich*«, beruhigte ich ihn. »Zieh doch die Klamotten einfach aus. Die Sonne ist schließlich warm genug, außerdem sieht dich hier niemand. Weit und breit kein Haus, kein Mensch.«

Wir steckten schon mitten im nordischen Urwald, der natürlich nicht mit einem tropischen Dschungel zu vergleichen ist. Immerhin wuchsen die verkrüppelten Bäume und Büsche so dicht, daß man kaum zehn Meter weit landeinwärts sehen konnte. Eine halbe Stunde später zog Kurt sich wieder an, und als wir von vorn das ferne Rauschen der nächsten Stromschnelle hörten, versicherte er mir energisch, daß nun ich mit dem Bad dran sei. Ich versuchte ihm klarzumachen, daß es auch »ohne« gehen müsse, und wenn eben nicht, dann sei nur sein Übergewicht daran schuld.

Wir trieben immer schneller dahin und benutzten die Paddel nur noch zum Steuern, wobei wir uns nicht immer ganz einig in der Handhabung der klobigen Dinger waren. Nach einer Biegung erblickten wir dann die ersten Klippen, die mitten im Fluß eine regelrecht Barriere bildeten. Aber schon war unser Auge geübt, und ohne eine der Klippen auch nur zu streifen, rauschten wir an ihnen vorbei und landeten elegant auf der dahinter angeschwemmten Sandbank.

Hier war das Wasser nur knöcheltief, doch wir mußten beide hinein, um das widerspenstige Boot wieder flott zu kriegen. Nach einigen »hau ruck!« zerrte die Strömung uns das Gummivehikel schier aus den Händen. Wir platschten hinein und waren froh, ein weiteres Hindernis hinter uns zu wissen.

Wir übernachteten bei einem Fischer, etwa zwanzig Kilometer unterhalb von Karasjok. Die ganze Familie kam ans Ufer und bestaunte das seltsame Gefährt, das so gar keine Ähnlichkeit mit den schmalen, langen und wendigen Lappenbooten hatte. Die Kinder wollten unbedingt damit fahren, und Kurt tat ihnen den Gefallen, mit ihnen ein Stück auf dem toten Flußarm herumzupaddeln, während ich Völkerverständigung versuchte.

Zum Abendessen wurden Brot, Butter, Eier und Fisch gereicht. Wir spendierten eine Dose Rindfleisch im eigenen Saft und ein Stück Wurst. Satt und zufrieden krochen wir später im Heuschober unter unsere Decken und schliefen fest und traumlos. Am nächsten Tag legten wir dreißig Kilometer zurück, strandeten insgesamt viermal und kippten einmal total um, allerdings im seichten Wasser, so daß keine Isolatoren verlorengingen. Das Einsammeln war mühsam genug, aber diesmal verteilten wir sie klüger im Boot. Der Beutel mit der Marschverpflegung (wer hatte diese blödsinnige und selten zutreffende Bezeichnung nur erfunden?) und das Gewehr hatten ebenfalls im Wasser gelegen. Wir erreichten die Mündung eines kleinen Nebenflusses, der von Osten her kam, also aus Finnland. Wenn mich meine Erinnerung nicht trog, entsprang er am Fuße »meines« goldenen Berges, keine dreißig Kilometer von unserem Standort entfernt.

Dreißig Kilometer waren keine riesige Strecke, wir hatten sie heute selbst mit dem Boot zurückgelegt. Aber stromabwärts. Der Berg hingegen lag dreißig Kilometer stromaufwärts, und ich hatte keine Ahnung, ob der schon an seiner Mündung recht schmale Fluß überhaupt befahrbar war. Ich beschloß, den Fischer zu fragen, bei dem wir übernachteten.

Morgens schickte ich Kurt zum Boot und gab vor, dem Fischer noch ein paar Eier und Butter abluchsen zu wollen. Zum Glück sprach der alte Mann norwegisch, so daß ich mich gut mit ihm verständigen konnte. Als ich ihm sagte, ich wolle zu dem finnischen Berg, warf er mir einen recht merkwürdigen Blick zu.

»Das ist nicht gut«, meinte er ruhig und überzeugend.

Mein alter Verdacht regte sich wieder. Stand der Alte mit den Widerstandskämpfern in Verbindung?

»Warum denn nicht? Ich bin passionierter Bergsteiger, außerdem möchte ich später einmal, wenn das hier alles vorbei ist, Geologie studieren. Ich finde einen einsamen Berg im Urwald immer bemerkenswert.«

Der Fischer beugte sich zu mir.

»Mit dem Berg stimmt etwas nicht«, flüsterte er geheimnisvoll.

»Die Leute sagen, es spukt dort. In meiner Jugend haben einige versucht, ihn zu besteigen, und als sie zurückkehrten, hatte sich ihr Geist verwirrt. Nein, denken Sie nicht mehr daran! Der Berg ist verhext!«

»Aber man könnte mit dem Boot bis in seine Nähe gelangen?«

»Nur mit einem Motor. Oder zu Fuß, denn der Wald hört bald auf.«

Ich bedankte mich und folgte Kurt, der schon im Bug des Schlauchbootes saß und mich erwartete. Befriedigt sah er zu, wie ich die Eier im Verpflegungsbeutel verstaute; er schien keine anderen Sorgen zu haben. Wir stießen ab und trieben weiter den Tanaelv hinunter.

Bis zu unserem Ziel waren es noch zwanzig Kilometer.

Kurt wollte unbedingt noch eine weitere Übernachtung einschieben, aber mir brannte die Zeit auf den Nägeln. Ich wußte, wie wir nach Karasjok zurückkehren würden, und darauf war mein ganzer Plan aufgebaut. Also vertröstete ich ihn auf später und versicherte, mir läge genauso daran wie ihm, einen »Urlaubstag« zu machen, aber erst dann, wenn wir die Isolatoren heil abgeliefert hätten. Damit war Kurt einverstanden.

Einen Tag Urlaub ohne Genehmigung – das kam bei den strengen Reglements der deutschen Wehrmacht einer Fahnenflucht gleich. Niemand durfte davon erfahren, obwohl ich fest daran glaubte, daß mein Major beide Augen zudrücken würde, wenn ich ihm von meiner romantischen Anwandlung berichtete.

Immerhin – wir landeten mittags bereits auf der angekündigten und mir von der Luft her bekannten Sandbank. Wir zerrten das schwer beladene Boot durch eine flache Wasserrinne und atmeten auf, als wir den tieferen Seitenarm erreichten und wieder paddeln konnten. Nur wenige hundert Meter durch den schier undurchdringlichen Urwald – so etwa stellte ich mir eine Fahrt durch das Amazonasgebiet vor –, und der Arm verbreiterte sich zu einem kleinen See. Wir waren am Ziel.

Der Zugführer begrüßte uns wie Verlorengeglaubte und gab gleich Befehl, unser Boot zu entladen. Die Leute hatten bereits Masten, an Ort und Stelle verarbeitete Baumstämme, gesetzt und Draht gezogen. Es fehlten nur die Isolatoren. Die Arbeit konnte weitergehen. Wir selbst kehrten nach erhaltener Instruktion, was nun zu machen sei, zur Sandbank zurück, ließen die Luft aus dem Boot, trockneten es und falteten es zusammen. Dann suchten wir dürres Holz, entzündeten ein riesiges Feuer – und warteten.

Nach einer Stunde schon hörten wir flußaufwärts das immer lauter werdende Geräusch eines Außenbordmotors. Dann erschien um die Biegung des Tanaelv ein Lappenboot mit einem Insassen. Es steuerte die Sandbank an und landete mit knirschendem Kiel. Der Motor verstummte. Ein junger Norweger sprang an Land und kam auf uns zu.

»Es kann gleich losgehen«, rief er uns auf deutsch entgegen. Das war ja wirklich alles bestens organisiert. Hoffentlich kam ich mit dem Mann zurecht, sonst fiel mein Plan buchstäblich ins Wasser.

Wir begrüßten ihn, verpackten unser Schlauchboot in seinem motorisierten Kahn – und ab ging's, diesmal flußaufwärts doppelt so schnell wie vorher in dem plumpen Schlauchboot mit der Strömung. Da es aber bereits später Nachmittag war, erreichten wir abends erst jene Flußmündung, wo der alte Fischer in seiner Hütte hauste.

Ohne zu fragen steuerte unser Kapitän auf die kleine Bucht zu, an deren Ufer die Hütte stand.

»Hier werden wir über Nacht bleiben«, sagte er bestimmt.

Wir hatten nichts dagegen.

Während er den alten Fischer begrüßte und sich mit ihm über die Bezahlung für das Nachtquartier im Heuschuppen einigte, eine Angelegenheit, die in seinem eigenen Honorar mit einbegriffen sein mußte, sagte Kurt zu mir:

»Ob wir ihn überreden, einen Tag hierzubleiben? Ich möchte mit dem Alten fischen gehen. Fischen war schon immer meine Leidenschaft.«

Kurt ahnte nicht, wie sehr er meinen eigenen Wünschen entgegenkam.

»Ich denke schon. In meinem Gepäck ist eine Literflasche Aquavit, und für Aquavit verkaufen die Norweger ihre eigene Frau. Laß mich nur machen, wir kriegen unseren Urlaubstag. Außerdem haben wir den beiden ersten Booten gegenüber schon zwei Tage Vorsprung.«

Ob fischen gehen oder einen Berg besichtigen, beides war in diesem Fall ein unerlaubtes Entfernen von der Truppe, wie es so schön lautete. Kurt hatte mich genausowenig in der Hand wie ich ihn. Das war wichtig.

Nach dem Abendessen am offenen Feuer nahm ich unseren Bootsführer beiseite. Ich gab ihm die Flasche mit dem seltenen Stoff.

»Hör gut zu, Jörn. Ich möchte, daß du eine Panne mit dem Motor hast und morgen noch hier bleibst. Du reparierst den Schaden und unternimmst eine Probefahrt. Ich begleite dich dabei. Wir nehmen den kleinen Nebenfluß.«

Er sah mich verständnislos an und hielt die Flasche im Arm wie eine Mutter ihren geliebten Säugling.

»Der Motor ist aber in bester Ordnung ...«

»Um so besser, Jörn. Dann kann uns nichts passieren. Du kennst doch den Berg im Osten, drüben in Finnland. Er interessiert mich ...«

»Den Teufelsberg?« Jörn klammerte sich an seine Flasche, als habe er Angst, ich könne sie ihm wieder wegnehmen. »Dort spukt es. Niemand wagt sich in seine Nähe.«

»Wie nahe kommen wir mit dem Boot an ihn heran? Kennst du überhaupt die Strecke?«

»Oft genug gefahren, wenn ich jagen ging. Der Fluß ist gut zwanzig Kilometer befahrbar, dann ist Schluß. Wasserfälle, Klippen, zu flach. Aber der Teufelsberg ist von dort nur noch fünf Kilometer entfernt. Man kann ihn sehen.« Er blickte mich eindringlich an. »Was willst du dort?«

»Ihn anschauen, das ist alles.«

Er nickte.

»Also gut, einverstanden. Aber es darf niemals jemand etwas davon erfahren, sonst geben sie mir mein Geld nicht. Ich komme in Schwierigkeiten.«

»Unsere wären größer«, versicherte ich ihm. Er brauchte mehr als nur eine Flasche Schnaps zur Sicherheit. »Sie würden uns um einen Kopf kürzer machen – für einen einzigen Tag Urlaub.« Wir kehrten zum erlöschenden Feuer zurück. Die letzten Worte, die zwischen Kurt und dem alten Fischer gewechselt wurden, gaben mir die Gewißheit, daß auch sie sich einig geworden waren.

Die Sonne schien Jörn und mir ins Gesicht, als wir am anderen Morgen den Motor starteten und nach Osten den kleinen Nebenfluß hinauffuhren. Er war längst nicht so breit wie der Tanaelv und hatte auch keinen Namen, aber er schien tiefer zu sein. Schon gegen Mittag sah ich vor mir den Berg. Seine Kuppe schimmerte weiß, die

Hänge schienen kahl und ohne Vegetation, nur die unteren hundert Meter waren bewachsen.

Jörn steuerte unterhalb einer brausenden Stromschnelle an Land. »Es sind nur fünf Kilometer – willst du wirklich gehen?«

»Ich bin gegen Abend zurück. Langweile dich nicht.«

Er schüttelte den Kopf und zeigte mir die Flasche. Er mußte schon einen ordentlichen Zug daraus genommen haben.

»Die vertreibt mir die Zeit«, versicherte er.

Ich gab ihm die Hand und wußte, daß er hier warten würde, und wenn ich drei Tage ausblieb. Auf ihn war unbedingt Verlaß. Das Gewehr hatte ich Kurt zurückgelassen. Wenn es auf dem Berg wirklich einen Stützpunkt der Widerstandsgruppe gab, dann war es besser, sie erwischten mich unbewaffnet. Ich nahm nur zwei kleine Dosen Schweinefleisch und ein Stück Brot mit. Wasser würde ich überall finden. Zigaretten und Streichhölzer hatte ich ebenfalls nicht vergessen.

Der Wald lichtete sich, und ich kam schnell vorwärts. Schon nach einer Stunde stieg das Gelände merklich an. Ich hatte den unteren Teil des Berges erreicht, dessen Gipfel sich noch mehr als dreihundert Meter vor mir auftürmte.

Ich fand wenig später einen Pfad und folgte ihm. Er führte in weiten Windungen bergauf, nicht sehr steil und anstrengend, sondern eher erholsam und wie für Urlauber gedacht. Als ich etwa eine Viertelstunde gewandert war, blieb ich stehen und blickte zurück. Unter mir lag, nach Westen zu, der Wald. In Richtung Nordwest erkannte ich den Fluß, an dessen Ufer Jörn auf mich wartete. Der Tanaelv war nicht zu sehen.

In aller Gemütsruhe öffnete ich eine der mitgenommenen Konservendosen, schnitt mir ein Stück Brot ab und ließ es mir schmekken. Angst hatte ich keine, vielleicht deshalb, weil die Sonne schien und einige Wochen lang nicht untergehen würde, und wenn sie es dann tat, anfangs nur für wenige Sekunden oder Minuten. Ich hatte ja auch kein schlechtes Gewissen. Wenn es sich bei dem seltsamen Berg tatsächlich um ein Versteck meiner heimlichen Freunde handelte, und sie erwischten mich, konnte ich ihnen genug Namen nennen, die für meine Freilassung gut waren.

Ich schob die leere Konservendose unter einen Stein, zündete mir eine »Blue Bird« an und marschierte weiter. Es konnte nicht mehr weit bis zur Schneegrenze sein. Der Gedanke an Schnee schien merkwürdig, denn ich schwitzte. Aber in diesen Breiten mußte man sich an diese Kontraste gewöhnen. Immerhin hielt ich mich nördlich des Polarkreises auf.

Der Boden wurde feucht, die ersten Schmelzwasser rannen mir entgegen, aber der Pfad selbst blieb schneefrei, bis ungefähr fünfzig Meter unter dem Gipfel. Wie abgeschnitten, so wenigstens kam es mir vor, begann dicht vor mir die Zone des ewigen Schnees. Ich blieb stehen, denn der Anblick war so merkwürdig, daß ich ihn bis heute; achtundzwanzig Jahre danach, niemals vergessen konnte.

Der Pfad endete vor einer weißen, vier bis fünf Meter hohen Mauer. Sie setzte sich nach rechts und links fort und umgab den eigentlichen Gipfel wie ein künstliches Bollwerk. Es war so, als beginne zehn Meter vor mir der Winter, während ich selbst noch im Sommer stand. Die Schneemauer wirkte wie mit einer Fräse geschnitten.

Sie konnte niemals so einfach von selbst entstanden sein.

Während ich noch überlegte, entdeckte ich weiter oben im Schnee eine Bewegung. Meine Augen hatten sich inzwischen umgestellt, und so konnte ich die ganz in Weiß gekleidete Gestalt gegen den weißen Hintergrund des Gipfelkegels einigermaßen gut unterscheiden. Ich hielt das weiße Zeug für einen Tarnanzug und den Mann darin naturgemäß für einen Norweger. Also rief ich auf norwegisch (auf deutsch hörte es sich genauso an):

»Hallo!«

Keine Antwort. Der Mann war stehengeblieben und sah zu mir herab. Er mochte zwanzig Meter von mir entfernt sein und wirkte seltsam ruhig und gelassen, so, als könne er mich mit einer Bewegung seines kleinen Fingers hinwegwischen. Ich hatte noch immer keine Angst, wenn mir auch recht eigenartig zumute war. Ich mußte an die Norweger denken, die den Berg den »Teufelsberg« nannten.

»Darf ich hinaufkommen?«, fragte ich laut genug, damit er mich auch hören konnte. Wieder erfolgte keinerlei Reaktion. Er stand einfach da und blickte auf mich herab, als sei ich ein lästiges Insekt, das man mit dem Fuß zertritt. Ich wagte es nicht, ohne seine Genehmigung weiterzugehen.

Ich versuchte es noch einmal:

»Ich möchte auf den Gipfel, verstehen Sie? Ich bin Bergsteiger.« Er antwortete mir nicht hörbar, aber seine Geste gab mir zu verstehen, daß er begriffen hatte, was ich von ihm wollte. Er schüttelte den Kopf, zweimal und sehr energisch, dann hob er den rechten Arm und zeigte in die Ebene hinab. Ohne mich weiter zu beachten, drehte er sich danach um, und eine Sekunde später war er verschwunden.

Ich hatte nicht sehen können, wohin er verschwand. Der Schnee jenseits der Mauer bot wenig Deckungsmöglichkeiten – Schnee war schließlich Schnee. Und doch war es, als habe er ihn einfach in sich aufgenommen.

In diesem Augenblick verspürte ich zum erstenmal Furcht. Ob sie nun Widerstandskämpfer waren oder nicht, auf keinen Fall konnten sie mir freundlich gesonnen sein. Sie wollten nicht, daß ich zu ihnen kam, ihr Geheimnis kennenzulernen; und zum Glück wußten sie nicht, daß ich es bereits vom Flugzeug aus entdeckt hatte, ohne allerdings zu wissen, was das für ein Geheimnis war. Noch befand ich mich nicht in Gefahr, denn sie mußten mich wirklich für einen harmlosen Irren halten, der einen namenlosen Gipfel besteigen wollte.

Ohne weiter zu überlegen kehrte ich um.

Ich erreichte den Fluß ohne jeden Zwischenfall. Jörn angelte neben dem Boot und war sichtlich erleichtert, mich wohlauf wiederzusehen. Er legte sein Angelgerät auf den Boden und kam mir entgegen. Seinem Gang nach zu urteilen konnte nicht mehr viel in seiner Schnapsflasche sein.

»Schon den Gipfel bestiegen?«, wollte er wissen.

»Bis zur Schneegrenze, Jörn. Weiter ging es nicht.«

Er nickte verständnisvoll.

»Klar, viel zu kalt.« Und dann fragte er: »Den Schneemenschen hast du nicht gesehen?«

Ich starrte ihn überrascht an. Was wußte er von dem Mann in Weiß?

»Schneemenschen? Was meinst du damit?«

Er grinste verlegen.

»Die Leute erzählen oft seltsame Dinge. Oben auf dem Gipfel soll ein Schneemensch hausen, schon seit Jahrhunderten. Mein Großvater hat ihn auch gesehen, als er da oben nach Gold suchen wollte.

Du weißt ja, daß es hier in den Flüssen Gold gibt. Aber Großvater genügte das nicht, er wollte die ergiebige Ader finden, die ihn reich machte. Also kletterte er auf den Berg. Der Schneemensch trieb ihn zurück. Das war vor mehr als vierzig Jahren.«

Vor vierzig Jahren gab es noch keine deutsche Wehrmacht hier, gab es noch keinen Krieg, gab es noch keine Widerstandsbewegung!

Wer also war der Schneemensch, den ich gesehen hatte?

Die Rückfahrt verlief glatt und ohne Hindernisse. Leider konnte ich aus Jörn nicht mehr herausholen als das, was er mir schon berichtet hatte. Sein Großvater hatte den Schneemenschen gesehen – das war alles. Außerdem stimmte die Beschreibung. Er mußte vor vierzig Jahren schon genauso ausgesehen haben wie heute. Am anderen Tag brachte uns Jörn bis Karasjok. Ein Telefonanruf von der dortigen Ortskommandatur aus genügte. Zwei Stunden später holte uns ein LKW ab.

Der Kommandeur sprach uns ein Lob aus, weil wir uns so beeilt und die Isolatoren pünktlich abgeliefert hatten. Der Transport auf dem Wasserweg bewährte sich.

Ich wartete auf eine zweite Möglichkeit, und diesmal hätte ich den Karabiner mitgenommen; aber leider war ich wochenlang mit meinem Major unterwegs. Als wir endlich nach Banak zurückkehrten, war die Telegraphenleitung fertig. Es wurde kein Nachschub mehr benötigt.

Ich beschloß, später einmal das Versäumte nachzuholen.

Wie konnte ich ahnen, daß ich darauf achtundzwanzig Jahre warten mußte?

Helmut weckte mich, als wir die Grenze überschritten.

Über Kopenhagen erreichten wir Malmö und damit Schweden. Von nun an ging die Fahrt geradewegs nach Norden, und wir hielten immer dort an, wo es uns gefiel. Ziel war die Eismeerstraße, die ich noch von ihren Anfängen her kannte.

Nach sechs Tagen kamen wir bei Hagaranda über die schwedisch-finnische Grenze und landeten in Kemi, einer Stadt an der Mündung des Kemijoko in den Bottnischen Meerbusen. Hier begann die Eismeerstraße, die bis hinauf nach Kirkenes führte. In Ivalo machten wir drei Tage später Rast. Der Ort liegt etwas südlich des

Inarisees, hundertfünfzig Kilometer von meinem Teufelsberg entfernt. Hier zweigte die Straße nach Utsjoki und Polmak nach links von der Eismeerstraße ab. Wenn ich zum Tanaelv wollte, mußten wir sie benutzen. Mir blieb keine andere Wahl, als Helmut einzuweihen, denn es gab keine logische Begründung dafür, eine Nebenstraße zum Eismeer hinauf zu benutzen.

Er war vornehm genug, mich nicht gleich auszulachen. Immerhin blieb sein Tonfall recht skeptisch, als er sich erkundigte: »Hast du dir die Karte genau angesehen? Kommen wir an dem Berg vorbei? Als du damals in der Gegend warst, gab es noch keine Straßen.« – »Nicht vom Tanaelv aus, wohl aber von der finnischen Seite her. Damals nur eine Schotterstraße, heute wird sie asphaltiert sein.« – »Hoffentlich. Wir haben nur zwei Reservereifen mit.«

Ich sah ihn erwartungsvoll an.

»Also fahren wir nach Utsjoki?«

»Natürlich fahren wir. Den Schneemenschen muß ich mir ansehen!« Vor achtundzwanzig Jahren hatte die Geschichte noch keinen rechten Sinn ergeben, besonders nicht die Tatsache, daß der geheimnisvolle Mann in Weiß schon vierzig Jahre früher beobachtet worden war und angeblich schon seit Jahrhunderten oben auf dem Gipfel des einzigen Berges weit und breit leben sollte. Heute aber sah das alles ganz anders aus, wenn ich es Helmut auch nicht sagen durfte. Er hatte keine Ahnung, was ich inzwischen erlebt hatte, obwohl er beide Bücher von Erich kannte. Ich rechnete fest damit, die Kontrollstation der Altairer entdeckt zu haben oder doch zumindest eine schon lange in Funktion befindliche Nebenstelle für den hohen Norden. Wenn durch die Tätigkeit der Fremden schon im Altertum Sagen entstehen konnten, dann auch in der Gegenwart. Hinzu kam, daß auch die Lappen als sehr abergläubisch galten. Doch wenn schon, Lügner waren sie auf keinen Fall.

Wir fuhren über Enare und ließen den romantischen Inari-See rechts liegen. Er war so groß, daß sich das andere Ufer nicht ausmachen ließ, und ich konnte mir vorstellen, wie herrlich es wäre, hier einige Wochen mit einem Segelkreuzer zu verbringen. In Karigasniemi blieben wir über Nacht, und hier hatte ich zum erstenmal wieder das Gefühl, in eine alte und fast vergessen geglaubte Heimat zurückzukehren. Nach Westen zu, nur wenige Kilometer entfernt und auf der anderen Seite des Tanaelv, lag Karasjok. Eine schmale Straße führte direkt hin, aber unser Weg nach Utsjoki lag weiter nördlich. Ich hatte die Karte gründlich studiert. Wir würden den Berg an der nächsten Stelle in einer Entfernung von nur knapp fünfzehn Kilometern passieren.

Wenn wir Glück hatten, fanden wir einen befahrbaren Feldweg. Wenn nicht, mußten wir eben eine Tageswanderung in unser Programm einbauen. Erfreulicherweise begann Helmut die Angelegenheit richtig zu interessieren, und wahrscheinlich wäre er kaum noch zu bremsen gewesen, hätte er die ganze Wahrheit gewußt.

Die Sonne stand an einem strahlendblauen Himmel, als Helmut am nächsten Morgen den Motor startete und wir in Richtung Utsjoki weiterfuhren. Unmerklich stieg das Gelände an und wurde trockener. Immer mehr fehlten rechts die Sümpfe, dafür reihte sich Hügel an Hügel, und es gab sogar vereinzelte Busch- und Baumgruppen.

Unentwegt verglich ich die Landschaft, die wir gerade passierten, mit der Landkarte, die ich nicht mehr aus der Hand legte. Es gab nur wenig Markierungspunkte, an denen sich eindeutig unsere jeweilige Position feststellen ließ. Der Berg mußte links vor uns liegen, aber noch sah ich ihn nicht. Er war auf der Karte verzeichnet, trug aber keinen Namen. Seine Höhe war nicht angegeben.

Als unsere Straße in die direkte Verbindungsstraße von Kaamanen einmündete, erblickte ich links den Berg. Er war bisher durch einen langgestreckten, sehr nahen Hügelzug verdeckt worden. Außerdem war die Einmündung auch auf der Karte deutlich zu erkennen.

»Von hier aus sind es sogar nur zwölf Kilometer«, sagte ich zu Helmut, der gestoppt hatte. »Wenn wir jetzt eine Möglichkeit entdeckten, recht nahe heranzukommen, ersparten wir uns den Fußmarsch. Das Gelände sieht ja ziemlich manierlich aus.«– »Trocken scheint es auch zu sein. Fahren wir langsam weiter, und wenn du so etwas ähnliches wie einen Weg siehst, sag mir Bescheid.«

Der flachgestreckte Höhenrücken rutschte links aus dem Blickfeld. Einsam und fast majestätisch stand der Berg in der Ebene, die Gipfelkuppe mit Schnee bedeckt, wie ich es in Erinnerung hatte. Mir war, als kehre die Vergangenheit zu mir zurück, und unwillkürlich erwartete ich, jeden Augenblick einen jener grauen LKW auftauchen zu sehen, denen man damals in ganz Europa begegnen konnte.

Links zog sich der verwachsene Straßengraben dahin, nicht sehr tief und zur Not mit unserem VW-Bus zu passieren. Aber dahinter sah es nicht gerade freundlich aus. Die armdicken Birken standen kreuz und quer, oft nur ein oder zwei Meter auseinander. Wir hätten uns mit dem Beil einen Pfad schlagen müssen, um durchzukommen, und dazu verspürten wir alle beide trotz der Begeisterung für das Unternehmen kein Verlangen. Auch Lappen benötigten Brenn- und Bauholz, also mußte es auch irgendwann einmal eine Möglichkeit geben, mit einem Fahrzeug in den »Wald« abzubiegen.

Unsere Vermutung bestätigte sich.

»Halt mal an!«, rief ich Helmut zu, als wir kaum zehn Minuten langsam dahingeholpert waren. »Das sieht doch ganz so aus wie ein Fahrweg.«

Es sah nicht nur so aus, es *war* einer. Wir rumpelten durch den flachen Graben und hielten dann erst an. Das Motorengeräusch verstummte.

Der Weg wies zwei Spuren auf, die sowohl von Rentierkarren als auch von Autos stammten. Sie waren nicht tief, und es bestand keine Gefahr, mit den Achsen aufzusitzen. Die beiden Gräben verliefen parallel und ziemlich gerade, genau auf den Berg zu. Wir folgten ihnen fast fünfhundert Meter zu Fuß, konnten aber keine Verschlechterung der Verhältnisse feststellen. Helmut blieb stehen.

»Ich denke, wir versuchen es. Wenn wir vorsichtig fahren, kann nicht viel passieren. Selbst wenn wir hängenbleiben, kommen wir wieder allein los.«

Wir kehrten um. Helmut startete den Motor, und dann setzten wir uns in Richtung Wildnis in Bewegung. Ich glaubte mich in die afrikanische Buschsteppe versetzt. Wir mußten die Fenster geschlossen halten, denn selbst in diesem trockenen Gelände gab es genug Mückenschwärme, die einem das Leben schwer machten. Am Berg, so entsann ich mich, würde das aufhören.

Aber so weit waren wir ja noch nicht.

Im Wagen schafften wir gute zehn Kilometer. Wiederholt zweigten nach rechts oder links Seitenspuren ab, die unsere Vermutung bestätigten, daß es sich bei den Schneisen um solche von Holztransportfahrzeugen handelte. Aber wir ließen uns nicht beirren;

immer deutlicher prangte vor uns der gesuchte Berg, und seine glitzernde Schneekuppe schien uns magisch anzuziehen.

Dann war der Weg zu Ende. Seine Doppelspur endete in einer geschlagenen Lichtung am Ufer eines Baches, der von Süden nach Norden floß. Bei Utsjoki, so verriet uns die Karte, mündete er in den Tanaelv.

Unser Berg lag etwa fünf Kilometer vor uns. Es war elf Uhr. Ich kletterte aus der Fahrerkabine und streckte die müden Knochen. Helmut folgte meinem Beispiel. Er riß die Arme hoch, als wollte er die Sonne vom Himmel holen, und dabei passierte es. Er schrie plötzlich auf, als habe ihn eine Schlange gebissen, dann sackte er zusammen und stöhnte. Ich wußte im ersten Augenblick nicht, was geschehen war, und blickte verwirrt auf ihn hinab.

»Was ist denn los? Hast du dir weh getan?«

Er sah auf und nickte gequält.

»Verdammte Bandscheibe! Ich hätte daran denken sollen! Jetzt tut mir das Kreuz die nächsten Tage derart weh, daß ich weder fahren noch schlafen kann. Mist, verfluchter!«

Ich hatte oft genug mit der Bandscheibe zu tun gehabt, um seinen Ärger vollauf zu verstehen. Da reckte man sich gedankenlos, und schon liegt man tagelang auf der Nase. Man glaubt, halb gelähmt zu sein, und sieht sich schon an Krücken gehen. Früher nannten sie das Hexenschuß.

Ich sah zum Berggipfel auf, der sollte ja verhext sein.

»Da fällt unser Ausflug wohl ins Wasser«, sagte ich und setzte mich zu ihm. »In dem Zustand kommst du nicht weit. Leg dich erst mal hin.«

Er schüttelte den Kopf.

»Nur nicht hinlegen, dann komme ich nicht mehr hoch. Ich bleibe hier sitzen und versuche später, mal aufzustehen und zu gehen. Es dauert seine Zeit, wird aber allmählich besser. Man wird eben alt.«

»Hatte ich schon mit zwanzig«, tröstete ich ihn. »Und es kommt in regelmäßigen Abständen wieder. Aber ehe ich mir die Knochen ausrenken lasse, nehme ich das in Kauf.«

Helmut grinste schief, dann meinte er:

»Verlier keine Zeit und geh los. Ich bleibe hier und passe auf die Mühle auf. Sieh zu, daß du bald zurück bist.«

»Ich kann dich doch nicht hier allein zurücklassen«, entgegnete ich, ohne meine Freude über die glückliche Wende ganz unterdrükken zu können. Er war doch ein feiner Kerl, mein Helmut. »Wenn dir nun was passiert ...«

»Was soll mir denn passieren? Außerdem war ich ohnehin viel zu faul, auf den Berg zu klettern, ich wollte es dir nur nicht sagen. Nun mach dich endlich auf den Weg, ehe der Winter kommt.«

Meine Vorräte hatte ich in einem der praktischen Brotbeutel untergebracht, den ich am Gürtel meiner Blue Jeans befestigte. In der Hosentasche, klein und unauffällig, ruhte der geladene »Derringer«. Ich hoffte, ihn niemals benutzen zu müssen, aber er gab mir ein trügerisches Gefühl der Sicherheit.

Ich gab Helmut die Hand, überquerte den Bach, winkte noch einmal zurück und folgte dann dem schmalen Fußpfad, der genau in die von mir gewünschte Richtung führte.

Ich weiß nicht mehr, was ich damals eigentlich erwartete, aber auf keinen Fall ahnte ich, welch phantastische Begegnung mir bevorstand.

Der Weg führte nicht auf den Berg hinauf, sondern verlief in einer Schotterhalde an seinem Fuß. Es blieb mir nichts anderes übrig, als einen neuen Aufstieg zu suchen, wenn ich keinen Umweg von mehreren Kilometern machen wollte, um den mir bereits bekannten Pfad zum Gipfel zu finden.

Zum Glück gab es kaum Felsen. Der untere Teil des Berges, noch von Erde bedeckt und mit Grasbüscheln bewachsen, bot genügend Halt, es auch ohne Weg zu versuchen. Hauptsache war, so dachte ich mir, erst einmal Höhe zu gewinnen. Die Sonne stand nun links von mir und blendete mich nicht. Es war auch nicht mehr so heiß, denn von Norden wehte ein kühles Lüftchen. Die Mückenplage hatte aufgehört.

Ab und zu warf ich einen Blick zurück, aber von Helmut und seinem Auto konnte ich nichts entdecken. Allmählich begann ich auch, beides zu vergessen. Meine eigentliche Aufgabe erfüllte meine Gedankenwelt. Und daß es wirklich eine Aufgabe war, wurde mir von Minute zu Minute mehr bewußt. Es überkam mich aber auch, daß jetzt an meiner Seite ein Mann gehen müßte, der wie kein anderer verdiente, dabei zu sein. Und vielleicht noch ein dritter, dem ich viele wertvolle Hinweise verdankte. Aber beide waren verhindert. Auf den einen warteten die Patienten, und der andere verbüßte im Gefängnis seine nie begangenen Straftaten.

Als das Gestrüpp aufhörte und nur noch Gras wuchs, stieß ich auf einen Pfad. Er führte in Serpentinen hinauf zum Gipfel: Bedenkenlos folgte ich ihm, nachdem ich in Ruhe eine Zigarette geraucht hatte. Ich hatte damals die relative Höhe des Berges vom Flugzeug aus überschätzt. Die Ebene unten lag mindestens schon dreihundert Meter über dem Meer. Der Berg konnte also nicht höher sein als dreihundertfünfzig Meter, für die an sich recht flache Landschaft eine beachtliche und weithin sichtbare Erhöhung.

Immer mehr näherte ich mich der Schneegrenze, innerlich gespannt, ob alles so sein würde wie vor achtundzwanzig Jahren, als ich vor der scheinbar natürlichen Schneemauer zur Umkehr gezwungen wurde. Ich war heute mehr denn je davon überzeugt, daß es sich um kein natürliches Hindernis gehandelt hatte.

Eine Vermutung, die sich sehr bald bestätigen sollte.

Als der Pfad keine Windung mehr machte, sondern schnurgerade auf die unveränderte und immer noch etwa fünf Meter hohe Schneemauer zulief, zögerte ich. Nichts hatte sich verändert, obwohl ich diesmal aus der entgegengesetzten Richtung kam. Es war also rundum gleich. Die Mauer war fünfzig Meter entfernt, darüber erhob sich die weißglitzernde Kuppe. Oder war es eine Kuppel?

Ich ging langsam weiter, obwohl mich nun ein unheimliches Gefühl beschlich. Vielleicht wurde ich beobachtet, jede meiner Bewegungen registriert – und vielleicht bereitete man mir bereits einen heißen Empfang vor.

Abermals blieb ich stehen. Diesmal knapp zehn Meter vor der glatten Schneemauer. Wenn nichts geschah, wollte ich weitergehen und sie berühren. Vielleicht war das gar kein Schnee, sondern etwas anderes.

Eine Illusion vielleicht …?

Mit äußerster Aufmerksamkeit beobachtete ich das abgerundete Schneefeld jenseits der Mauer, das exakt dort begann, wo die Mauer in fünf Meter Höhe endete. Wie damals, müßte jetzt eigentlich der Weißgekleidete auftauchen, wie er es seit achtundsechzig Jahren tat, wenn sich jemand dem Gipfel näherte. Aber ich sah ihn nicht.

Dafür geschah etwas anderes.

Direkt vor mir begann die Schneemauer in einer Breite von etwa zwei Metern zu flimmern, als habe jemand zwischen ihr und mir ein unsichtbares Feuer entzündet, dessen aufsteigende Hitze die Luft in Bewegung brachte. Das Flimmern wurde stetig stärker, bis der dahinterliegende Schnee derart verzogen wirkte, daß meine Augen ihn nicht mehr wahrnehmen konnten. Dafür jedoch sahen sie, als das Flimmern sich stabilisierte, statt der glatten, weißen Schneewand einen Gang, zwei Meter breit und schräg hinauf zum Gipfel führend. Rechts und links war der Schnee geblieben, aber der Boden des Gangs war eben und trocken. Er bestand nicht aus Fels, sondern aus einem mir unbekannten bläulichen Kunststoff.

So unerklärlich das alles auch war, ich mußte es als eine Aufforderung zum Weitergehen auffassen. Es war klar, daß sich mir sonst das dreidimensionale Trugbild, mit unvorstellbarem technischem Aufwand in die Luft gezaubert, nicht enthüllt hätte. Man war bereit, mich zu empfangen, wer immer dieser »man« auch sein mochte.

Langsam stieg ich weiter, über mir noch immer den blauen Himmel, dann rechts und links die meterhohen Schneewände, die keinerlei Kälte ausstrahlten. Ich wagte nicht, sie zu berühren. In diesem entscheidenden Augenblick wollte ich meine Ungeduld zügeln und kein Mißtrauen erregen. Ich wußte, daß ich bald alles erfahren würde.

Als ich die Mauer zehn Meter hinter mir gelassen hatte, änderte sich abermals von einer Sekunde zur anderen die ganze groteske Szenerie. Ich tat einen Schritt über eine unsichtbare Grenze, die mich von der Illusion zurück in die Wirklichkeit versetzte – aber was für eine Wirklichkeit!

Der Schnee war nicht mehr vorhanden, wie weggezaubert, dafür jedoch die goldene Kuppel, die ich damals vom Flugzeug aus hatte blinken sehen. Sie überdachte den Gipfel und verdeckte den Himmel. Unter ihr lag ein blühender Garten im Schein künstlicher Sonnen, und ich spürte eine wohltuende Wärme durch meinen dünnen Pullover dringen.

Nach kurzem Zaudern ging ich weiter geradeaus, obwohl Wege nach rechts und links abzweigten und sich zwischen den Büschen verloren. Vor mir, kurz unter dem eigentlichen Gipfel, stand ein flaches Rundgebäude, das an einen Pavillon erinnerte. Die Säulen, welche die Terrasse umgaben und den Oberbau stützten, verstärkten diesen Eindruck. Griechische Imitation, dachte ich, dann lenkte mich das Erscheinen von zwei Männern ab.

Sie traten aus dem Gebäude und blieben auf der Terrasse stehen. Die Arme über der Brust gekreuzt, erwarteten sie mich in aller Ruhe mit deutlich zur Schau gestellter Überlegenheit. Ich benötigte dreißig Sekunden, dann stand ich vor ihnen.

Sie trugen nicht die weißen Tarnanzüge, sondern straffsitzende silbergraue Uniformen ohne irgendwelche Rangabzeichen. Unter den engen Hosen verbargen sich kurze Stiefel. Sie zeichneten sich deutlich ab. Der breite Gürtel war schlicht und einfach, nicht mit allerlei geheimnisvollen Instrumenten versehen, wie ich sie oft in meinen utopischen Romanen beschrieben hatte. Ihre Gesichter hatten einen asiatischen Einschlag – und doch wieder nicht! Es war schwer, sie zu klassifizieren. Dünne Lippen wie zwei Striche, eine schmale Nase mit fast durchsichtigen, enganliegenden Nasenflügeln und zwei Augen wie aus einem chinesischen Bilderbuch: Schlitzaugen und schräg nach oben gestellt. Das Überraschendste aber war die Augenfarbe: das reinste Azurblau wie Diamanten! Und dann die Haare! Ich glaubte mich einen Moment ins Kinderalter zurückversetzt. Die langen Haare waren nämlich golden! Regelrecht goldene Fäden. Nicht strohblond – sondern tief goldgelb!

Wir betrachteten uns schweigend. Dann begann der eine zu lächeln und entblößte dabei zwei Zahnreihen, die jeden Perlenfabrikanten vor Neid hätte erblassen lassen. Er schritt auf mich zu, streckte mir die Hand entgegen und meinte in einer sympathischen, entwaffnenden und für mich unsagbar beruhigenden Art:

»Seien Sie willkommen!«

Er deutete auf seinen Nachbarn.

»Dies ist Xentara, er wird Ihnen alles zeigen und erklären. Ich selbst heiße Xeros und bin Kommandant dieser Station. Ich brauche Ihnen wohl kaum zu sagen, daß wir Beauftragte des Galaktischen Kolonialrates sind – Sie wissen es bereits. Was Sie nicht wissen, ist die Tatsache, daß wir bereits vor der X-Generation stehen. Bald ist unsere Zeit hier beendet.«

Ich muß zugeben, in diesem Augenblick einigermaßen erschlagen gewesen zu sein. Mein ganzes Leben hatte ich dieses Ereignis – die erste Begegnung mit außerirdischen Intelligenzen – herbeigewünscht und herbeigesehnt, ich hatte es für möglich gehalten und mich oft genug deswegen auslachen lassen. Tief im letzten Winkel meines Herzens wußte ich, schon seit fünfunddreißig Jahren, daß wir nicht allein auf der Erde waren, aber nun, da ich meine Annahme bestätigt sah, versagte mir die Sprache. Ich glaube, daß meine Augen feucht wurden, und ich schäme mich nicht, diese Schwäche zu gestehen. Ich bin kein Superheld, der im Handumdrehen mit Invasoren aus dem All fertig wird, ich bin nur ein Mensch, der plötzlich Wesen gegenüberstand, die so aussahen wie wir – Ebenbilder sozusagen – und die so dachten wie wir und die in jeder Hinsicht weiter fortgeschritten und vielleicht hunderttausend Jahre oder noch mehr noch unserer eigenen Entwicklung voraus waren. Wesen, denen wir, wenn Erich von X., Kofol und ich recht behielten, fünfzigtausend Jahre Evolution zu verdanken hatten.

Vielleicht sogar unsere Existenz.

Wesen allerdings auch, die untätig zusahen, wie wir uns über Jahrtausende hinweg in Kriegen gegenseitig zerfleischten und dezimierten, wobei die technische Entwicklung einen ungeahnten Aufschwung nahm, vor hundert Jahren so wie heute. Wesen, die wie Götter über allem thronten und darüber wachten, daß ihr geheimnisvoller Plan, den der menschliche Verstand noch nicht zu fassen in der Lage war, niemals durchkreuzt wurde. Ein Plan, der hunderttausend Jahre umfaßte …

Sie mußten uns kennen, sonst sprächen sie unsere Sprache nicht.

Sie mußten *mich* kennen!

Was eigentlich wußten sie *nicht*?

Xeros lächelte – er lächelte wie ein Mensch. Er sagte:

»Wir geben Ihnen Zeit, sich von der anstrengenden Wanderung zu erholen. Ihrem Freund beim Auto geht es besser, Sie werden ihn gleich sehen können. Er bedauert bereits, Sie nicht begleitet zu haben, aber vielleicht ist es gut so. Bitte, folgen Sie uns.« Und nachsichtig fügte er hinzu: »Ihre Waffe, die Sie in der rechten Tasche bei sich führen, werden Sie nicht brauchen.«

Ich folgte ihnen in das Innere des Pavillons und schämte mich, wie ich mich noch nie geschämt habe. Impulsiv zog ich den kleinen

»Derringer« aus der Tasche und legte ihn auf die niedrige Brüstung der Terrasse. Er blinkte im Licht der künstlichen Sonnen wie ein falscher Edelstein.

Das Innere des Pavillons machte einen nüchternen und zweckmäßigen Eindruck. Es hatte nichts mehr mit der Romantik des künstlichen Gipfelgartens zu tun. Hier herrschten Technik und Überzivilisation. Direkt vor uns lag der Eingang zu einem Lift. Es war kein gewöhnlicher Lift, sondern lediglich ein rechteckiger Schacht, in dem eine genau passende Metallplatte schwebte, von nichts gehalten außer antigravitationalen Energien …

Der Lift der Altairer vor dreiundzwanzigtausend Jahren in Cuzco!

Die Erkenntnis traf mich wie ein Schock, obwohl der Zusammenhang mehr als offensichtlich war. Gleiche Abstammung, gleiche technische Entwicklung! Kein Grund zur Überraschung.

Ich nahm mich zusammen und folgte Xeros und Xentara auf die Platte, die sich sofort abwärts in Bewegung setzte. Wir sanken in die Tiefe, während die Wände des Schachtes schnell nach oben glitten. Ich konnte nicht erraten, wie tief wir in den Berg hineindrangen, aber ich schätze, es waren mehr als fünfzig Meter. Die Halle, die wir dann betraten, wirkte peinlich sauber und neu, nicht so, als sei sie schon vor Tausenden von Jahren eingerichtet worden. Der aus bunten Quadraten zusammengesetzte Boden bestand wieder aus Kunststoff – und er war so blank, daß man darauf hätte essen können. Auch die Wände aus mattschimmerndem Metall machten den Eindruck, als habe man sie erst gestern aus der Fabrik geholt. Wenn es Türen zu den anderen Räumen gab, so waren sie jedenfalls nicht zu entdekken. Die Decke selbst, beidseitig nach oben gewölbt, bestand aus einer einzigen weißgelb leuchtenden Fläche, die Licht und Wärme zugleich ausstrahlte – eine künstliche Sonne.

Xeros blieb stehen und legte seine Handfläche gegen die Wand. In einer Höhe bis zu zwei Metern entstand ein schmaler Spalt, der sich langsam und lautlos vergrößerte, bis eine Öffnung entstand, durch die man bequem hindurchgehen konnte. Xentara winkte mir zu. Ich folgte ihm und Xeros, der vorangegangen war.

Wie gebannt blieb ich stehen, während sich hinter mir das »Sesam« wieder schloß. Was ich hier erblickte, übertraf alle meine Erwartungen und stellte die kühnsten Phantasien meiner Schriftstellerkollegen – und die eigenen dazu – weit in den Schatten. Die Kontrollzentrale!

Von hier aus überwachten sie uns also!

Der Raum war quadratisch und besaß eine Kantenlänge von etwa fünfzig Metern. Er war praktisch leer, nur in der Mitte befand sich ein runder Tisch von gut fünf Metern Durchmesser, dessen Zentrum ausgespart war. In diesem saß ein Mann und bediente Apparaturen, die auf dem langsam um ihn herum rotierenden Tisch angebracht waren. Da auch sein Sessel nach allen Richtungen hin und her bewegt werden konnte, war er in der Lage, sämtliche Instrumente ohne jede Anstrengung zu erreichen.

Mein zweiter Blick galt den Wänden des Riesenraums, denn sie gaben mir Antwort auf die Frage, wie eine absolut zuverlässige Kontrolle aller Geschehnisse auf dem Erdball möglich sein konnte. Insgesamt hatte der Raum zweihundert Meter Wandlänge, und nicht ein Zentimeter davon blieb ungenutzt. Neben- und übereinander, ohne auch nur einen Millimeter Zwischenraum zu verlieren, nahm ein belebtes Bild am andern den zur Verfügung stehenden Platz ein. Insgesamt mußten es etliche tausend solcher Bildschirme sein, die von dem runden Tisch aus kontrolliert werden konnten. Obwohl mir Xentara und Xeros Zeit ließen, mich von meinem Erstaunen zu erholen, war es mir unmöglich, alle Einzelheiten in mich aufzunehmen. Immerhin überzeugte mich ein kurzer Überblick davon, daß auf jedem Bild eine andere Szene zu sehen war, und zwar aus allen Teilen der Welt und aus jeder nur denkbaren Perspektive.

»Auf dieser Welt geschieht wenig, das wir nicht wissen«, sagte Xentara, während Xeros zu dem Mann am Rondell ging und mit ihm sprach. »Früher genügten zehn oder zwanzig Bildschirme, aber dann wurden es immer mehr. Heute benötigen wir zehn solcher Räume wie diesen, um informiert zu sein.«

Zehn Kontrollräume! Zirka zwanzigtausend Bildschirme!

Mir stockte der Atem. Xentara lächelte nachsichtig. Dennoch wirkte seine Überlegenheit nicht demütigend. Hier war kein Raum für Minderwertigkeitskomplexe. Warum auch? Sie waren Jahrtausende vor uns da gewesen, und vielleicht war das nicht einmal ihr Verdienst. Sie hatten uns gefunden, genetisch katapultiert und dann überwacht. Sie hatten sich, soweit ich vermuten durfte, niemals in unsere menschlichen Angelegenheiten gemischt.

Oder doch?

Hätten sie es nur manchmal getan …

»Xeros veranlaßt, daß Ihnen ein Beispiel vorgeführt wird. Sie werden später dann alles besser und leichter verstehen. Und noch etwas: Wundern Sie sich über nichts – nehmen Sie alles so, wie es ist.«

Von der nun schwächer leuchtenden Decke herab senkte sich eine transparente Wand; sie hätte aus Glas sein können. Sie hielt an, als der untere Rand fünfzig Zentimeter vom Boden entfernt war. Sekunden später entstand auf ihr ein farbiges und plastisches Bild, als schwebe eine Theaterbühne mitten im Raum. Der Eindruck war derart echt und lebendig, daß ich mich immer wieder daran erinnern mußte, lediglich die vergrößerte Wiedergabe einer der Monitoren zu sehen.

Ich sah eine mir nur allzu bekannte Landschaft – die Lichtung mit Helmuts VW-Bus – und natürlich meinen Freund, der gerade dabei war, auf dem Feuer eine geöffnete Konservendose zu erhitzen. Ich konnte das Prasseln der Flammen deutlich hören, und gelegentlich vernahm ich auch Helmuts Selbstgespräche, der noch immer seine vertrackte Bandscheibe einem mir unbekannten Onkel ins Kreuz wünschte.

Xeros blickte zu Xentara, der neben mir stand. Xentara nickte. »Und nun noch eine andere Projektion, damit Sie verstehen, daß wir sehr wohl wissen, wer alles im Spiel ist. Wir sind in der Lage, alles und jeden jederzeit auf diesem Planeten ins Blickfeld zu bekommen. Dies geschieht keineswegs, um persönliche Freiheiten zu beschränken oder gar in die Intimsphäre einzelner Menschen einzudringen. Denn beides ist für uns vollkommen uninteressant. Wir beobachten die Menschheit, ihre Presse und Massenmedien, ihre technische und moralische Entwicklung, und machen dem Galaktischen Bund Mitteilung, sobald die Intelligenz dieses Planeten den Grad Z erreicht hat.«

»Was bedeutet ›Grad Z‹?«, unterbrach ich ihn.

Xeros lächelte wieder. Es war ein sanftes, beruhigendes Lächeln.

Es erinnerte mich an den Kinderarzt, der den verschüchterten Kleinen jede Angst nahm.

»Z ist der letzte Buchstabe Ihres Alphabets. Die Entwicklung dieses Planeten steht zur Zeit, wenn wir sie auf einer Skala abbilden, die diesem Alphabet entspricht, auf der Grenze von W und X. Mit etwas Toleranz und Einsicht überspringen Sie X und erreichen die Klassifikation Y. Und von Y zu Z ist es dann nur noch ein kleiner Schritt.«

Ich verstand kein Wort. Was sollte ich mit den letzten Buchstaben des Alphabets und was – bei allen Planeten – bedeutete die »Klassifikation X oder Z«? Xeros las offenbar in meinen Gedanken wie in einem offenen Buch, denn er erläuterte freundschaftlich:

»X ist die Phase des Planetenkriegs mit atomaren und bakteriellen Waffen. Diesen Grad hat die Menschheit erreicht. Y ist die Phase der interplanetaren Raumfahrt und Z der Beginn der interstellaren Raumfahrt. Sowie die Menschen den Grad Z erreichen, machen wir eine Vollzugsmeldung an den Galaktischen Bund, und dieses System wird zum erstenmal seit 23 000 Jahren von Raumschiffen des Bundes angeflogen.«

»Bedeutet das«, fragte ich erschrocken, »daß der Dritte Weltkrieg unvermeidlich ist?«

»O nein«, beruhigte mich der Altairer. »Alles liegt nur und ausschließlich bei Ihnen selbst. Wenn die Völker, Rassen und Religionen Verständnis füreinander aufbringen und sich in Toleranz entgegenkommen, dann findet kein Dritter Weltkrieg statt, und Sie steuern geradewegs auf Y, die interplanetare Raumfahrt, zu. Sowie Menschen Fuß auf dem Mars gefaßt haben, ist die Gefahr des Dritten Weltkriegs vorüber, denn die Massenmedien übertragen die Ereignisse in jeden Dschungel, in jede Wüste, auf jeden Berg, in jede Hütte. Der Weltkrieg wird sinnlos: Man hat einen neuen Planeten erobert. Und jedermann erfährt es. Vergessen Sie nicht, daß in zwölf Jahren die heutigen Kinder erwachsen sein und die gegenwärtigen Jugendlichen bereits in den verantwortlichen Stellen sitzen werden. Heute wäre es noch möglich, mit naiven Motiven der religiösen oder politischen Rechthaberei einen Weltkrieg vom Zaun zu brechen. Nach der Marslandung wird es nicht mehr möglich sein.«

»Weshalb gerade in zwölf Jahren?«, wollte ich wissen.

»Das sind die Computerauswertungen für Marslandungen im größeren Stil, wenn die gegenwärtige Entwicklung nicht beeinträchtigt oder gar gestoppt wird. Kleinere Marslandungen finden schon vor 1982 statt.«

Mir lag eine Frage auf der Zunge, doch ich brauchte sie nicht auszusprechen. Xeros schüttelte bedauernd den Kopf und sagte sehr, sehr ernst:

»Nein, lieber Freund, wir würden nicht eingreifen, wenn dieser Planet sich selbst zerfleischt! Eine Intelligenz ist nur dann reif für den Kosmos, wenn sie die Kinderkrankheiten ›Nationalität‹ und ›religiöse Rechthaberei‹ aus eigener Kraft überwunden hat. Seit der künstlichen Mutation an Ihren Urahnen liegt Gut und Böse gleichermaßen im Menschen verankert. Das Gute und Edle hat er aus der Verwandtschaft mit dem Kosmos, das Böse aus der blutdürstigen Natur dieses Planeten. Ihr selbst müßt euch überwinden, welchen Weg ihr haben wollt: die Barbarei oder den Kosmos. Wir Altairer beeinflussen zwar stets wieder einzelne Menschen und prüfen die Reaktionen der Masse auf die Wahrheiten, welche die von uns Beeinflußten verkünden. Bislang ist das Resultat nicht ermutigend. Doch Sie selbst mit Ihren Romanen und Ihr Freund Erich von X. mit seinen Büchern haben wertvolle Beiträge geleistet, die insbesondere das Denken der Jugend beeinflussen. Doch sehen Sie, bitte ...«

Und ich sah …

Ich sah Erich von X.

Er saß an einem mit Schreibpapier und Akten überfüllten Tisch. Der Raum sah nicht nach einer Zelle aus, mehr nach einem Büro. Ich wußte, daß er in der Verwaltung des Gefängnisses arbeitete, in dem er seine »Strafe« verbüßte, wie es in den offiziellen Mitteilungen hieß. Wie war es nur möglich, daß die Altairer derartige Life-Übertragungen technisch zustande brachten, ohne Kameras am Aufnahmeort installieren zu müssen?

Erich schrieb. Es war eine Liste, das konnte ich erkennen. Als ich noch genauer hinsah, konnte ich sogar die Schrift lesen. Ich traute meinen Augen nicht.

»Speiseplan für die Woche vom 17. bis 23. August 1970.«

Das sah ihm ähnlich! Als Hotelier waren Speisepläne natürlich seine Spezialität, und ich konnte mir vorstellen, daß ein Gefängnisdirektor, wenn er seine ihm anvertrauten Häftlinge nicht gerade bei Kartoffelsuppe und Linsen dahinvegetieren lassen wollte, sich gern der Erfahrungen eines Spezialisten bediente.

Erich!

Zum erstenmal seit nun bald zwei Jahren sah ich ihn wieder. Er war etwas schmaler geworden – trotz seines eigenen Speiseplans – und wirkte unruhig und nervös. Er konnte nicht ahnen, daß er beobachtet wurde. Das war es also mit Sicherheit nicht. Das Wissen um die Ungerechtigkeit des Urteils vielleicht. Dazu die Ungewißheit, ob eine vorzeitige Entlassung erfolgte oder nicht. Es gab genügend Gründe für ihn, die Situation nicht ruhig und gelassen hinzunehmen.

Der dreidimensionale Bildschirm erlosch. Das Licht der künstlichen Sonne wurde wieder heller. Xeros kam vom Kontrolltisch zurück.

»Nun werden Sie alles besser verstehen«, sagte er zu mir und nickte uns zu. »Kommen Sie, wir haben nur eine Stunde Zeit.«

Xentara und ich folgten ihm zum anderen Ende des Saales, wo sich wieder eine Tür öffnete. Sie führte in einen kleineren Raum, der absolut nichts Technisches mehr an sich hatte. Hier gab es keine Bildschirme und Kontrollgeräte mehr, sondern nur noch exklusive Behaglichkeit. Eine breite Eckcouch nahm zwei Wände ein, davor ein niedriger Glastisch, dazu bequeme Konturensessel aus braunem Leder. Einige Flaschen und Gläser, wie für uns bereitgestellt, erhöhten den Eindruck, daß nun ein Gespräch stattfinden sollte.

Wir setzten uns. Xeros deutete auf die Flaschen.

»Sie finden alles, was Sie gewohnt sind und kennen. Bitte, bedienen Sie sich.« Ich wählte einen Whisky. Den hatte ich jetzt nötig. Als wir getrunken hatten, fuhr Xeros fort: »Erwarten Sie bitte keine Einzelheiten und vor allen Dingen keine Erklärungen dafür, warum Sie jetzt hier bei uns sitzen. Wir haben unsere Gründe. Viele sind schon auf diesen Berg gekommen und mußten wieder umkehren, nachdem sie vor der Schneemauer kapitulierten. Manchmal zeigten wir uns auch, denn der Aberglaube ist unser bester Verbündeter. Das dreidimensionale Tarnbild, das ständig über dem Gipfel schwebt, garantiert Ruhe und Frieden für unsere Arbeit. Ich glaube, diese Information genügt, den Rest erraten Sie leicht. Bitte, stellen Sie

Fragen. Soweit es uns erlaubt ist, werden Xentara und ich Rede und Antwort stehen.«

Es fällt mir heute schwer, meine damalige Situation zu beschreiben, vor allen Dingen meine seelische Verfassung. Mein Leben lang hatte ich die Möglichkeit nie ausgeschlossen, daß wir Menschen von einer höheren Intelligenz überwacht und vielleicht sogar gelenkt würden. Das Wissen um diese Tatsache war im Unterbewußtsein der gesamten Menschheit verankert; es drückte sich nur allzu deutlich in den Lehren aller Religionsrichtungen aus.

Aber nun, da sich für mich alle vagen Vermutungen bestätigten, fiel es mir schwer, die Realität zu akzeptieren. Ich glaubte, einen unwahrscheinlich realistischen Traum zu träumen, vielleicht fiel ich auch einer perfekten Illusion zum Opfer, die von Menschen arrangiert wurde. Ich wollte auf einmal genau das nicht mehr glauben, was für mich seit Jahrzehnten eine nahezu feststehende Tatsache war. Mein Widerspruchsgeist, in jedem von uns wach und vom Unterbewußtsein gesteuert, trat in Aktion, gegen meinen eigenen Willen und – vor allen Dingen – gegen mein besseres Wissen.

»Vor fast dreißig Jahren flog ich mit dem Flugzeug ganz in der Nähe vorbei. Ich sah für eine Sekunde die goldene Sonnenkuppel. Warum?«

»Wenn mehrere unglückliche Faktoren zusammenwirken, ist es möglich, daß die Tarnung durchlässig wird. Lichtbrechung, Spiegelung, Interferenzerscheinungen – es gibt eine Menge Erklärungen. Kurz: ein reiner Zufall.«

Ich beschloß, kühner zu werden. Wenn sie mich schon dazu aufforderten, sollten sie auch ihre Fragen haben.

»Sie kennen Professor Aristide Holmès?« Sie nickten beide. »Dann kennen Sie auch seine Geschichte – und den Zusammenhang mit der von Erich und mir.« Sie nickten abermals, als hätten sie diese Feststellung schon erwartet. »Wenn es so ist, kennen Sie auch Holmès Bericht, den er mir übergab. Entspricht er der vollen Wahrheit? Stimmen seine Schlüsse, was die Entwicklung der Menschheit angeht? Was geschah, nachdem ich aus der Vergangenheit zurückkehrte? Erfolgte nach dem Besuch Erichs bei den altairischen Auswanderern wirklich die von diesen befürchtete Vernichtungsaktion des Galaktischen Kontrollrats?«

Diesmal übernahm es Xentara, mir zu antworten.

»Die Aktion war befohlen und wurde durchgeführt. Um jedoch die zu jener Zeit bereits hochentwickelte Menschheit nicht zu gefährden, mußten wir behutsam vorgehen, und so war es kein Wunder, daß einige Hundert der illegalen Auswanderer der Vernichtung entgingen. Sie flohen in alle Kontinente. Wenn wir damals konsequent durchgegriffen hätten, wären die Spuren deutlicher und besser lesbar geblieben. So aber konnten sich die Überlebenden unter die Bevölkerung mischen und untertauchen. Sie paßten sich an und wurden zu Menschen, richtigen Menschen. Sie wurden jene unbekannten Genies, die dafür sorgten, daß Faustkeile und Holzkeulen durch Wurfspeere und Pfeilbogen ersetzt wurden. Sie brachten das Feuer auch in die übrigen Teile der Welt und schufen das Rad. Kurzum, sie beeinflußten die kulturelle und technische Entwicklung der Menschheit entscheidend, ohne daß wir sie daran zu hindern vermochten. Insofern stimmt also Holmès Bericht und seine Schlußfolgerung; aber er hat sich geirrt, wenn er die Vermutung ausspricht, daß aus diesen Überlebenden, die sich in ein bereits bestehendes Sozialverhältnis einfügten, die späteren Götter wurden. Die Erinnerung an sie geht zu weit zurück, und zu jener Zeit – also vor mehr als zwanzigtausend Jahren – gab es nur wenig Kontakt zwischen den Bewohnern der Kontinente. Sicherlich überbrachten umherziehende Nomadenstämme oder auch eiszeitliche Jäger die Kunde von plötzlich aufgetauchten fremden Flüchtlingen, die über besondere Gaben verfügten, aber diese Neuigkeiten wurden schnell wieder vergessen. Die Erinnerung an sie mußte in Jahrtausenden verblassen und endgültig verschwinden. Aber dann, etwa zehntausend Jahre später, trat ein Ereignis ein, das wir nicht verhindern konnten. Nach der Landung des illegalen Auswandererschiffes auf der Erde kam es zur zweiten nicht beabsichtigten Intervention außerirdischer Intelligenzen, die unübersehbare Folgen nach sich zog. Abermals wurde die natürliche Entwicklung intelligenten Lebens auf einem relativ unberührten Planeten empfindlich gestört. Und damit auch das, was ich als »kosmisches Studium künstlich geförderten Lebens« bezeichnen möchte. Abermals wurde die Erde von nicht dazu berechtigten Angehörigen des Bundes angeflogen. Als der Kommandant unserer Aufforderung, die verbotene Zone zu verlassen, nicht Folge leistete, waren wir gezwungen, das Raumschiff zu vernichten.«

Er nickte mir zu und schwieg, als ich die Hand hob.

»Das geschah vor zehntausend Jahren? Eigentlich müßte es an ein solches Ereignis noch eine Erinnerung geben. Oder erfolgte die Aktion in solcher Entfernung, daß sie nicht bemerkt wurde?«

»Die Erinnerung an eine früher stattgefundene Katastrophe war frisch. Ein Naturereignis zerstörte den kleinen Planeten, der zwischen Mars und Jupiter die Sonne umlief. Er zerplatzte und wurde zum Asteroidengürtel. Bruchstücke gingen auf die Erde nieder und lösten riesige Brände und Überschwemmungen aus. Es regnete tagelang glühende Asche, und Erdbeben erschütterten alle Teile des Planeten. Als wir das Raumschiff der Plünderer vernichteten, hielt man das lediglich für eine verspätete Nachwirkung der früheren Katastrophe.«

»Plünderer?«

»Das illegal in die verbotene Zone eingedrungene Schiff gehörte ihnen. Sie setzten sich aus Angehörigen verschiedener Völker zusammen, die dem Bund nahestanden, aber sie handelten selbständig und gesetzlos. Sie plünderten hilflose Bevölkerungen nicht von uns überwachter Welten aus, vor allen Dingen suchten sie wertvolle und seltene Rohstoffe. Als ihre empfindlichen Ortergeräte das Zerplatzen eines Planeten in diesem Sonnensystem registrierten, vermuteten sie reiche Beute, denn mit normalen technischen Hilfsmitteln ist es schwer und kostspielig, an die wertvollen Erze im Innern eines Planeten heranzukommen. Bricht aber ein Planet auseinander, wird sein Kern freigelegt, er kühlt in Bruchstücken ab und kann in seinen wertvollsten Bestandteilen eingesammelt werden. Die Plünderer kamen also, ignorierten unsere Aufforderung zur Umkehr, und es kam zu einem Gefecht. Beim Anflug auf unseren Stützpunkt wurden sie vernichtet. Wenigstens glaubten wir das damals. Aber ihr Schiff wurde nur stark beschädigt und stürzte ab. Es fiel in ein Gebirge, das Kaukasus genannt wird, und ehe wir eine Untersuchung durchführen konnten, retteten sich die Überlebenden und entkamen unseren Nachforschungen. Es war uns nicht mehr möglich, sie aufzuspüren, wenn wir auch sehr bald ihre Tätigkeit, hauptsächlich in Europa, zu spüren bekamen. Sie hatten einen Teil ihrer technischen Ausrüstung und Waffen retten können, und es wäre sicherlich zu fürchterlichen Kämpfen gekommen, wenn wir versucht hätten, sie zu stellen. Auf der anderen Seite wußten wir aus Erfahrung, daß sie ohne Nachschub im Strom der Zeit untergehen würden. Also ließen wir sie in Ruhe, denn viel Schaden konnten sie nicht mehr anrichten. Sie errichteten mehrere Stützpunkte, insbesondere auf Bergen und in unwegsamen Gebieten, nahmen Kontakt zu den Menschen auf, um Nahrungsmittel zu erhalten – und um ihren Willen leichter durchzusetzen, versetzten sie die Menschen mit technischen Spielereien in Furcht und Schrecken. Ich glaube, mehr brauche ich Ihnen nicht zu sagen. Sie wissen, was dann geschah?« Als ich nur stumm nickte, fügte er hinzu: »Ja, ganz richtig, diese Gesetzlosen erhoben sich selbst zu jenen Göttern, deren Namen noch heute bekannt sind und die bei allen Völkern der Erde anders heißen. Sie wurden zu den Göttern und Halbgöttern, Helden und Ungeheuern der menschlichen Geschichte.«

Xentara schwieg, als wolle er mir Zeit lassen, diese nüchterne Feststellung zu verdauen. Ich hatte so etwas vermutet, doch hatte ich die südamerikanischen Altairer für alles verantwortlich machen wollen. Aber nun sah es anders aus; eigentlich viel logischer und klarer. Und vor allen Dingen: viel wahrscheinlicher. Ich mußte an die vielen Sagen denken, die bis in jene Zeit zurückgingen: an die griechischen Heldensagen, an die römischen Göttersagen. Sie waren nicht immer gut zu den Menschen gewesen, die Götter. Sie hatten sich dafür oft – ja, so war es wohl – allzu menschlich benommen.

»Nun muß ich doch fragen: Warum erzählen Sie mir die Wahrheit? Sie wissen, daß ich sie gesucht habe, und Sie wissen auch, daß ich schreibe. Fürchten Sie nicht, daß ich die Wahrheit berichte?«

Xeros nahm Xentara die Antwort ab. Er lächelte.

»Sie könnten uns keinen größeren Gefallen tun, denn wer würde Ihnen schon die Wahrheit glauben? Lächerlichkeit tötet, das wissen Sie genau. Und Sie würden sich unsterblich lächerlich machen, kämen Sie auf den Gedanken, die Götter sterben zu lassen. Dazu leben sie bereits zu lange, und das ist gut so. Selbst die fortgeschrittenste und nüchternste Zivilisation braucht ihren Glauben an die Tradition, um sich selbst für begangene Fehler zu entschuldigen.

Das können auch Sie nicht ändern, mein Freund. Wir werden noch zwei Generationen auf diesem Berg sitzen, dann ist unsere Aufgabe beendet. Bis dahin kann zweierlei geschehen – aber eins von beiden *wird* geschehen. Es passierte genauso auf anderen Welten. Die Chancen stehen fünfzig zu fünfzig, und die Entscheidung liegt niemals bei uns. Entweder werden Sie sich selbst durch den atomaren Krieg von der Oberfläche dieses Planeten hinwegfegen, und unsere ganze Arbeit war umsonst; oder Sie werden begreifen, daß Sie alle einer einzigen Familie entstammen und zusammengehören, daß die Erde zwar Ihre Wiege, aber niemals Ihr Grab sein darf. Ganz von allein werden Sie den logischen Schluß ziehen müssen, daß die gesamte Mannschaft eines Schiffes zusammenarbeiten muß, wenn man je das Ufer erreichen will. Und das Ufer, mein Freund, sind die Sterne. Dort, und nur dort, warten wir auf Sie, sobald wir Sie verlassen haben. Wir warten mit offenen Armen auf Sie, denn *wenn* Sie jemals kommen, werden Sie auch reif dazu sein. Der Weg zu uns ist voller Gefahren und Schwierigkeiten, und der erste Schritt auf diesem Weg ist scheinbar nutzlos verschwendet. Sie taten ihn bereits, und es wird immer Stimmen geben, die ihn für nutzlos erklären. Er war es nicht! Sie werden zu den Sternen zurückkehren, denn wenn Sie auch auf der Erde geboren und aufgezogen wurden, gezeugt wurde das Menschengeschlecht im Kosmos, und die Zeit trug den Samen von Gestirn zu Gestirn.«

Wir schwiegen. Abermals ließen sie mir Zeit, das Chaos in meinem Gehirn zu ordnen. Aber eigentlich gab es nicht viel nachzudenken. Es erschien mir alles so klar und logisch, daß es niemals hätte anders sein können. Und sie gingen kein Risiko ein. Niemand würde mir glauben, und wenn man Untersuchungskommissionen nach Lappland schicken würde, so wußte ich schon jetzt, was sie finden würden. Nichts, absolut *nichts*! Einen namenlosen Berg mit einer Schneekuppe. Das würde alles sein.

Xentara sagte:

»Ihre Überlegungen sind richtig. Doch lassen Sie mich noch ganz kurz die dritte Intervention illegaler Art erwähnen, die zum Glück – aber wer soll das jemals entscheiden können? – ohne Folgen blieb. Im Jahre 1908 näherte sich der Erde abermals ein unbefugtes Raumschiff. Wir warnten es und forderten den Kommandanten auf, sich zu identifizieren. Als das nicht geschah, erfolgte die zweite Warnung und die Androhung der Vernichtung. Er ignorierte auch diese Aufforderung und versuchte eine Landung. Unser Energiegeschoß traf es in geringer Höhe über der sibirischen Taiga. Das geschah Ende Juli jenes Jahres. Ein Ereignis, das noch frisch in Ihrer Erinnerung ist. Wir nehmen an, es handelte sich abermals um illegale Auswanderer, nur hätte ihre Landung in diesem aufgeklärten Zeitalter ganz andere Folgen haben müssen als damals vor zehntausend oder zwanzigtausend Jahren. Diesmal blieb uns keine Wahl als die totale Vernichtung; und selbst diese Aktion bedeutete bereits ein gewisses Risiko, wie die heute erst stattfindenden Untersuchungen Ihrer Wissenschaftler beweisen. Man ist darauf gekommen, daß es sich kaum um einen in die irdische Atmosphäre eingedrungenen und dann zerplatzten Meteor, sondern nur um eine Atomexplosion handeln konnte. Damit kam man der Wahrheit schon gefährlich nahe, aber zum Glück nicht ganz. Soll man weiter die ohnehin von den meisten Menschen als Produkt blühender Phantasie angesehene These vertreten, es sei ein Raumschiff von der Venus gewesen, das Havarie erlitt und abstürzte.«

Mir fiel noch etwas ein, und ich wollte nicht versäumen, auch diese Frage zu klären, wenn ich schon einmal die Gelegenheit dazu erhielt.

»Ein Freund von mir vertritt die Anschauung, daß Sie mehrmals in den Lauf unserer Geschichte eingriffen, um die Entwicklung in Ihrem Sinne zu beeinflussen. Stimmt das?«

»Nicht in unserem, höchstens in Ihrem«, berichtigte mich Xeros und gab damit gleichzeitig zu, daß Dr. Kofols Theorie richtig war. »Allerdings mußten wir ab und zu winzige Korrekturen vornehmen, wenn unsere Hochrechnungen dies notwendig erscheinen ließen, aber nur dort, wo sie vorerst ohne sichtbare Folgen blieben. Nehmen Sie die Seeschlacht bei Salamis vor bald zweieinhalbtausend Jahren. Wenn es dort den Persern gelungen wäre, die Griechen zu besiegen, hätte es wahrscheinlich für weitere tausend Jahre oder länger nicht das geben können, was Sie als ›abendländische Kultur‹ bezeichnen. Damit wäre auch die technische Entwicklung zurückgeblieben, und von einer Ausnutzung der im Atom verborgenen Energien könnte selbst heute noch keine Rede sein. Doch das ist nur *eine* der hundert

Konsequenzen, die sich aus einem Sieg der Perser ergeben hätte.« Er sah mich an. »Wie kommt Ihr Freund darauf? Das Seebeben, der Sturm, der die Perser an allen Küsten zerschellen ließ?« Als ich nickte, lächelte er. »Eine Detonation unter Wasser – heute eine Selbstverständlichkeit. Damals eine Naturkatastrophe. Die Götter waren auf seiten der Griechen.«

»Die falschen«, warf ich unüberlegt ein, aber Xeros nickte nur. »Sehr richtig, die falschen. Die richtigen gab es längst nicht mehr. Sie waren schon längst gestorben. Ich meine – körperlich gestorben.«

»Für mich sind sie erst heute richtig gestorben.« Ich sah auf meine Uhr. »Und Sie werden mich wieder gehen lassen, nachdem ich alles weiß? Sie unternehmen nicht den Versuch, mich festzuhalten oder mir zumindest eine partielle Amnesie zu verpassen? Gehen Sie nicht doch ein Risiko ein?«

»Überhaupt nicht, denn niemand wird Ihnen ein Wort glauben. Sie besitzen nicht den geringsten Beweis.«

Xentara war aufgestanden. Er verließ den Raum und kehrte nach wenigen Minuten mit einem Stoß Manuskriptblätter zurück, die er vor sich auf den Tisch legte. Die Handschrift kam mir äußerst bekannt vor.

Xeros sagte:

»Sie warten auf einen Bericht Ihres Freundes Erich von X., das wissen wir. Leider ist es ihm im Augenblick nicht möglich, Ihnen diesen Bericht, den er im Gefängnis tippte, zu übermitteln. Wir haben ihn deshalb für Sie telekopiert – auf irdischem Schreibpapier, nebenbei – und möchten ihn Ihnen als Gastgeschenk überreichen. Sie werden sehen, daß er auf der richtigen Spur ist, wenn auch die letzten Schlüsse nicht immer absolut stimmen. Er wußte nichts von der zweiten Intervention. Die vierte Reise – insgesamt sind es ja tatsächlich vier – sollte er durch Europa unternehmen. Dort gibt es die meisten, aber leider auch die am besten verfälschten Spuren.«

Er gab mir den Packen, den ich faltete und in die Tasche schob. Tausend Fragen hätte ich noch gehabt, aber ich brachte keine mehr über die Lippen. Wie hoch war ihre Lebenserwartung? In welchen Zeitabständen wurden sie abgelöst, und wie geschah das bei der heute doch sehr modernen Luftüberwachung durch die irdischen

Großmächte? Wie lange wollten sie noch bleiben? War Altair wirklich ihr heimatliches Sonnensystem?

Erst als wir den künstlichen Gipfelgarten betraten und Xentara in Richtung des Abstiegweges deutete, wagte ich die letzte Frage:

»Es gibt Menschen, die einiges von der Wahrheit ahnen. Sie hatten stets Schwierigkeiten. Wer steckt dahinter?«

Xeros blieb zurück, während mich Xentara zum Ausgang brachte.

»Die Menschen selbst«, sagte er. »Es gibt genug, die vom Glauben der anderen leben. Niemand läßt sich gern ein Geschäft kaputt machen, und noch viel weniger läßt sich jemand gern von einem selbstgezimmerten Thron herabholen. Die Wahrheit ist immer gefährlich. Denken Sie daran. Dort ist der Durchgang. Sie finden den Weg allein. Leben Sie wohl – und versuchen Sie, einiges zu vergessen.«

»Alle unbeantworteten Fragen kann ich nicht vergessen.«

»Sie wissen genug«, sagte Xentara und winkte mir noch einmal zu.

Ich ging einige Schritte, und als ich mich abermals umdrehte, sah ich nichts mehr außer der Schneemauer, die den Gipfel hermetisch von der Außenwelt abriegelte. Es war kein Schnee, das wußte ich nun, aber was war es denn, wenn nicht nur Illusion, die man sogar anfassen konnte …?

Es war später Nachmittag, als ich den Bach überquerte und Helmut weckte, der im Wagen lag und fest schlief. Er starrte mich einige Sekunden lang an, als hätte er mich niemals mehr zurück erwartet, dann gähnte er und richtete sich auf.

»Nun, wie war es? Hast du was gefunden?«

Ich griff in die Hosentasche und zog die Hand leer wieder heraus.

»Nein, ich habe nur etwas verloren. Zum Beispiel den ›Derringer‹.«

Helmut gähnte abermals.

»Du kannst das Feuer wieder anzünden und Kartoffeln braten. Oder hast du keinen Hunger?«

Ich nickte.

»Ein wenig schon. Bleiben wir hier?«

»Bis morgen, dann fahren wir weiter bis Kirkenes. Ich will das Eismeer sehen.«

Ich legte trockenes Holz auf die Glut. Während es anfing zu brennen, sah ich hinauf zum Schneegipfel des Berges, auf dem die falschen Götter wohnten.

Jetzt, erst heute, waren die »richtigen« endgültig für mich gestorben.

8

Anfang September 1970 war ich wieder in Salzburg, und jener Tag oben in Lappland schien nur ein Traum gewesen zu sein. Wenn ich abends, nach einem Tag Schreibarbeit, vor dem Fernsehgerät saß, sah ich ständig die zweitausend Monitorbildschirme vor mir, und ich überlegte mir, ob Xeros und Xentara wohl jetzt vor ihrer großen 3-D-Wand saßen und mich beobachteten. Um ihnen zu beweisen, daß ich das wußte, grinste ich zur leeren Decke empor, als sei dort die Kamera versteckt. Wenn mich in solchen Augenblicken jemand gesehen hätte, wäre er sicherlich zu dem Schluß gelangt, daß mit mir etwas nicht ganz stimmte.

Aber bei Gott – bei welchem? – es stimmte alles!

Ich hatte lange mit Dr. Andreas Kofol gesprochen. Er war der einzige, der nun die Wahrheit kannte. Erich hatte ich sie in Stichworten geschrieben und eröffnet, nur andeutungsweise. Ich wußte, daß er mich verstand. Und wie ich ihn kannte, fieberte er nun noch mehr denn je zuvor seiner Freilassung entgegen. Jetzt würde er wissen, wo er noch suchen mußte.

Und ich wollte ihn dabei begleiten.

»Du kannst alles tun, Walter, aber *das* auf keinen Fall!«

Ich mußte überlegen, worüber wir gesprochen hatten, bis ich begriff, was Andreas meinte.

»Schreiben? Natürlich schreibe ich darüber. Das war von Anfang an mein Plan gewesen. Warum sollte ich mir diese Gelegenheit entgehen lassen?«

»Du bringst dich und andere in große Schwierigkeiten. Ich bin überzeugt, daß auch die Nachkommen der damals zur Landung gezwungenen Plünderer noch von ihrer Abstammung wissen und unter allen Umständen verhindern werden, daß ihr Geheimnis jemals preisgegeben wird.«

»Es gibt sie längst nicht mehr. Der wahre Gegner lebt mitten unter uns, und er ist ein Mensch wie du und ich. Ein Mensch, der Angst davor hat, daß man ihm sein Spielzeug wegnimmt, seinen Glauben, an den er sich von Geburt an klammerte. Dabei übersieht er völlig, daß der Glaube an die Zukunft für sein Schicksal entscheidend ist, keineswegs aber der Glaube an etwas, das vor Tausenden von Jahren geschah und das er nie zu deuten wußte. Verstehst du, wie ich das meine?«

»Sehr gut, aber die Gefahr bleibt.«

»Die nehme ich in Kauf.«

Andreas gab auf.

»Also gut, dann schreibe meinetwegen. Aber bringe es dann wenigstens in Form einer pseudowissenschaftlichen Abhandlung, die von der Fachwelt nicht ernst genommen werden kann. Dann wird sie dich auch ignorieren.«

»Damit man mich auslacht?« Ich schüttelte den Kopf und nahm mir eine Zigarette aus dem reichverzierten Holzkästchen, während Ilse, Andreas' Frau, in der Küche mit Töpfen hantierte. Es gab bestimmt wieder eine Spezialität zum Abendbrot. »Nein, wie ich schon früher sagte: Ich mache einen Roman daraus, dann kann jeder genau das glauben, was ihm paßt.«

»Einen *Roman* …?« Andreas sah mich an, als halte er mich nun für total übergeschnappt. »Du kannst doch nicht Vermutungen und Tatsachen, die unsere ganze Entwicklung beeinflußten und in Zukunft noch mehr beeinflussen werden, in einem Roman verarbeiten! Weißt du, ich finde das einfach verantwortungslos.«

»Aber es ist ungefährlicher, nicht wahr? Wer will, liest ihn zur Unterhaltung oder langweilt sich, ganz nach Mentalität. Andere werden versuchen, Fakten von Erfindung zu trennen, um die Wahrheit herauszufinden. Andere wiederum werden sagen, ich hätte eine blühende Phantasie und verstünde, sie nutzbringend anzuwenden. Und jene, die sich durch ein Sachbuch vielleicht bedroht fühlen könnten, werden für den Roman noch Worte wohlwollender Kritik finden.«

»Oder auch nicht!« Andreas schenkte Wein nach. »Immerhin magst du recht haben: Ein Roman ist ungefährlicher. Bin gespannt, ob dir den jemand abkauft.«

»Es gibt genug Leute, die ihn lesen möchten.«

Er sah mich auf einmal recht merkwürdig an, als sei ihm etwas eingefallen, das ihm seltsam vorkam. Dann meinte er:

»Warum hast du die Leute auf dem Berg eigentlich nicht nach der Zeitmaschine gefragt? Sie hätten dir vielleicht sagen können, woher sie stammt und wer sie baute.«

»Um ehrlich zu sein – ich vergaß es. Ich war so durcheinander, und es gab so schrecklich viele Dinge, die ich wissen wollte, und da habe ich es tatsächlich vergessen. Es ist aber auch nicht so wichtig, denn es gibt die Zeitmaschine bald nicht mehr. In zwei Jahren wird sie spurlos aus der geheimen Kammer in der Pyramide bei Cuzco verschwunden sein. Genau an dem Tag, an dem dreiundzwanzigtausend Jahre zuvor die ersten Atombomben auf unserer Erde explodierten. Wenigstens vermuten Holmès und X., daß die Zeitmaschine bei dieser Aktion beschädigt oder gar zerstört wird.«

»Was hat das mit der Maschine in unserer Gegenwart zu tun?«

»Weiß ich nicht, aber es besteht ein enger Zusammenhang zwischen den beiden Maschinen. Sie sind nämlich *identisch.* Und der Zeitraum von dreiundzwanzigtausend Jahren, der fix und unveränderlich ist, spielt ebenfalls eine Rolle. Eine Erklärung willst du? Lieber Himmel, es gibt keine!«

Er gab sich damit zufrieden, so wie ich mich damit abgefunden hatte. Ilse brachte das Essen, und wir wechselten das Thema. Erst später, als wir bei Wein und Zigaretten wieder in den bequemen Ledersesseln saßen und allein waren, zog ich Erichs Bericht aus der Tasche. Ich hatte ihn schon einige Male durchgelesen und lange überlegt, ob ich ihn Andreas zeigen sollte. Aber nachdem ich ihm alles über mein Erlebnis in Lappland berichtet hatte, konnte er auch den Rest erfahren.

»Hast du schon mit dem Roman angefangen?«, fragte er neugierig.

Ich schüttelte den Kopf.

»Eigentlich ist es der Schluß«, eröffnete ich ihm und faltete die einzelnen Blätter auseinander. »Der gute Erich wird sich den Kopf darüber zerbrechen, woher ich die Kopie habe. Er hat nämlich keine Kopie gemacht, und das Original befindet sich bei seinen Sachen in der Zelle. Im letzten Brief teilte ich ihm mit, er solle seinen Zeitreisebericht nicht unter der Gefahr, in Schwierigkeiten zu kommen, aus dem Gefängnis schmuggeln, weil ich ihn bereits hätte.«

»Der Arme!« Andreas lachte herzhaft. »Die Ungewißheit, ob du inzwischen den Verstand verloren hast oder nicht, wird ihm zu schaffen machen.«

»Im Zusammenhang mit den anderen Andeutungen wird er ahnen, was geschehen ist. Die Fremden haben seinen Originalbericht einfach – wie sagen sie noch? – telekopiert. Da liegt er auf dem Tisch. Du kannst ihn lesen. Es sind nur wenige Seiten.« Andreas nahm das oberste Blatt und las laut vor. Ich kannte jedes Wort, aber ich hörte zu, als wären Erichs Zeilen neu für mich …

Bericht Erich von X.:

Am 10. Oktober 1968 standen Hans Neuner und ich auf der Ebene von Nazca und überwanden unsere Enttäuschung über die geringen Anzeichen einer künstlichen Bearbeitung des felsigen Untergrunds. Es war uns bekannt, daß die riesigen Zeichnungen und auch die Landebahnen erst aus der Luft optisch auf den Beschauer einwirken konnten; aber wir hatten uns, ehrlich gesagt, von einer Bodenuntersuchung mehr versprochen. Immerhin – das, was wir fanden, genügte auch, meine Theorie zu erhärten. Die Landebahnen hier konnten kein Zufall sein.

Am 12. Oktober blieb ich in der Stadt zurück, während Hans mit einer befreundeten Familie Ruinenfelder in der Nähe Limas besuchte. Er hatte von mir die Weisung erhalten, die nächsten Tage mit Forschungen und Fotografieren zu verbringen. Um meinen Verbleib brauche er sich nicht zu kümmern, ich käme schon rechtzeitig zum Abreisetermin zurück.

Ein Privatflugzeug brachte mich in knapp einer Stunde nach Cuzco. Dort nahm ich ein Taxi, das mich zur Festung Sacsayhuaman hochbrachte. Dann ging ich zu Fuß und vergewisserte mich, daß mir niemand folgte.

Mein einziges Gepäck bestand aus der Sphinx und einer Taschenlampe. Das mußte genügen. Ich wollte nur ein oder zwei Tage in der Vergangenheit bleiben, um mit Professor Holmès zu sprechen. Vielleicht konnte ich ihn zur Rückkehr in die Gegenwart bewegen.

Es war alles so, wie Walter es mir beschrieben hatte. Die Sperrwand öffnete sich, und dann erblickte ich die Zeitmaschine. Hinter mir schloß sich die Wand wieder. Um kein Risiko einzugehen, legte ich die Sphinx neben den einen Steinwächter auf die Erde. Nicht noch einmal sollte sie verlorengehen.

Ich setzte mich in den Stuhl, schloß die Tür des Käfigs, und als die Lampen aufleuchteten, drückte ich den Hebel mit einem entschlossenen Ruck nach unten. Die gewohnte Umgebung verschwand und machte den merkwürdigen Schwaden Platz, die Walter als »Zeitnebel« bezeichnete. Ich fiel zurück in die Vergangenheit, und wenn alle Vermutungen stimmen, mußte ich Professor Holmès anderthalb Jahre älter antreffen, als er bei seiner Begegnung mit Walter gewesen war.

Ich verließ die Zeitmaschine, fand den Gang zur ovalen Zentralhalle und wartete hier auf das Erscheinen eines Altairers. Es dürfte überflüssig sein, meine Gefühle zu beschreiben. Zwei Menschen gab es, die das alles schon vor mir erlebt hatten.

Die geschliffenen Wände bestätigten das, was ich schon vor zwei Jahren vermutet hatte. Energiestrahlen, Laserschneider und Schmelzpolierer hatten die Blöcke aus dem Fels geholt, Antigravmaschinen hatten sie ins Freie geschafft. Zurück blieben die absolut glatten und wie geschliffen wirkenden Wände des unterirdischen Labyrinths.

Die Roboter kamen, mich abzuholen.

Ich war froh darüber, daß sich nichts geändert hatte. Immerhin stand vor anderthalb Jahren der Aufstand der primitiven Arbeiter bevor. Hatte er niemals stattgefunden? War cr mit überlegenen Kampfmitteln abgewiesen worden? Bald würde ich es wissen.

Draußen auf dem Plateau war alles leer; ich sah keine von jenen Maschinen, die mir eingehend geschildert worden waren. Ich konnte auch keine Arbeitsroboter entdecken, wohl aber den quadratischen Palast, der mich in seinem Grundriß sofort an die Sonnenpyramiden erinnerte.

Während wir auf die Portalstufen zumarschierten, warf ich einen Blick zurück. Es gab nur einen einzigen Eingang zum Labyrinth, alle anderen mußten inzwischen verschlossen und getarnt worden sein, denn ich konnte keinen mehr ausfindig machen. Lediglich glatte Felswände und das Plateau davor. Nach dreiundzwanzigtausend Jahren sah das alles sehr verändert aus!

Der Mann, der uns im Hof empfing, wußte der Beschreibung nach jener Adjutant sein, der auch Walter empfangen hatte. Er schien ein wenig überrascht zu sein, als er mich sah. Er hatte einen anderen Besucher erwartet. Aber ich mußte die Sphinx besitzen, sonst wäre ich »jetzt« nicht hier.

Auch für mich gab es keine direkte Verständigung mit ihm. Die Zeichensprache mußte genügen. Die Roboter wurden weggeschickt, dann brachte mich der Adjutant zum Kommandanten. Der bat mich, in einem Sessel Platz zu nehmen und zu warten. Wenig später öffnete sich erneut die Tür, und Professor Holmès betrat den Raum.

Er starrte mich einige Sekunden lang verblüfft an, dann leuchtete Erkennen in seinen verwitterten Zügen auf. Mit ausgestreckten Händen lief er auf mich zu.

»Menschenskind, Erich von X.! Endlich … endlich! Sie hier!« Ich war überglücklich, wieder jemanden zu treffen, mit dem ich mich verständigen konnte, ganz abgesehen von der Erleichterung, Holmès gesund und munter wiederzusehen.

»Holmès! Alles in Ordnung?«

Der Kommandant unterbrach die Begrüßungsszene mit einigen fremden Worten. Holmès nickte ihm beschwichtigend zu und antwortete in derselben Sprache. Dann wandte er sich wieder an mich.

»Er will natürlich wissen, wer Sie sind. Ich soll als Dolmetscher fungieren.« Er schüttelte den Kopf. »So ist unser gemeinsamer Freund also heil zu Ihnen zurückgekehrt, und die verlorengegangene Sphinx wurde in der Gegenwart gefunden? Ausgezeichnet, das bestätigt alle meine Theorien.« Er wechselte das Idiom, damit der Kommandant ihn verstehen konnte. Ich will versuchen, das Gespräch in natürlicher Folge wiederzugeben, um jede Verwirrung zu vermeiden. »Kommandant, dies ist Erich von X., jener Mann, den wir schon damals erwarteten und der seinen Freund schickte, weil er selbst verhindert war. Ich glaube, er kam noch rechtzeitig.«

»Damals … wie lange ist das her?«, fragte ich.

»Etwas mehr als drei Jahre: siebenunddreißig Monate. Die Zeitmaschine funktioniert ohne jede Termindifferenz. Sie können sich auch bei Ihrer Rückkehr darauf verlassen. Was gibt es Neues in unserer Welt?«

Ich schilderte ihm kurz den Werdegang meines Buches, seine Veröffentlichung und den Erfolg, den es gehabt hatte. Ich verschwieg aber auch nicht die Begeisterung und die Bestürzung, die es hervorgerufen hatte.

»Hatten Sie schon Schwierigkeiten?«

»Sie begannen auf meiner jetzigen Reise, und ich fürchte, nach meiner Rückkehr habe ich die Meute am Hals.« Ich ahnte damals noch nicht, wie recht mir meine Vermutung geben sollte. »Keine Sorge, ich werde damit fertig.«

Er unterhielt sich wieder einige Minuten lang mit dem Kommandanten, während ich schweigend dasaß und die Installationen betrachtete.

Schließlich sagte Holmès:

»Der Kommandant wünscht, daß ich Sie über einige Dinge informiere, die Sie sicherlich interessieren dürften. Die Arbeiten an dem Schutzkeller, also am Labyrinth, sind beendet. Der erwartete Angriff der Flotte wird für Sommer nächsten Jahres erwartet, eher kann sie nicht hier eintreffen. Niemand glaubt an ein Ultimatum, sondern man rechnet mit sofortigem Beginn der Vernichtungsaktion. Aber wir sind gerüstet. Es *wird* Überlebende geben! Nun ja, Sie haben ja meinen Bericht gelesen.« Ich nickte. »Was den damals bevorstehenden Angriff der eingeborenen Arbeiter angeht, so erfolgte er wenige Wochen nach der Abreise Ihres Freundes. Die Roboter schlugen ihn nieder, wobei sie so programmiert waren, daß sie Menschenleben schonten. Nach dem Aufstand kehrten viele der Rebellen wieder friedlich an ihre Arbeit zurück, so daß die geplante Festung im Berg schneller fertig wurde, als wir errechnet hatten. Nun bleibt nichts zu tun als zu warten.«

Eine Frage beschäftigte mich in diesem Zusammenhang.

»Es bestehen doch bereits kolonieartige Niederlassungen der Altairer in allen Teilen der Welt. Warum verteilt sich der Rest nicht auch, dann würde dem Bund die Aktion schwerer fallen.«– »Und die ganze Menschheit würde dabei vernichtet.« Er schüttelte energisch den Kopf. »Man hatte daran gedacht, aber ich protestierte dagegen, mit Erfolg, wie Sie sehen. Der Kommandant ist auf meiner Seite. Es ist nicht seine Schuld, daß seine Vorfahren illegale Einwanderer gewesen sind, und er bedauert den Vorfall; aber er kann ihn auch nicht rückgängig machen. Und er weiß, daß jede Entschuldigung und jeglicher Verhandlungsversuch mit dem Kontrollrat des Bundes vergeblich wären. Er wird unerbittlich zuschlagen und ein Exempel statuieren wollen. Daß bereits Kolonien und Niederlassungen bestehen, ist nicht mehr zu ändern, aber sie sind zum Teil derart unbedeutend, daß sie vielleicht der Aufmerksamkeit der Flotte entgehen.«

Ich entsann mich der Befürchtungen Dr. Kofols.

»Einer meiner Freunde vertritt die Meinung, die Kontrollstation bestünde noch in meiner Gegenwart.«

»Die Meinung vertrete ich auch, aber es wird gut sein, sie zu ignorieren. Ich glaube auch nicht, daß man ihre Existenz jemals bemerken wird.«

Wir unterhielten uns noch über andere Dinge, die mich vor allen Dingen wegen meiner Forschungsarbeit interessierten. Ich wollte wissen, ob einige meiner Vermutungen, bei denen ich nicht ganz sicher sein konnte, zutrafen oder nicht. Die Ergebnisse meiner Unterhaltung mit dem Kommandanten und Professor Holmès finden sich in meinem zweiten Buch wieder, obwohl ich die beiden Herren natürlich niemals direkt erwähnen konnte. Ich mußte mein Wissen in Thesen und Theorien verbergen, die unsere Fachwelt aus dem Häuschen brachte, und obwohl ich alle Beweise in Händen hielt, durfte ich sie niemals preisgeben. Wie schwer das alles für mich war und ist, wird sich jeder vorstellen können, der je in einer ähnlichen Lage dasselbe tun mußte.

»Ich werde Sie mit einem Gleiter zu allen Orten bringen lassen, die wichtig für Sie sind«, bot mir der Kommandant an, und ich akzeptierte freudig, sagte aber gleich, daß ich nur zwei oder drei Tage Zeit hätte.

Damit war das erste Gespräch beendet. Der Adjutant brachte mich hinab in das Kellerappartement, das ich von Walters Schilderung her kannte. Holmès bat mich, nach dem Bad und dem Essen zu ihm zu kommen.

Es wurde an diesem Abend des 12. Oktober sehr spät, aber ich erfuhr alles, was mir noch nicht klar gewesen war.

Ich blieb bis zum 15. Oktober. Am 17. Oktober ging mein Flugzeug nach Lima, von wo aus ich nach Chile und dann zur Osterinsel wollte.

Der Kommandant hielt sein Versprechen, und auf den meisten Flügen wurde ich von Holmès begleitet. Ich bewunderte die Befestigungsanlagen der Altairer und ihre loyale Haltung den Menschen gegenüber, die das alles nicht begreifen konnten. Aber ich wußte ja, wie sehr sich diese merkwürdigen Geschehnisse in das Erinnerungsvermögen der Generationen eingruben und später, viel später erst, wieder aus dem Unterbewußtsein hervorbrechen würden. Ihnen hatten wir dann die schönsten und auch geheimnisvollsten Kulturstätten der Welt zu verdanken, und ihr eigentlicher Ursprung war zum Zankapfel der Wissenschaft geworden. Eine Tatsache übrigens, die mich allmählich zu amüsieren begann.

Am Abend des 14. Oktober saß ich zum letztenmal mit Holmès zusammen. Noch einmal versuchte ich, ihn zur Rückkehr in die Gegenwart zu bewegen, wenn ich auch aus vergangenen Diskussionen wußte, wie sinnlos dieser Versuch sein würde.

Er schüttelte, wie erwartet, den Kopf.

»Nein, mein Freund, ich gehöre zu ihnen, den Altairern. So überlegen sie uns auch in jeder Hinsicht zu sein scheinen, so sehr haben sie aber immer meinen Rat benötigt. Vergessen Sie nicht, Erich, daß ich für sie ein Mann aus der fernen Zukunft bin. Ich komme aus einem technisierten Zeitalter zu ihnen, das an der Schwelle der bemannten Raumfahrt steht. Wir sind dabei, zu den Planeten zu fliegen, und eines Tages werden wir auch den Weg zu den Sternen finden. Daß wir es wollen, muß mit dem Hunderttausendjahresplan zu tun haben. Vielleicht erleben Sie noch den Beginn der Zukunft, Erich.«

»Vielleicht. Aber für mich ist es wichtiger, erst einmal die Vergangenheit kennenzulernen, so wie sie wirklich war. Sie werden also bleiben?«

»Unwiderruflich!«

Ich seufzte.

»Gut, dann kehre ich allein zurück. Sie sind noch immer überzeugt, daß es in ein oder zwei Jahren keine Zeitmaschine mehr gibt?«

»Ich glaube es sicher, wenn es auch keinen Beweis dafür gibt. Vielleicht wird nur der Empfänger in der Vergangenheit zerstört, während der Sender in Ihrer Gegenwart unverändert bleibt. Aber er kann dann niemanden mehr in die Vergangenheit zurückbefördern. Die Person, die es dennoch wagt, wird im Nichts landen, irgendwo im Zeitstrom untergehen und sicherlich nie mehr zurückkehren. Wie dem auch sei, ich warne Sie! Sprengen Sie meinetwegen die geheime Kammer mit der Pyramide in die Luft, aber sorgen Sie dafür, daß niemand in Versuchung gerät und die Maschine ausprobiert. Vernichten Sie sie, ehe es zu spät dazu ist.«

»Wer hat sie gebaut – noch immer keine Ahnung?«

»Nein, nicht die geringste. Jemand in der fernsten Zukunft. Wahrscheinlich ist es das einzige Exemplar und obendrein auch noch defekt. Sie war ein Geschenk für uns, und da soll man nicht viel fragen.« Er lächelte mir zu. »Aber Sie fragen ja gern, nicht wahr, Erich?«

»Ja, weil ich mit naivem Glauben nichts anfangen kann.«

Am anderen Tag brachte er mich zur Zeitmaschine. Niemand begleitete uns, dennoch kam keine rechte Unterhaltung mehr zustande. Wir wußten beide, daß es ein Abschied für immer sein würde. Vielleicht überlebte er den Angriff der Raumflotte, vielleicht auch nicht. Jedenfalls konnte er nie mehr in die Gegenwart zurück, denn das Labyrinth, so wie es heute ist, beweist eindeutig die restlose Zerstörung der Zeitmaschine in der Vergangenheit.

Er reichte mir die Hand.

»Leben Sie wohl, Erich, mein Freund. Vielleicht blieben Sie auch hier bei mir, wenn Sie wüßten, was Sie in Ihrer Zeit erwartet ...«

Wie recht er mit seiner Anspielung hatte, würde ich noch erfahren. Der rechthaberische Ignorant von einem Untersuchungsrichter, der alles besser wußte als ich selbst und dauernd mit neuen Beschuldigungsversuchen kam, behauptete unter anderem auch, ich wäre auf der Flucht gewesen, und deshalb habe er mich verhaften lassen müssen. Ich will ihm zugute halten, daß er nicht ahnen konnte, wie leicht ich hätte fliehen können. Ich wäre der erste Flüchtling gewesen, der sich in der Zeit versteckte ...

Die Tür schloß sich, ich drückte den Hebel – und eine halbe Stunde später stand ich unter der Sonne Perus.

Am Abend war ich wieder in Nazca, wo Hans sich schon Sorgen darüber gemacht hatte, wo ich wohl stecken mochte. Wir berieten noch einen letzten Ausflug für den folgenden Tag, dann zog ich mich in mein Hotelzimmer zurück und begann damit, erste Notizen niederzuschreiben.

Sie wurden der Beginn von ZURÜCK ZU DEN STERNEN ...

Andreas Kofol legte das Manuskript auf den Tisch.

»Darum also konnte er sein zweites Buch so schnell und sicher schreiben«, stellte er fest und nahm einen Schluck des köstlichen roten Burgunders. »Diesmal hatte er die Beweise, auch wenn er sie nicht anführen durfte. Sie gaben ihm den Rückhalt, die Kraft.«

»Aber die Zukunft, *unsere* Zukunft, die kennt er noch nicht, wenigstens nicht ganz. Er bekam von mir nur Andeutungen. Aber kennen wir überhaupt die Gegenwart? Um sie verstehen zu können, muß die Vergangenheit wie ein offenes Buch vor uns liegen; und ich meine, um die Zukunft in jeder Hinsicht zu begreifen, muß die Gegenwart absolut bekannt sein. Eins greift ins andere über, und wenn ein Glied in der Kette fehlt, bricht sie auseinander.«

»Erichs Wissen über die Vergangenheit und dein Kontakt mit der Kontrollstation in Lappland – wenn ihr beide das geschickt kombiniert und wie ein Puzzlespiel zusammensetzt, wird euch klar werden, was der sogenannte Hunderttausendjahresplan bedeutet und daß die Menschheit nur ein winziges Mosaiksteinchen des galaktischen Panoramas ist. Das Geschehen im Kosmos besteht aus Millionen solcher Einzelstücke, und wie furchtbar ernst und wichtig nimmt sich doch der Mensch! Dabei ist er im Vergleich zur gesamten Weltbevölkerung etwa das, was unsere Erde im Vergleich zum Kosmos darstellt. Die Erde ist ein Staubkorn im All, was ist da der Mensch?« Er schüttelte den Kopf. »Es tut mir leid, aber einmal müssen die Vergleiche enden, weil es keine mehr gibt.«

»Als Einzelindividuum sind manche zu bewundern«, warf ich ein.

»Sicher, und besonders jene, die ihre Unwichtigkeit begriffen und akzeptiert haben.«

Das Gespräch wechselte in andere Bahnen. Ich bedauerte immer mehr, daß Erich nicht bei uns sein konnte, aber ich wußte, daß es nun nicht mehr lange dauern konnte. Noch vier Wochen, vier Monate vielleicht. Wenn alles unglücklich verlief, noch ein Jahr. Aber dann …

»Es ist schon spät«, gähnte ich und erhob mich. »Ich glaube, wir machen Schluß für heute. Danke für den Wein.«

»Wir sehen uns, sobald die Grippewelle abgeflaut ist«, meinte Andreas und brachte mich zur Tür.

Seit Wochen sitze ich in meinem sonnigen Arbeitszimmer und versuche, alle Geschehnisse zu ordnen und niederzuschreiben. Das Erlebnis meiner Jugend steht so deutlich vor mir, als sei es erst gestern gewesen. Aber jene Stimme, die mich immer aus dem Dunkel rief, ist verstummt. Zuviele offene Fragen sind geblieben. Warum begann alles ausgerechnet am 14. April 1935?

Warum wußte ich damals schon alles über die Altairer, ohne je von ihnen gehört zu haben? Wer gab mir die Idee, schon 1954 die ersten Romane darüber zu schreiben?

Wer baute die Zeitmaschine?

Wann würden die Außerirdischen ihre Kontrollstation aufgeben?

Welchen Weg nahm die Menschheit? Den der Vernichtung oder den zu den Sternen, zu denen sie – so oder so – zurückkehren mußte?

Eines Tages, so fühlte ich, würde ich auch auf diese Frage eine Antwort erhalten, aber ich wollte sie nicht allein finden.

In letzter Zeit hatte es in einigen Zeitungen wieder kurze Notizen über Sichtungen Fliegender Untertassen gegeben. Normalerweise überlas ich derartige Meldungen, denn ich hielt nicht viel davon. Diesmal jedoch war das anders. Alle Sichtungen hatten in Nordnorwegen, Nordfinnland und sogar Nordschweden stattgefunden. In Lappland also!

Hatte man vielleicht Erkundungsschiffe des Galaktischen Bundes gesehen, die nicht vorsichtig genug gewesen waren?

Oder die Ablösung …?

Wieviel Zeit blieb der Menschheit noch?

Fragen über Fragen und keine einzige definitive Antwort.

Ich begann zu schreiben, und noch während ich die ersten Sätze in die Maschine tippte, glaubte ich zum erstenmal seit Jahren wieder Erichs Gedanken zu spüren.

Jetzt verband uns mehr, als je zuvor etwas zwei Menschen verbunden hatte: das gemeinsame Wissen um die vorletzten Dinge. Eines Tages würden wir in Lappland auf einem Berg stehen und den Fremden die letzten und allerletzten Fragen stellen …

Ich wußte, daß sie dann antworten würden.

Nachtrag

Seit dieses Manuskript beendet wurde, sind mehr als fünf Jahre vergangen. Erichs zweites Buch ZURÜCK ZU DEN STERNEN war ebenfalls ein Welterfolg geworden, und schon verriet er den Titel des dritten: AUSSAAT UND KOSMOS. Er machte seine Reise und schrieb über die Höhlen von Peru und Ecuador. Sein Bericht über das »Gold der Götter« lenkte von der Frage ab: *Wer* schuf diese Höhlen?

Er wußte es, und ich wußte es.

Aber bis heute blieb uns keine Zeit, nach Lappland zu reisen. Erich schrieb sein viertes Buch: MEINE WELT IN BILDERN, verschwieg darin mehr, als er sagte, und schrieb dann sein fünftes: ERSCHEINUNGEN. Ich habe oft den Eindruck, daß er von »Jemand« oder »Etwas« getrieben wird. Soll er sich beeilen? Soll die Wahrheit über unsere Vergangenheit herauskommen, bevor der Tag der X-Generation anbricht, der Entscheidung über den Selbstmord der menschlichen Rasse?

Ich weiß es nicht, niemand weiß es. Auch Erich weiß es nicht. Er sagte mir nur vor kurzer Zeit: »Ich glaube, mein fünftes Buch wird einige Leute mächtig aufregen, und vielleicht habe ich dann Zeit ...«

Zeit ... wozu?

Zeit, den Fremden – wenn wir sie finden – gegenüberzutreten und ihnen unsere letzten Fragen zu stellen?

Um von ihnen zu erfahren, daß wir niemals die Generation Z erreichen, weil wir bei X stehenbleiben werden?

Heute beginne ich Erichs Bedenken zu teilen. Mein Manuskript hätte nicht veröffentlicht werden dürfen. Es nimmt zuviele Antworten auf Fragen vorweg, die noch nicht gestellt wurden. Doch nun ist es zu spät.

Das Buch befindet sich in Druck, und niemand hält die Maschinen an.

Niemand ...?